W0058492

Kräuter
und Knoblauch

Christian Teubner (Idee und Konzept, Küchenpraxis)
Dr. Sybil Gräfin Schönfeldt (Historisches und Einleitungen)
Dr. Ulrich Gerhardt und Daniel Rühlemann (Warenkunde)

Mit einer Kräuter-Küchenpraxis von
Eckart Witzigmann

Teubner Edition

INHALT

Welche Bedeutung Kräutern schon Ende des Mittelalters zukam, belegen verschiedene, damals unter größtem Aufwand produzierte Kräuterbücher wie das hier abgebildete »Eicones Plantarum« des Tabernaemontanus aus dem Jahr 1590.

KRÄUTER-GESCHICHTE

Die Geschichte der Kräuter beginnt im Paradies, in jenem Land zwischen den beiden Strömen Euphrat und Tigris, in dem der Garten Eden entstanden sein soll. Dort haben Menschen etwa elftausend Jahre vor unserer Zeitrechnung versucht, seßhaft zu werden und Nahrungsmittel anzubauen. Doch das Klima war unsicher, und der Regen, künstliche Bewässerung vom Fluß und Mauern, die die Gärten vor dem Austrocknen auch vom Wind schützen sollten, reichten nicht immer aus, die Ernten zu retten. Die Bitten an den Stadtgott um höheren Schutz für die Gärten mit Gemüse und Kräutern wurden in Tontafeln geritzt, und auf Rollsiegeln wurde vom Duft der Kräuter gesprochen, an denen sich der Gott erfreuen sollte. Das zeigt, wie wichtig das Gemüse und sein würzendes Kraut genommen wurden. Was man darüber wußte, wurde notiert und überliefert, auch in Nachbarländer. In Babylon schätzte man Kräuter und Gewürze so, daß man sich zur Zeit von HAMMURABI rühmte, eigene Häuser zu besitzen, die diesen Vorrat bargen, so üppig, »daß er dem Tigris gleicht, wenn sein Wasser hoch steht.« Man weiß sogar, um welche Kräuter es sich handelte, denn es gibt eine Liste der Gewürzpflanzen, die in den Gärten des MERODACHBALADAN in

Assyrien wuchsen: Knoblauch, Zwiebeln und Lauch, Dill, Kardamom, Safran, Thymian und Kümmel. Sehr viel später kam Salbei dazu, angeblich von ALEXANDER auf seinen Eroberungszügen nach Indien entdeckt und mit ans Mittelmeer gebracht. So kamen die Kräuter und das Kräuterwissen im Lauf der Jahrhunderte voran. Kamen nach Westen, wanderten mit Karawanen und auf allen Handelsstraßen nach Ägypten, wo Knoblauch überaus beliebt und Pfefferminze und Sellerie so geschätzt waren, daß sie in getrockneter Form den Pharaonen mit in die Grabkammern gegeben wurden. Und so ging es weiter – zu den Phöniziern, nach Hellas. Das war der Augenblick des Lorbeers, der Pflanze des Dionysos und des Apoll. Siegern reichte man Lorbeerkränze, edelstes Fleisch wurde auf der Glut von Lorbeerzweigen gegrillt. Und wenn ein Jüngling zu seiner Liebsten ging, kaute er Lorbeerblätter, um wie ein Gott zu duften.

DIE ORDNUNG DES WOHLGESCHMACKS
Allmählich verbanden sich die gelehrten Texte mit Namen: mit HIPPOKRATES zum Beispiel, dem griechischen Arzt, der im 5. Jahrhundert vor Christus mit seinen Schülern auf der Insel Kos eine weithin

berühmte Ärzteschule gründete und die Lehre von den vier Körpersäften und ihren Qualitäten entwickelte. Sie ist bis in die Neuzeit hinein eine Basis der abendländischen Medizin geblieben. Und wenn wir auch nicht mehr an die Harmonie der vier Elemente – Kälte und Wärme, Trockenheit und Feuchtigkeit – in unseren Körpersäften glauben, so benutzen wir die Kräuter doch noch so, wie es dieser Elementenlehre entsprach. Ein Jahrhundert später berichtete THEOPHRASTUS, der »Vater der antiken Botanik«, von Kräuterkulturen in den Pflanzstädten Griechenlands und in Kleinasien. Zu Beginn unserer Zeitrechnung gab es mehrere Werke, in denen bis zu 600 Kräuter aufgezählt und beschrieben wurden. Ein Autor, DIOSKORIDES, gab auch Ratschläge über Aussaat und Ernte, Lagerung und Reinheit.

KRÄUTER – DER BEGINN DER FEINSCHMECKEREI

Den Römern, die diese Kenntnisse von den Griechen übernahmen, kam die grüne, feine Kräuterküche gerade recht, denn sie half ihnen, der Feinschmeckerei das Äußerste abzugewinnen. Mit einem Werk, das unter dem Namen des MARCUS APICIUS als das erste Kochbuch bekannt wurde, kam eine erste Ordnung in die Küchen, und durch ihn und die anderen Schriftsteller, die den Reichtum und die erlesene Prasserei und Prahlerei der Cäsaren und Beherrscher der damaligen Welt in Rezepte faßten, begann die Reise der Kräuter in den – von Rom aus gesehen – barbarischen Norden. Die Römer brachten die Wörter für Küche und Keller, Pfanne und Pfund, Kirsche und Senf mit ins besetzte Germanien. In ihrem Troß reisten die Amphoren mit Öl und die Tontöpfe mit eingelegten Oliven, und ihre Küchenmeister werden Garum, die Würzsauce aus Fischen, Salz und Kräutern, mit den neuen Süßwasserfischen ausprobiert oder die Fische ganz weggelassen und die Kräuter so im Mörser zerrieben und mit Salz fest in Töpfe gestampft haben, wie es die Hausfrauen noch im Zweiten Weltkrieg machten, um sich eine »Kräuterwürze« selber herzustellen.

WIE DIE KRÄUTER INS KLOSTER KAMEN

Doch in den ersten Jahrhunderten unserer Zeitrechnung ging die Zeit des Römischen Reiches zu Ende. Die Goten plünderten Rom, die Völkerwanderung überrannte alle Grenzen, und das geistige Erbe der Antike wäre vermutlich verloren gegangen, wenn es nicht den heiligen BENEDIKT gegeben hätte und sein Kloster auf dem Monte Cassino, 529 gegründet. Dort wurde von den Mönchen aufbewahrt und abgeschrieben, was ihnen in die Hände kam, Ovid und Horaz ebenso wie die zwölf Bücher des JUNIUS MODERATUS COLUMELLA aus Cadiz, der lange in Syrien gelebt und das gesamte Wissen seiner Zeit vom Land- und Gartenbau

zusammengefaßt hatte. So wurden die Benediktiner die Erben und Bewahrer der Antike und die Lehrer des neuen mittelalterlichen Europas. Sie gründeten Klöster in Gallien und Germanien und kamen vor allem mit den Franken in Berührung. KARL DER GROSSE bediente sich ihres verborgenen Wissens, und die »Verordnung über die Landgüter« ist das Ergebnis dieser Zusammenarbeit. Karl, der sein großes, junges Reich auf allen Gebieten zusammenhalten, ja zusammenzwingen wollte, legte in dieser Verordnung bis ins kleinste fest, was auf den Höfen, in den Dörfern und Klostergärten gepflanzt, gegessen und als Vorrat genommen werden sollte. Die Pächter der kaiserlichen Güter hatten unter anderem bestimmte Kräuter, Gemüse, Blumen, Bäume und Sträucher anzupflanzen, und die meisten Arten waren den Franken vollkommen neu. Sie lernten sie mit den lateinischen Namen kennen. Doch da sich ihre eigene Sprache ohnehin im Lauf der Völkerwanderung verändert und bereichert hatte, nahmen sie die fremden Pflanzen- und Kräuternamen auf, indem sie ihnen eigene bildhafte Namen gaben. Aus Saturei wurde Bohnenkraut; Dill und Drachenkraut, Eberraute und Liebstöckel kamen so auch zu ihren einheimischen Bezeichnungen.

Außerdem sollten angepflanzt werden: Hornklee und Frauenminze, Lilien und Rosen, Salbei und Schlangenwurz, Kreuz- und Schwarzkümmel, Rosmarin und Rauke, Kresse, Fenchel, Endivie und Pfefferminze, Petersilie, Myrrhe, Sandelbaum und Senf, Rainfarn und Schafgarbe, Tausendgüldenkraut, Eibisch, Lauch, Knoblauch und Kerbel, Koriander, Schalotten und Schlafmohn – ganz zu schweigen von den Gemüsen, Obstbäumen und Beerensträuchern. Ein verordneter Garten Eden, gleich mit dem Bauplan geliefert: Er paßt zum Kloster; denn die Anlage ist ein Rechteck, von zwei Wegen gekreuzt. Im Schnittpunkt sprudelt ein Quell, öffnet sich ein Brunnen oder blüht ein kreisrundes Beet. Das muß wie ein Wunder auf die Franken und die anderen germanischen Stämme gewirkt haben, denn eine solche Fülle, gefaßt in eine solche Ordnung, war ihnen unbekannt.

EIN KLOSTERPLAN MIT JAHRTAUSENDWIRKUNG

Im Norden und im Osten Europas gab es keine vergleichbaren schriftlichen Quellen. Was wir von der Ernährung der eigenen Vorfahren wissen, stammt aus archäologischen Funden und Pollenanalysen. Da sind Spuren von Hafer und Gerste, von Roggen und Weizen, auch von Lauch und Mohn, Knöterich und Ackerspergel, Melde und Brennessel. Schwarzer Holunder und Haselnüsse lassen sich nachweisen, und auf Feuchtwiesen wuchsen Engelwurz, Mädesüß, Zehrkraut und die Schwertlilie. Wildfrüchte werden mehr für Würze gesorgt haben als Kräuter. So kam es, daß der Text

Basilikum, hier in einer handkolorierten Abbildung aus der ersten deutschen Ausgabe des »Kräuterbuchs« des Andrea Mathioli.

Daß Kräuter, wie hier der Dill, bereits im Mittelalter in Italien kultiviert wurden, zeigt diese Abbildung aus dem »Hausbuch der Familie Cerruti«, aus dem 14. Jahrhundert (Österreichische Nationalbibliothek, Wien).

der Landgüterverordnung auf eine Lücke traf. Er wurde immer wieder abgeschrieben und von Kloster zu Kloster verbreitet, und kurz nach Karls Tod entstand wie seine triumphale Vollendung der Klosterplan von St. Gallen. Das war der Entwurf eines abgeschlossenen Idealstaats in Reichsklosterform. Verwirklicht aber wurde die Idee dieses benediktinischen Gartens nicht in St. Gallen selbst, sondern im fruchtbaren Klima der nahegelegenen Insel Reichenau, wo man heute noch die Spuren des Abtes WALAFRIED STRABO erkennen kann, der ein Gedicht über seine geliebten Pflanzen hinterlassen hat: de cultura hortorum – »Über die Pflanzenkunst«. Im Plan von St. Gallen wurde zum ersten Mal der Küchengarten vom Heilkräutergarten getrennt. Das war in dem Maße notwendig, in dem die Krankenpflege den Klöstern oblag, was auch zu einem ersten Gegensatz zwischen den Wissenschaftlern – wie der heiligen HILDEGARD VON BINGEN und ALBERTUS MAGNUS, der in Köln ein erstes Treibhaus für Kräuter anlegte – und den Kräuterweibern führte.

DAS GEHEIMNIS DER KRÄUTERFRAUEN

In ihnen lebte die Erinnerung an die Wald- und Baumgötter des alten Germaniens fort und an die weisen Frauen und die Hexen der Märchen und Sagen. In Wirklichkeit aber sind die alten Frauen, die Wildkräuter sammeln, die Vertreterinnen jener Alten und Kinder, auf deren Bedeutung man

schließen kann, wenn man zwischen den Zeilen der volkskundlichen Überlieferungen liest. Je weiter die Zeit nämlich fortschreitet, je reicher die Herrscher, je mehr Bücher gedruckt werden, desto mehr verstellen diese singulären Zeugnisse den Blick aufs Ganze. Man schätzt, daß im Mittelalter nur etwa ein Prozent der Bevölkerung dem Adel und dem Klerus angehörte – von deren politischem Schaugepräge die damals entstandenen Bücher jedoch berichten, als ob es Alltag wäre. Achtzig Prozent der Bevölkerung gehörten dem Bauernstand an und lebten unter gänzlich anderen Bedingungen. Standesschranken gestanden dieser schweigenden Mehrheit nur grobes Gemüse und Getreide zu. Fastentage verboten an jedem dritten Tag Fleisch – was es ohnehin kaum gegeben hätte. Den Kindern und den Alten stand nun das Recht zu, nicht schwer auf dem Felde arbeiten zu müssen, dafür war ihnen die Pflicht zur Walderne auferlegt. Es gab bestimmte Lostage für diese Ernte, also für das Sammeln von Wildfrüchten in Wald und Wiesen, und es gab das tägliche Sammeln dessen, was gerade reif war. Das begann an einem der ersten warmen Tage, wenn die jungen Brennesseln oder die ersten Blätter von Sauerampfer und Feldsalat aus der Erde brachen. Sogar in den Regeln des heiligen BENEDIKT steht, daß man Früchte und Gemüse zu jeder Mahlzeit geben solle, wenn man sie zur Verfügung habe. Und daß weder in Klosterbüchern noch im »aufgesprungenen Granatapfel« und anderen mittelalterlichen Werken von Königinnen und Patrizierinnen Rezepte dafür zu finden sind, ist verständlich. Noch waren Pergament und Papier teuer, man benutzte beides nur, um wirklich Neues und Wissenswertes für das eigene Haus mit Kindern, Gesellen und Gesinde, Pilgern und Handwerkern zu notieren. Weil der Hausfrau allein die Sorge für dieses ganze Haus oblag, ist es ebenso verständlich, daß bis zum Barock, nach dem Dreißigjährigen Krieg, die Grenzen zwischen Nahrungs-, Heil- und Genußmitteln ineinander übergehen. Die Medizin besaß erst wenige Mittel zur Diagnose und Therapie, die hygienischen Verhältnisse in den aufschießenden Städten waren miserabel, und die Angst vor Cholera und Pest, die ein Drittel der Dörfer und manchmal die halben Städte tot und leer hinterließen, ging in Aber- und Zauberglauben über.

So lernte immer wieder eine neue Generation von Kindern, die heilende Kamille auf der Wiese zu erkennen, hegte das Geheimnis, wo der Bitterwurz wuchs und Quendel, das Frauenkraut, das stärker war als die Minze, die im Bachwasser wächst. So war wohl schon in der Vorzeit bei den nicht seßhaften Jägerstämmen ein gesichertes Kräuterwissen entstanden. Bei ihnen wird noch ausgeprägter gewesen sein, was bei uns nur noch rudimentär vorhanden ist: der Instinkt für das Bekömmliche. Denn so, wie bestimmte Duftstoffe die Freßfeinde der Pflanzen abschrecken, empfindet der Mensch schon Ekel vor dem, was ihm schadet: Die Nase sagt ihm eher als die Zunge, was gut ist, und vielleicht war diese untrügliche Nase das wahre Geheimnis der Kräuterfrauen.

DIE SUPPE ÜBER DEM FEUER

Die Küche hing vom frühen Mittelalter bis zur Gewerbefreiheit im 19. Jahrhundert auch davon ab, wie der Herd beschaffen war und wie es mit den Privilegien stand, die sich der Grundherr oder der König teuer abkaufen ließ. Der Herd war – in ländlichen Gebieten bis ins 20. Jahrhundert hinein – die offene Feuerstelle, und die typischen Kochgefäße bestanden aus den großen Eisen- oder Kupferkesseln, die an der Kette in die Flamme geschwenkt oder aus ihr herausgezogen werden konnten, und den dickbäuchigen Grapen, wackelsicheren Töpfen auf drei Beinen, in denen ebenso wie in der Kachel auf dem Dreifuß all das auf der erlöschenden Glut langsam gar und weich kochte, was es zu essen gab. Und das war, trotz der prächtigen Rezepte aus fürstlichen und Patrizierhäusern, die Suppe – der Morgenbrei, die Mittagssuppe, die Abendmilch. Immer auf der Basis von Getreide. Denn weil die Müller, die das Korn zu

Knoblauch stammt ursprünglich aus Zentralasien und war bereits im Mittelalter ein beliebtes Gewürz, wie diese Abbildung aus dem »Hausbuch der Familie Cerruti« belegt.

Brotmehl mahlten, und die Bäcker, die es verarbeiteten, diese Privilegien bezahlen mußten, sparte man, indem man sein eigenes Korn im Mörser schrotete und sich daraus die Suppe kochte. Was kam sonst hinein? Meist das gedörrte Gemüse von der letzten Ernte, Feldbohnen, Kastanien, Rübenschnitzel und das, was einem zuwuchs, und dazu

gehörten immer die selbst gesammelten wilden Kräuter aus Wald und Wiese oder die kultivierten Kräuter aus dem eigenen Garten.

DER BAUERNGARTEN: ZEITLOSES VORBILD

Der römische Hausgarten, der Klostergarten, hat als Vorbild für das Würz- und Kräutergartl die Auflösung der großen Orden nach der Reformation und später, Anfang des 19. Jahrhunderts, überlebt. Der Bauerngarten hat im Lauf der Zeit seine eigene Gesetzmäßigkeit entwickelt. Aber ob Knoblauch und Schalotten die Rabatten säumen, um Schädlinge von den grünen Kräutern fernzuhalten, oder ob die Rosen nicht mehr für den Würzwein gepflanzt werden: Der Kräutergarten oder das Kräuterbeet liegt dicht beim Haus, vielleicht durch einen Zaun vor Tieren geschützt, aber jedenfalls so, daß die Frau nur aus der Küche zu treten braucht, um Zitronenmelisse für den Salat oder Majoran für den Gemüseeintopf zu pflücken.

KRÄUTER: EINFACHHEIT DES ERLESENEN

Kräuter und vegetabilische Kost waren jahrhundertelang bäuerische Sitte und Notwendigkeit. Gewürze, die für teures Geld erstanden wurden, zeichneten die Herrenkost aus, würzten die Ragouts und Frikassees sowie die interessanten Zusammenstellungen verschiedener Fleischsorten, nacheinander gekocht und gebraten, dadurch fast geschmacklos und wahrhaftig starker Würze bedürftig. Das änderte sich mit der Zeit des Barocks. 1652, kurz nach dem Dreißigjährigen Krieg, gab es im August beim PRINZEN VON BOURBON-CONDÉ nach den vierzehn Fleischschüsseln vierzehn mit »Salat«, darunter drei Schüsseln mit frischem Gemüse und drei mit grünen Kräutern. Das war eine Sensation, ebenso wie die Erfindung der klaren, leichten Bouillon, mit Kräutern gewürzt, der reduzierten Fleischbrühe, dazu die Verfeinerung der Kochmethoden und der Tischsitten. Man stellte nicht mehr alles auf einmal auf den Tisch, sondern servierte in verschiedenen Trachten oder Gängen. Nach den verbesserten Anbaumethoden und der Fülle neuer Pflanzen aus den Neuen Welten und Kolonien entfaltete sich ein anderer Reichtum, der des Geschmacks. Gewürze sollten nicht mehr den Gaumen betäuben und betrügen, sondern Kräuter sollten auf das wahre Aroma von Fisch und Gemüse hinleiten. Eine neue Einfachheit entstand. Kraut sollte nach Kraut schmecken, Lauch nach Lauch. Und was eben noch als Bauernspeise galt, geriet nun auf der Herren Tische. Die Kräuter wurden und blieben »Mode«. Petersilie und Thymian und ihre grünen Schwestern setzten sich in dem Maße in der aristokratischen Küche fest, in dem der aufblühende Ostasienhandel die Gewürze allgemein machte und auf des Bürgers Tisch brachte.

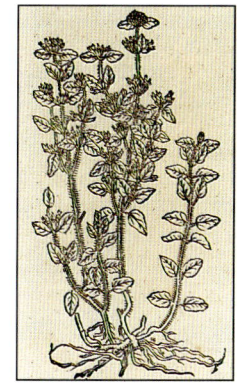

Holzschnitt eines Wirbeldosts, wie ihn Tabernaemontanus, einer der »deutschen Väter der Botanik«, in seinem Werk »Eicones Plantarum« sah (Frankfurt a. M. 1590).

LEXIKON
DER KÜCHENKRÄUTER

Mit den ersten dieser Lexika begann die Kochliteratur. Wo immer jahrtausendealte Schrifttafeln gefunden werden, wo man auch frühe Bibliotheken entdeckt: immer sind akribische Listen und Beschreibungen von Kräutern dabei. Was war an den Kräutern, daß sie so früh eine solche Rolle spielten? Als die Menschen in der Altsteinzeit, noch vor der Zähmung des Feuers, begannen, das rohe Fleisch mit Kräuterblättern zu essen, muß ihnen das so gut geschmeckt haben und so gut bekommen sein, daß sie es sich merkten. Denn Kräuter scheinen von Anfang an mehr als Eines gewesen zu sein: Sie haben den einfachen Zutaten einen neuen, oft besseren Geschmack verliehen, sie linderten auch das Bauchgrimmen der einseitigen und groben Ernährung, und sie verliehen anderem, das später in Kochmulden gekocht wurde, erst seinen vollen, wahren Geschmack. War das nicht Zauber? Und war es nicht ein Wunder, wie viele verschiedene Kräuter am Wegrain und in den Wäldern wuchsen? Und wie verschieden sie rochen und schmeckten! Auf jeden Fall haben es sich die weisen alten Frauen gemerkt und die Litanei der wohltätigen und wohlschmeckenden Kräuter in jedem Jahr wieder bestätigt und bereichert gesehen, haben sie weitergegeben, bis die Schriften erfunden wurden, bis Magier und Mönche aufschrieben und abschrieben, was schon längst zur Küchenkenntnis der damaligen Hausfrauen gehörte. Was die Schreiber nicht selber kannten, das wurde gern mit Erfundenem garniert, und was alle Welt schätzte, das wurde rasch im wahrsten Sinne des Wortes sagenhaft. So viel auch festgehalten wurde, die Wirklichkeit war sehr viel beschränkter als die Theorie. Erst in unserer Zeit ist ein Lexikon der Küchenkräuter als ein Teil der Flora der Welt nicht nur wissenschaftlich überprüfbar, sondern ein wahrer Leitfaden durch grüne Paradiese, die man sich selber schaffen kann. Dieses Lexikon enthält Raritäten der heimischen Flora und Kräuter aus Japan und China und Mexiko und der Insulinde, Kräuter mit denen man arbeiten kann, wenn man sie irgendwo erwischt. Und wer einen Garten besitzt, der könnte sich nach dem berühmten Beispiel des alten Botanischen Gartens in Madrid, neben dem Prado, Beete und Bosketten aus Küchenkräutern anlegen, um barocken blassen Rotkohl herum, von Spinat und Lavendel gesäumt, ganz unverhohlen nur nützliche Pflanzen und doch durch das verschiedene Grün, die kleinen Blüten, den im Mittag aufblühenden Duft der Thymiane und Quendel so altmodisch schön wie ein verwunschener Park. Es ist leicht, nach diesem Lexikon mit Küchenkräutern zu gärtnern, wenn man wie in diesen alten Parks daran denkt, daß jede Pflanze ihre bestimmte Erde und ihr Licht braucht. Man pflanzt oder sät sie also – auf welchem Boden auch immer – mit der Sonne: die Kleinsten im Süden, die Höchsten im Norden. So nehmen sie sich nicht gegenseitig das Licht weg. Und da Liebstöckel und Estragon besonders hoch werden und den Halbschatten lieben, gedeihen sie im Hintergrund gerade richtig. Wer experimentieren will, muß sein Kraut genau vor Augen haben. Deshalb ist es nicht schlecht, das Neue in große Kübel oder Pflanzschalen zu säen oder zu setzen, wo man es leicht beobachten kann. Irgendwann hat sich ein Dill hoch oben auf unserem Balkon angesiedelt und bohrt sich in jedem Jahr an anderer Stelle durch die Erdkrume: zwischen den Rosen, neben der Heidelbeere, im dürren, leeren Blumenkasten. Und nichts schmeckt so gut wie ein selbstgepflücktes Zweiglein seiner Fiederblätter auf einer sonnenwarmen Tomate. Manchmal muß man einfach etwas wachsen lassen.

KNOBLAUCH-FAMILIE

Weltweit vom Kraut bis zur »Knolle«

Knoblauch (*Allium sativum* var. *sativum*; Liliaceae = Liliengewächse), engl. garlic; franz. ail. Das deutsche Wort »Knoblauch« bedeutet »der in Zehen gespaltene Lauch« (klieben = spalten) und bezieht sich auf die in einzelne Teile gespaltene Zwiebel. Das Wort ist in verschiedenen Regionen mundartlich abgewandelt worden, so heißt es etwa in Westfalen »Knufflauw«, in Bay-

ern, Österreich und Tirol »Knofel« oder »Knofl« und in der Schweiz »Chnoblauch«. Dieser Verwandte der Küchenzwiebel gehört zu den ältesten Kulturpflanzen, hat seine Heimat in Zentralasien und ist heute weltweit verbreitet, wobei der Schwerpunkt in Asien, im Mittelmeerraum und in Kalifornien liegt. Das kleine Städtchen Gilroy im kalifornischen Santa-Clara-Tal, dem größten geschlossenen Anbaugebiet der Welt, läßt sich alljährlich als Metropole des Knoblauchs feiern. Botanisch gehört der Knoblauch zu den ausdauernden Pflanzen, doch in Kultur wird er nur einjährig gehalten. Es handelt sich beim Knoblauch um eine rundliche Hauptzwiebel mit bis zu 15 und mehr Tochterzwiebeln. Diese entstehen durch weiße, dicke Blätter, welche dank einer Stauchung der Sproßachse am Grunde der Pflanze ganz eng nebeneinander stehen. Jedes dieser Blätter umschließt 3 bis 5 Tochterzwiebeln, die »Zehen« genannt werden. Jede dieser stumpfkantigen, fleischigen Zehen ist von einem dünnen Häutchen umgeben, das je nach Sorte weiß, violett oder rötlich ist. Die Pflanze besitzt lange, schmale, meist nach unten hängende Blätter. Ihr Blütenstengel kann bis zu 90 cm hoch wachsen und trägt einen kugeligen, rötlich-weißen Blütenstand. Der intensive, scharfe Geschmack und auch der Geruch entstehen durch schwefelhaltige Verbindungen. Bereits 0,1 g Knoblauch pro kg Lebensmittel sind deutlich im Geschmack wahrnehmbar. Nach dem Verzehr scheiden Atem und Haut die Duftstoffe wieder aus. Diesen zum Teil unangenehmen Nebenerscheinungen arbeitete die Züchtung entgegen: Heute sind sowohl milde, wie etwa der sogenannte Riesenknoblauch, als auch scharfe Sorten auf dem Markt erhältlich. Wer jedoch nicht auf den kräftigen Geschmack von Knoblauch verzichten möchte und trotzdem am nächsten Morgen keine »Knoblauchfahne« mit sich herumtragen will, der sollte auf eine der unzähligen Methoden zurückgreifen, die der Volksmund empfiehlt: Die Palette reicht vom Trinken von frisch gepreßtem Zitronensaft, Essen von ganzen Nelkenköpfen, Petersilie, Fenchel, oder Honig bis hin zu einem Glas Milch oder Rotwein nach dem Essen. Knoblauch enthält neben schwefelhaltigem ätherischem Öl die Vitamine A, B und C sowie antibakteriell wirkende Stoffe. Im Körper wirkt Knoblauch entgiftend, da er Schwermetalle über die Niere ausschwemmen kann. Er wirkt zudem blutdrucksenkend, stärkt die Herzkranzgefäße und kann den Cholesterinspiegel sowie andere Blutfettwerte deutlich senken. Der Handel bietet Knoblauch als Frischware (hier sind die Schäfte grün und die Außenhaut der Zwiebel noch frisch), als halbgetrocknete Ware (die Schäfte und die Außenhaut der Zwiebeln sind noch nicht vollständig trocken) und als Trockenware (bei der die Außenhaut der Zwiebel sowie die jede Zehe umgebende Haut vollständig trocken sind) an. Daneben gibt es eine Vielzahl von Produkten, die aus getrocknetem Knoblauch hergestellt werden: Knoblauchpulver oder -granulat oder -flocken. Knoblauchpulver kann über 90% Speisesalz und bis zu 10% Knoblauch enthalten. Auch gibt es Knoblauch gefriergetrocknet oder als Extrakt, der auf Trägerstoffe aufgetragen wird. Im Haushalt sollte frischer Knoblauch kühl und trocken aufbewahrt werden, eine Lagerung im Kühlschrank ist dagegen nicht zu empfehlen. Allgemein gilt: je jünger die Zehen sind, desto milder schmecken sie. Älterer Knoblauch wird schärfer, und sobald er anfängt auszutreiben, verliert er den typischen kräftigen Knoblauchgeschmack.

◀ **Dieser frische rote Knoblauch** aus Neapel trägt den Namen alio turco. Als frische Frühware überbrückt er die Zeitspanne bis die Winterware im Herbst zur Verfügung steht.

Frischer weißer Knoblauch ist etwas zarter und milder im Geschmack als der getrocknete. Untrügliches Frischemerkmal sind seine saftiggrünen Stiele. Als echte Frischware ist er natürlich nur sehr begrenzt haltbar.

Getrockneter Knoblauch, ob rot (wie auf dem Bild) oder weiß, unterscheidet sich von Sorte zu Sorte meist nur unwesentlich. Aber auch besonders milde oder scharfe Sorten werden auf dem Markt angeboten und sind im Regelfall entsprechend gekennzeichnet.

Geräucherter Knoblauch zeichnet sich durch einen sehr milden Rauchgeschmack aus. Verwendet wird er überall dort, wo zusätzlich der Geschmack von Geräuchertem erwünscht ist.

Zu Zöpfen geflochten kommt der getrocknete Knoblauch auf den Markt. In Polesine bei Rovigo, Norditalien, wächst Knoblauch auf riesigen Feldern. Bei der Ernte werden die Pflanzen einfach aus der Erde gezogen und 8 bis 10 Tage in der prallen Sonne getrocknet. Bei 2 °C erfolgt dann die Lagerung in Kühlhäusern, bis sie je nach Bedarf ausgelagert und geflochten werden.

Knoblauchpflanzen bilden bis zu einem Meter lange, spitz zulaufende Blätter.

● Küchen-Info

Knoblauch – bei kaum einem anderen Gewürz weichen die Meinungen mehr voneinander ab, wenn es um die Frage geht, ob er gut schmeckt oder nicht. Knoblauch paßt gut zu Lamm- und Hammelfleisch und eignet sich hervorragend zum Einreiben großer Braten, zum Ausreiben der Salatschüssel sowie – ausgepreßt oder sehr fein gehackt – in Eintopf- und Bohnengerichten. Wer ihn nicht pressen oder zerkleinern will, kann ganze, sogar ungeschälte Knoblauchzehen mitgaren, sie geben ein zartes Aroma ab. Je länger Knoblauch mitgart, desto milder schmeckt er. Beim Braten/Anbraten verbrennt er jedoch leicht und wird dann bitter. In den Küchen rund um das Mittelmeer gibt es eine Vielzahl von Gerichten, die erst durch ihn ihren charakteristischen Geschmack erlangen: die Mazedonische Lammkeule, Pesto alla Genovese, Aioli, Gazpacho, Knoblauchsuppe, Ail au four und Provençalische Kartoffeln. Auch die asiatische Küche lebt vom Knoblauch, der vielen Gerichten, in Indien beispielsweise den Curries, eine wohltuende Hintergrundschärfe verleiht. Überall dort, wo Olivenöl gepreßt wird, konserviert man Knoblauch darin. Entweder pur oder zusammen mit anderen Gewürzen. In der Toskana werden die Zehen traditionell nur mit Pfefferkörnern und Lorbeer gewürzt (siehe Bild rechts); in Griechenland dagegen kommen zusätzlich noch Rosmarin, Thymian und Zitronenschale dazu.

Perlknoblauch, Weinberglauch (*Allium vineale*), engl. crow garlic; wächst an Weinbergen in Süd- und Mitteleuropa. Die Zwiebeln werden wie Knoblauch verwendet. Blätter sind nicht zum Verzehr geeignet. **Bärlauch**, (*Allium ursinum*), engl. ramsons; franz. ail de ours; auch Bärenlauch, Wilder Knoblauch, Waldknoblauch, Rams, Rämschele oder Zigeunerlauch genannt. Diese in Europa und Nordasien beheimatete Pflanze fällt durch ihren intensiven, knoblauchartigen Geruch auf. Sie wird selten kultiviert, ist jedoch häufig auf feuchten, humusreichen Laubwaldböden und dort an schattigen Standorten zu finden. Ihre großen Blätter ähneln jenen der

◀ **Knoblauchstand auf einem thailändischen Markt.**
Das asiatische Angebot bietet eine große Vielfalt unterschiedlicher Sorten an, angefangen von den bekannten weißen und roten Sorten bis hin zum Head garlic.

Head garlic, thailändische Spezialität: Winzige Knoblauchzehen, die anstelle von Blüten an einem Blütenstengel wachsen. Roh, in scharfen Pickles, zu gedünsteten Garnelen.

Perlknoblauch. Die silbrig glänzenden, zarten Zwiebelchen weisen einen angenehmen Knoblauchgeschmack mit einer leicht bitteren Komponente auf.

Knoblauch vorbereiten:

Knoblauch schälen: An der Wurzelseite beginnen, die harten Schalen nach oben hin abziehen und vollständig entfernen.

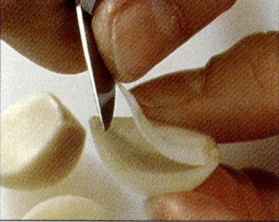

Den Keim sollte man nur bei älteren Zehen entfernen, dort schmeckt er meist scharf und bitter. Die Zehe dazu längs halbieren.

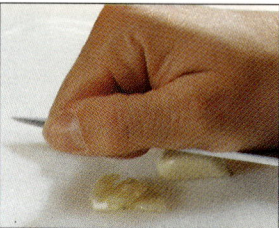

Mit der Fläche einer breiten Messerklinge die Zehen zerdrücken – sehr gut, wenn viele Zehen schnell zerkleinert werden sollen.

Mit der Knoblauchpresse können Ungeübte mühelos die Zehen zerkleinern, selbst dann, wenn noch Schalenreste daran haften.

● **Küchen-Info**

Die Köche der asiatischen Regionalküchen verstehen es, mit **Knoblauch** besonders gekonnt umzugehen. Obwohl die unterschiedlichen Knoblauchsorten in großen Mengen und bei sehr vielen Gerichten verwendet werden, wird einem der penetrante Geschmack und Geruch nicht so auffallen, wie zum Beispiel bei den Spezialitäten des Balkans oder des Vorderen Orients. In der würzigen Küche der chinesischen Provinz Sichuan gehört es beispielsweise zur großen Kunst, den Knoblauch »zu verstecken«, also mit ihm so raffiniert zu würzen, daß er den Eigengeschmack der Gerichte hebt, ohne selbst aufzufallen. In Thailand und Indochina gibt es kaum ein Gericht, in dem er nicht zumindest in geringer Menge Verwendung fände. Besonders wichtig aber ist er bei den chili-scharfen Spezialitäten, wo er meist zusammen mit Basilikum für geschmacklichen Ausgleich sorgt. Dazu gehören auch die scharfen Saucen Südostasiens, in denen der Knoblauch mit der Garnelenpaste die Schärfe der Chillies kompensiert.

giftigen Maiglöckchen, sie strömen jedoch einen intensiven Knoblauchduft aus. In der Küche werden die frischen Blätter, aber auch die Zwiebeln – diese ähnlich wie Knoblauch – verwendet. **Schnittlauch** (*Allium schoenoprasum*), engl. chive; franz. cive, civette, ciboulette; auch Schnittling, Graslauch oder Binsenlauch genannt. Die ausdauernde Pflanze ist weltweit verbreitet, sie wird intensiv kultiviert, läßt sich aber auch problemlos in Kräutergärten, Balkonkästen oder in Töpfen ziehen. Die grünen, röhrenförmigen, hohlen, glatten Blätter haben einen lauch- und zwiebelartigen Geschmack und besitzen einen bemerkenswert hohen Vitamin-C-Gehalt. Die ständig nachwachsenden röhrigen Blätter werden von Mai bis Oktober im Freiland geerntet, im Winterhalbjahr kommt Schnittlauch aus Treibhäusern, wo er vor allem als Topfware gezogen wird. Es gibt drei Sorten, die sich in der Dicke ihrer Blätter unterscheiden: fein-, mittelfein- und grobröhrig. Geerntet wird Schnittlauch vor der Blüte, da er anschließend viel von seinem Aroma einbüßt. Tiefgefroren hält sich Schnittlauch über längere Zeit. **Schnittknoblauch**, Knolau (*Allium tuberosum*), engl. chinese chives; franz. ciboulette chinoise; auch China-Lauch oder Nira genannt. Die mehrjährige Pflanze gedeiht in China, Japan, Nordindien und heißt in China kui ts'ai oder gow choi. Heute wird sie in ganz Südostasien und Kalifornien kultiviert. Die Pflanze ist im ganzen größer als Schnittlauch, hat dicke, herbe Blätter, die nicht hohl, sondern flach sind. Gelegentlich wird die Bezeichnung »Chinesischer Lauch« auch für eine in den gemäßigten Breiten Asiens beheimatete Art (*Allium odorum*) verwendet. **Winterheckzwiebel**, Winterzwiebel (*Allium fistulosum*), engl. welsh onion; franz. ciboule, ail fistuleux, oignon d´hiver; auch Schnittzwiebel oder Röhrenlauch genannt. Die Wildform der Winterheckzwiebel ist nicht bekannt. Ihre Heimat wird in Zentral- bis Westchina vermutet. Sie ist eine wintergrüne Pflanze, die mit ihrem verdickten Scheinstamm (die Blütenstengel sind verdickt) an Lauch erinnert und das ganze Jahr über geerntet werden kann. In Asien gibt es viele Kulturformen, auch rotschäftige Sorten, mit großer küchenpraktischer Bedeutung. **Luftzwiebel** (*Allium cepa* var. *proliferum*), engl. tree onion, top onion; franz. oignon d'Egypte; auch Sibirische Zwiebel genannt. Sie bildet keine Blüten sondern würzige Brutzwiebeln aus, die in der Küche Verwendung finden. **Rocambole** (*Allium sativum* var. *ophioscordum*), engl. garden rocambole; unter seinem französischen Namen ist der Schlangenknoblauch, auch Italienischer Knoblauch, Knoblauchartiger Lauch, Echte Rokkenbolle genannt, bekannt. Ausdauernde, bis zu 1 m hohe Pflanze mit Zehen wie Knoblauch, jedoch wenige. An der schmächtigen Pflanze entstehen überwiegend Brutzwiebeln statt der weißlich-grünen Blüten.

Große Flächen auf feuchten ▶ Waldböden überzieht der Bärlauch im Frühling. Eine Verwechslung mit den giftigen, jedoch nicht duftenden Maiglöckchenblättern kann durch einfaches Riechen ausgeschlossen werden.

◀ **Bärlauchpflanzen** bringen 2 bis zu 25 cm hohe Blätter lanzettlicher Form hervor. Im Mai blühen die in Scheindolden stehenden weißen Blüten auf.

● Küchen-Info

Bärlauch ähnelt in puncto Geschmack und Geruch dem Knoblauch sehr und ist sogar noch etwas schärfer. Da er nicht kultiviert wird, ist »seine Zeit« der Frühling, wenn er in Wäldern zu finden ist. Man sollte diese Zeit auch nutzen, um ihn zu verwenden. Zu einer Kräuterbutter verarbeitet, ist er ein erfrischend herzhafter Brotaufstrich. Roh dient Bärlauch zum Würzen von Suppen, Gemüse oder als Salatbeigabe; gekocht ist er eine Alternative zum Blattspinat. Der im frischen Zustand manchmal etwas starke Geruch wandelt sich während des Erhitzens in ein mildes, knoblauchartiges Aroma um. Die Zwiebeln des Bärlauchs können, gehackt oder zerdrückt, ebenso wie Knoblauchzehen verwendet werden.

◀ **In Rotwein gebackener Knoblauch**; frische junge Knollen werden so im ganzen gegart. Die Zehen können dann ausgedrückt und der Inhalt mit Salz zum Brot gegessen werden; oder man stampft daraus Püree und reicht es zu Fleisch oder Gemüse.

Bärlauch ist ein enger Verwandter des Knoblauchs. Seine Blätter lassen sich allerdings nur frisch verwenden; gekocht oder getrocknet verlieren sie stark an Geschmack.

Auf Asiens Märkten werden mehrere Vertreter der Gattung Allium (Liliaceae = Liliengewächse) als beliebtes Alltagskraut verkauft. Vom Schnittknoblauch werden Blätter und Blüten allen möglichen Speisen zugegeben – wie bei uns Schnittlauch oder Knoblauch. Die Blätter schmecken und riechen dezent nach Knoblauch, der Geruch verflüchtigt sich rasch. Der grüne Schnittknoblauch, der hier mit seinen weißen Blüten angeboten wird, hat eine gebleichte Variante. Sie wächst unter Ausschluß von Licht, wodurch die Bildung des grünen Chlorophylls ausbleibt. Für den Geschmack hat es zur Folge, daß der gebleichte Schnittknoblauch zarter und milder ist. Seine Haltbarkeit vermindert sich dadurch auf nur noch 2 Tage, selbst wenn er im Kühlschrank gelagert wird.

● **Küchen-Info**

Das Laub vieler Allium-Arten gehört seit alters her in Asiens Küchen. Vor allem der **Schnittknoblauch** erfreut sich hier großer Beliebtheit, da er geschmacklich die Brücke zwischen Knoblauch und Schnittlauch schlägt. Ob grün oder gebleicht, seine flachen, auch an Porree erinnernden Blätter werden gern für Wokgerichte, Omeletts und andere Eierspeisen genommen. Der herzhafte thailändische Kuchen »Chinese chive cake« wird mit Schnittknoblauch gefüllt. Geschmacklich läßt sich das Kraut auch gut mit Mungbohnen und Fadennudeln kombinieren. Der in Mitteleuropa beliebte **Schnittlauch** schmeckt würzig frisch nach Zwiebeln. Er paßt gut zu allen Gerichten, die nach einem frischen Zwiebelgeschmack verlangen. Die Blätter werden fein geschnitten und den Speisen zum Schluß der Zubereitung zugesetzt. Schnittlauch sollte nicht gehackt und nicht gemahlen werden, da die Würzkraft sonst schnell verlorengeht. Als Garnitur läßt er sich vielseitig einsetzen. Schnittlauch sollte möglichst nicht erhitzt werden, da er sonst seine Vitamine verliert. **Winterheckzwiebeln** erfreuen sich vor allem im Fernen Osten großer Beliebtheit, zum Beispiel in Japan, wo Dutzende von Sorten dieser Urform angeboten werden. Sie werden oft auch gebleicht und sind feiner im Geschmack, aber nicht so würzig. **Society garlic,** der wohl seinen Namen von den Gesellschaftsinseln im Stillen Ozean erhalten hat, ist im Geschmack mit Shii-take, dem chinesischen Knoblauchpilz, vergleichbar.

Chinesischer Lauch wird auch Großblättriger Schnittlauch genannt. Die Pflanze ist größer, und ihre Blätter sind breiter als die des Schnittknoblauchs. Im Aroma ist sie etwas intensiver. Chinesischer Lauch ist wie seine Verwandten für den Frischverzehr bestimmt und läßt sich schlecht trocknen.

Chinese chive oder **Nira,** wie der Schnittknoblauch in Japan genannt wird, liegt geschmacklich zwischen Knoblauch und Schnittlauch. Die besten Blätter sind die dunkelgrünen. Die jüngeren und darum kürzeren Blätter sind milder und zarter. Nira ist ein beliebtes Gewürz für Frühlingsrollen-Füllungen.

Schnittknoblauch kann als Ersatz für Knoblauch dienen. Er wird in Asien für Pfannengerührtes oder als Beilage zu Fisch geschätzt. Als Delikatesse gelten die Blütenstiele mit den noch geschlossenen weißen Blütenknospen, die ein honigartiges Aroma besitzen. Sie sind frisch oder in Gläser eingelegt erhältlich.

Society garlic ▶
(*Tulbaghia violacea*,
Liliaceae = Liliengewäch-
se) gehört zwar nicht zu
den Allium-Arten, doch
sein leichter Knoblauch-
geschmack hält jedem
Vergleich mit ihnen stand.
Zudem weist er eine kres-
seähnliche Schärfe auf.
Ähnlich wie Lauch bildet die
Pflanze keine Zwiebeln aus,
sondern hat weiße, verdickte
Blätter, die einen Schein-
sproß bilden. Die Blätter können überall dort verwendet
werden, wo ein scharfer
Knoblauchgeschmack
erwünscht ist.

Schnittlauch sollte frisch
verwendet werden, da er
durch Trocknen fast vollständig sein Aroma verliert. Nur
die zarten Blüten sind zum
Verzehr geeignet. Die wür-
zig-scharfen Röhrenblätter
(nur grüne verwenden) dienen als Zutat für Eier- und
Quarkspeisen, Fischgerichte,
Kartoffeln und Kräuterbutter.

Winterheckzwiebel wird oft
mit der Italienischen Rocambole verwechselt. Vor allem
ihre Blätter werden als
Gewürz genutzt, während die
nur mäßig verdickten Zwiebeln lediglich als minderer
Ersatz für Küchenzwiebeln
gelten können. Ihre Röhrenblätter schmecken wie Zwiebeln und Schnittlauch.

Rocambole wird mit seinem
feinen Geschmack gelegentlich auch als Feinschmecker-
knoblauch bezeichnet. Von
dieser kleineren und überaus
zarten Form des Knoblauchs
können alle Pflanzenteile in
der Küche verwendet werden,
sogar die sich am Blütenstengel entwickelnden kleinen
Brutzwiebeln.

DILL UND FENCHEL

Trotz ihrer optischen Ähnlichkeit und ihrer Verwandtschaft mit Anis schmekken beide Kräuter ganz unterschiedlich.

Fenchel (*Foeniculum vulgare* ssp. *vulgare*, Apiaceae, Umbelliferae = Doldengewächse), engl. fennel; franz. fenouil; bei uns auch Gewürzfenchel genannt. Die mehrjährige, winterharte Staude stammt aus dem Mittelmeerraum und Kleinasien und gedeiht heute weltweit in gemäßigten Zonen. Gewürzfenchel bringt aus einer vielköpfigen Rübe zahlreiche gerillte Stengel hervor, die bis zu 2 m hoch wachsen und gelbe Doppeldolden als Blütenstände hervorbringen. Seine langstieligen, blaugrünen, stark gefiederten, fadenähnlichen Blätter erinnern im Aussehen an Dillblätter, haben jedoch einen völlig anderen Geschmack. Fenchelblätter können den ganzen Sommer über zusammen mit den Stengeln geerntet werden. Fenchel wirkt verdauungsfördernd, beruhigend und krampflösend. Der Gewürzfenchel ist eng mit dem Gemüsefenchel (*Foeniculum vulgare* ssp. *vulgare* var. *azoricum*) verwandt, von dem jedoch nur die fleischig verdickten Blattstiele, die knollenartig beziehungsweise zwiebelähnlich zusammengewachsen sind, als Gemüse oder Salat genutzt werden.

Dill (*Anethum graveolens* ssp. *graveolens*, Apiaceae, Umbelliferae = Doldengewächse), engl. dill; franz. aneth odorant; auch Dillkraut oder Gurkenkraut genannt. Dill ist eine ursprünglich in Südeuropa heimische, heute weltweit kultivierte einjährige Pflanze. In Europa findet man sie überall noch wildwachsend. Schon im Altertum galt Dill, zusammen mit Fenchel, Anis und Kümmel, als wichtige Heilpflanze, da sie eine beruhigende Wirkung hat. Beim Dill wächst aus einer dünnen Pfahlwurzel ein bis zu 1,2 m hoher, gerillter Sproß, der sehr fein gefiederte, zarte Blätter hervorbringt. Ihre Blattscheiden umfassen die Stengel. Dillblätter sind wesentlich zierlicher als Fenchelblätter. Als Gewürz werden neben den Blättern auch die Samen verwendet, die, wie alle anderen Teile der blaugrünen Pflanze, ebenfalls ätherische Öle enthalten. Dill wird im Intensivanbau vor allem zur Belieferung des Frisch-

▲ **Fenchel** bringt aus seinen gelben Doldenblüten kümmelartige, stark gerippte gelbbraune bis gelbgraue Früchte hervor (Fenchelsamen), die vor allem in Frankreich und Italien zum Würzen von Brot und Kuchen genutzt werden. Die Samen sind der eigentliche Grund für den Fenchelanbau – das Grün als Würzkraut hat nur eine untergeordnete Bedeutung. Dem **Wilden Fenchel,** auch Sizilianischer oder Italienischer Fenchel genannt, fehlt der übliche starke Lakritzgeschmack. Er ist nicht vergleichbar mit dem Gewürzfenchel und wird auf Sizilien gerne mit frischen Sardinen zubereitet.

Fenchelblätter schmecken angenehm aromatisch, süßlich und leicht brennend wie Anis. Verwendung finden sie überall dort, wo auch Samen gefragt sind. Sie runden alle Salate ab, die eine frische, süßliche Note vertragen, wie etwa Gurkensalat. In der Provence geben unter die Holzkohle gemischte getrocknete Fenchelstiele Grillgut einen aparten Geschmack.

Die zarten Dillspitzen sind gerade recht, wenn es darum geht, besonders subtil zu würzen. Frischer Dill hat ein ganz leicht-herbes Aroma, das tatsächlich mit keinem anderen Kraut geschmacklich zu vergleichen ist, auch nicht mit den nahe verwandten Anis und Kümmel. Frisch verwenden und nicht mitgaren, um das intensive Aroma zu erhalten.

Erwerbsanbau von Dill bei Albenga an der Ligurischen Küste. Das Kraut wird vor der Blüte geerntet und frisch von geübten Kräften zu je 40 g gebündelt. Die Bündel kommen stehend in spezielle Verpackungsbehälter, die mit in Wasser getränktem Schaumstoff ausgestattet sind. So wird auch der skandinavische Markt mit seinem Lieblingskraut beliefert.

marktes gezogen und dafür bei einer Höhe von 20 bis 30 cm geschnitten. Für die Verwendung als Kraut zum Einlegen von Gurken werden die Pflanzen in einer Höhe von 40 bis 60 cm geschnitten, wenn die Blüte gerade beginnt. Für die Trockenindustrie liegt die Schnitthöhe zwischen den beiden vorangegangenen Größen. Getrockneter Dill verliert an Aroma und muß entsprechend höher dosiert werden. Beim Einfrieren hingegen bleiben Geschmack und Aroma voll erhalten. Frischen Dill nicht lange aufbewahren, das Kraut welkt sehr schnell. In der Naturheilkunde wirkt Dill magenstärkend und blähungstreibend. In Indien wird der leicht bitter schmeckende Sowa-Dill (*Anethum sowa*) verwendet.

● Küchen-Info

Dill ist ganz eindeutig das Würzkraut der Landesküchen Skandinaviens und des Baltikums. Es wurde auch durch die Volksgruppen dieser Länder in Amerika sehr beliebt. Gravlax, der mit grobem Meersalz und viel Dill marinierte Ostseelachs, ist ein gutes Beispiel dafür, wie hervorragend man mit diesem Kraut würzen kann. Aber auch in Kombination mit Säure und Zucker entfaltet Dill sein feines Aroma. Man denke dabei nur an die vielen Marinaden für Fisch und Gemüse, an die diversen eingelegten Heringe und an den mit Dill gewürzten Senf oder Essig. Sogar Waldbeeren werden in Finnland süß-sauer eingelegt und mit reichlich Dill aromatisiert. Und wenn in Skandinavien ein Gericht mit Dill garniert werden soll, dann sind es nicht nur ein paar zarte Dillspitzen, sondern gleich eine ganze Handvoll – und zwar zusammen mit den Stengeln –, die verwendet wird. Auch die ganz einfache »Arme-Leute-Küche«, nicht nur in Skandinavien, sondern ganz Ost- und Mitteleuropas, verdankt dem Dillkraut, daß die typischen Kartoffeln in Mehlsauce etwas würziger schmecken.

Ein Krebsessen gehört einfach zu einem skandinavischen Sommer, obwohl die eigenen Seen längst nicht mehr den Bedarf decken können. Die Krebse kommen heute aus der Türkei oder den USA, doch der dazugehörige Dill stammt aus dem eigenen Garten. In Schweden werden sie in einem Weißweinsud mit frischem Gemüse gegart. In Finnland liebt man es etwas kräftiger: Da wird ein Sud aus Essig und Bier bereitet, mit Salz und reichlich Zucker gewürzt und dazu viel Dill gegeben – die ganzen Dolden mit dem Kraut.

Zur Gurkenzeit im Juni und Juli kommen die Dillkronen auf den Markt, denn sie sind das traditionelle Gewürz für die eingelegten sauren oder salzigen Gurken, die in allen Größen angeboten werden. Die Tatsache, daß Dill besonders gut mit Gurkengerichten harmoniert, kommt auch in seinem umgangssprachlichen Namen »Gurkenkraut« zum Ausdruck.

Aus gelben Doldenblüten entwickeln sich die Samen der Dillpflanze, die als Samendill frisch oder getrocknet gehandelt werden. Die Samen sind strenger im Geschmack als das Kraut und erinnern an Kümmel.

ENGELWURZ UND KAMILLE

Kamillenblüten werden zur Erntezeit in großen Mengen auf den Märkten angeboten, wie hier in Barcelona. In der Küche findet Kamille vereinzelt Verwendung als Aromaträger für Süßspeisen. Ansonsten kommt ihr größere Bedeutung in der Naturheilkunde zu.

Angelika, Engelwurz (*Angelica archangelica* var. *archangelica*, Apiaceae, Umbelliferae = Doldengewächse), engl. angelica; franz. angélique; auch Brustwurz oder Theriakwurzel genannt. Die winterharte Pflanze gedeiht in Skandinavien, Mitteleuropa, Asien und Amerika auf feuchten Wiesen und an Flußufern. Sie ist eine bis zu 3 m hoch wachsende Staude, mit süßlichem, arteigenem Duft. Ihre großen, doppelt bis dreifach gefiederten Blätter umfassen mit ihren Blattscheiden die Stengel. Diese sind dick, hohl, zart gerillt und weisen eine rötliche Farbe auf. Die Pflanze bildet einen mächtigen Blütenstand mit gelblichgrünen, fast kugeligen Doppeldolden. Die pfahlförmigen Wurzeln und gerillten Samen der Engelwurz dienen zur Herstellung von Kräuterlikören, wie etwa Benediktiner- und Karthäuserlikör. Engelwurz fördert die Verdauung, gilt als Magenstärkungsmittel und wird bei Anämie und Erkältungserscheinungen eingesetzt. Früher galt sie als Mittel gegen die Pest. In der Küche werden vor allem die Stengel genutzt, die in Zuckerlösung eingelegt oder kandiert werden. Die Blätter eignen sich, klein geschnitten oder gehackt, für Obstdesserts oder zu Fischgerichten. Vorsicht ist beim Ernten der Stengel und Blätter geboten, da der frische Pflanzensaft Hautreizungen hervorrufen kann. **Echte Kamille,** Kummerblume (*Chamomilla recutita,* syn. *Matricaria recutita, Matricaria camomilla,* Asteraceae, Compositae = Korbblütler), engl. camomile; franz. camomille. In Europa und Nordamerika ist die einjährige Pflanze wildwachsend zu finden. Sowohl die Blätter als auch die gänseblümchenähnlichen Blüten – die weißen Blütenzungen sind jedoch weiter zurückgeschlagen – werden getrocknet. Die Blütenblätter duften leicht nach Apfel. In der Küche findet Kamillenöl vereinzelt Verwendung in Salaten. Bekannt ist, daß ein Aufguß von Kamillenblüten magenberuhigend wirkt. In der Volksmedizin gilt Kamille als Allheilmittel. Sie wirkt entzündungshemmend, krampflösend, fördert die Wundheilung, eignet sich zum Gurgeln sowie für Umschläge und Spülungen.

▼ Angelika. Die hohlen Stengel der Engelwurz schmecken würzig bis bitter-scharf. Durch das Einlegen in Dickzucker und das anschließende Kandieren verwandeln sich die Schärfe und Bitterkeit in ein an Parfüm erinnerndes, frisches und würziges Aroma. Sie werden als parfümierte Dekoration für Kuchen, Torten, vor allem aber für Petits fours und Pralinen verwendet.

Junge Engelwurzblätter mit ihrem kräftigen, zunächst würzig-süßen, dann jedoch bitter-scharfen Geschmack können vor allem frischen Salaten eine besondere Note geben. Werden die leicht süßlichen Stengel bei Rhabarber oder anderem herb-säuerlichen Kompott mitgekocht, wird dessen Säure gemildert und der Zuckerbedarf reduziert.

WALDMEISTER

Maikraut (*Asperula odorata,* syn. *Galium odoratum,* Rubiaceae = Krappgewächse), engl. sweet woodruff; franz. aspérule odorante, glycérie, reine des bois; auch Duftlabkraut oder Herzfreude genannt. Diese ausdauernde Pflanze ist von Nord- und Mitteleuropa über den Balkan bis Nordafrika und Sibirien wildwachsend verbreitet. Sie wächst mit ihren vierkantigen Stengeln bis zu 30 cm hoch. 6 bis 8 lanzettliche, ganzrandige Blätter sitzen etagenförmig, in Scheinquirlen angeordnet um die Stengel. Das Kraut wird vor der Blütezeit gesammelt und frisch oder getrocknet verwendet. Das typische Aroma (Cumarin) entsteht erst nach dem Abwelken beziehungsweise nach dem Trocknen der Blätter. In einzelnen Ländern wird vor der Verwendung von Waldmeister wegen seiner gesundheitsgefährdenden Wirkung gewarnt. Im Wäscheschrank aufbewahrte Büschel von Waldmeister vertreiben Motten. In der Heilkunde wird die Pflanze in Teezubereitungen als Beruhigungsmittel und bei Schlaflosigkeit verabreicht.

Waldmeister wächst in schattigen Mischwäldern. Frisch geerntet, läßt er sich gut einfrieren, am besten locker in Aluschalen und nicht, wie üblich, in Bündeln zusammengeschnürt. Er kann dann wie das frische Kraut verwendet werden.

Waldmeister hat einen ausgeprägten, würzig-bitteren Geschmack. In der Küche findet er vor allem in Verbindung mit Zucker Verwendung, da bei dieser Kombination der typische Waldmeistergeschmack richtig zur Geltung kommt. Deshalb würzt er häufig Süßspeisen, wie etwa Götterspeise, und natürlich die Maibowle mit Weißwein und Champagner.

AUSTERNPFLANZE UND MUSKATKRAUT

Austernpflanze (*Mertensia maritima*, Boraginaceae = Boretschgewächse), engl. oyster plant. Die eng mit dem Boretsch verwandte Pflanze ist an den Küsten Nordschottlands beheimatet. Sie wächst auf salzigen Böden und bevorzugt hohe Luftfeuchtigkeit. Ihre kriechenden Zweige tragen blaugrüne, bereifte, glatte, sukkulente, sehr zarte, gestielte Blätter und dekorative blaue Blüten. **Muskatkraut** (*Achillea decolorans*, Asteraceae, Compositae = Korbblütler), engl. garden mace. Die Pflanze ist eng verwandt mit der Gemeinen Schafgarbe (*Achillea millefolium*), die schon von alters her als Heilpflanze verwendet wird. Das Muskatkraut ist sozusagen die Schafgarbe zum Würzen. Die Staude wächst an feuchten, halbschattigen Plätzen. Ihre cremefarbigen Blüten erscheinen den ganzen Sommer über. Als geschmackgebende Komponente werden in der Küche ausschließlich ihre zarten, frischen Blätter genutzt.

Die Austernpflanze schmeckt ungewöhnlich delikat und tatsächlich nach Austern, sie paßt deshalb ganz ausgezeichnet zu herzhaften Speisen. Ihr leicht salziger, würziger Geschmack kommt besonders gut in frischen Salaten und jeder Art von Rohkost zur Geltung. Auch als frischer Brotbelag sind die Blätter eine empfehlenswerte Abwechslung.

Muskatkraut ist bei uns noch weitgehend unbekannt. Es ist eine Pflanze für den Eigenanbau, denn im Handel wird sie nur von Spezialisten angeboten. Sie besitzt zarte Blätter, welche im Geschmack nur sehr entfernt an Muskatnuß erinnern. Gleichzeitig schmecken sie würzig, leicht salzig und scharf. Sie passen gut zu frischen Salaten.

KERBEL

Gartenkerbel (*Anthriscus cerefolium* var. *cerefolium*, Apiaceae, Umbelliferae = Doldengewächse), engl. garden chervil; franz. cerfeuil; auch Körbelkraut, Kräutel, Küchenkraut oder Suppenkraut genannt. Die in Südosteuropa, Westasien und Südrußland heimische, einjährige Pflanze gedeiht heute in ganz Europa und in Nordamerika. Botanisch ist der bis zu 60 cm hoch wachsende Kerbel eng mit Petersilie und Möhre verwandt. Er besitzt zwei- bis vierfach gefiederte, weiche, auf der Oberseite kahle und auf der Unterseite wollig behaarte Blätter. Als Kraut werden vor allem die frischen Blätter verwendet, die man vor der Blüte erntet (die feinen Stengel können mitverzehrt werden), da alte Blätter ohne Würzkraft sind. Auch die Blütendolden werden, solange die Blüten noch geschlossen sind, verwendet. Eingefrorene Blätter verlieren ihre Festigkeit. Als Heilpflanze wirkt Kerbel blutreinigend und wassertreibend. Ihm wird nachgesagt, er verstärke das Aroma anderer Kräuter. Erst am Ende des Garprozesses zugeben.

Kerbel ist ein typisches Frühjahrskraut. Sein feiner, leicht anisartiger Geschmack paßt gut zu Fisch, Kartoffeln (Suppen) und natürlich zu Salaten. Getrocknet ist er nicht zu gebrauchen. Vom Aussehen her wird Kerbel gelegentlich mit Petersilie verwechselt, doch seine Blätter sind von einem helleren Grün, kleiner und filigraner, und sein Aroma ist noch etwas delikater.

● **Küchen-Info**

Kerbel erinnert mit seinem zartwürzigen, süßlich-frischen und leicht anisartigen Aroma und Geschmack oft an Petersilie, mit der er in der Tat immer aufs beste harmoniert. Kerbel ist neben Schnittlauch und Estragon unentbehrlicher Bestandteil der französischen Kräutermischung Fines herbes, welche nicht mitgegart oder nur kurz vor Garende zugegeben wird. Vor allem für Suppen eignet sich Kerbel gut, da er den Appetit anregt. Bei der nebenstehend abgebildeten Kerbelsuppe werden Schalotten und Zwiebelwürfel in zerlassener Butter glasig gedünstet und zusammen mit einem kleingehackten Bund Suppengemüse gekocht. Dann wird mit Kerbel gewürzt und anschließend alles püriert, durch ein Sieb gestrichen und mit Sahne abgeschmeckt. Einer besonderen Tradition erfreut sich die Gründonnerstagssuppe, die in vielen deutschen Regionen am dritten Tag vor dem christlichen Osterfest gereicht wird. Hier ist Kerbel neben anderen Kräutern für den frischen Geschmack verantwortlich. Auch als Garnitur eignet er sich, doch welken seine Blätter schneller als die der Petersilie. Gelegentlich wird Kerbel in Essig und Öl konserviert.

ESTRAGON
Das feinste Kräutlein der Artemisia-Arten

(*Artemisia dracunculus*, Asteraceae, Compositae = Korbblütler), engl. tarragon; franz. estragon; auch Schlangenkraut, Bertram, Dragon, Trabenkraut, Eierkraut oder Esdragon genannt. Die mehrjährige, bis zu 2 m hohe Pflanze ist ursprünglich in Südrußland beheimatet und wurde von Kreuzfahrern vermutlich aus Kleinasien nach Europa gebracht, wo sie sich in kurzer Zeit in den Klostergärten behaupten konnte. Heute ist Estragon über Sibirien bis hin ins westliche Nordamerika verbreitet und wird schwerpunktmäßig in Frankreich und Italien angebaut. Estragon hat, im Gegensatz zu seinen Verwandten aus der Gattung Artemisia, ungefiederte, schmale, bis zu 6 cm lange Blätter. Seine kräftigen, verästelten Wurzeln bilden unterirdische Ausläufer, aus denen buschig verzweigende Stengel wachsen. An den Spitzen entwickeln sich Rispen mit kleinen, unscheinbaren gelbgrünen Blüten. Es gibt zwei Formen des Estragon. Der **Echte Französische Estragon**

Die Sauce béarnaise ist ein gutes Beispiel für die harmonische Kombination von französischem Estragon und Weißwein. Bei ihr wird, wie bei der Sauce hollandaise, eine Reduktion von Gewürzen mit Eigelb und geklärter Butter aufgeschlagen. Dann wird sie geschmacklich mit Weißwein und Estragon abgerundet. Estragon geht mit Essig, Senf und überhaupt allen Säuren ideale Geschmacksverbindungen ein.

Estragon ist ein typisches Einzelkraut mit einem sehr eigenständigen Aroma, das sich in größeren Mengen lediglich mit Zwiebeln und Schalotten verträgt.

● Küchen-Info

Französischer Estragon hat sich als Bestandteil der Kräutermischung Fines herbes neben Kerbel und Schnittlauch einen festen Platz in der Gastronomie gesichert. Sein fein-würziger Geschmack behauptet sich beispielsweise gut beim Huhn à la Estragon. Auch für Buttermischungen, Mayonnaise, Senf und Essig ist Estragon (Französischer wie Russischer) ein gefragtes Würzkraut. Will man den Estragon mit anderen Kräutern kombinieren, dann sollte man ihn nur sehr fein dosieren, um seinen markanten Geschmack nicht zu sehr in den Vordergrund zu stellen. Mit Petersilie und Dill wird er besonders häufig kombiniert. Sein volles Aroma entfaltet er beim Kochen. Als Ersatz für den Echten Französischen Estragon, der in warmen Ländern nicht gedeiht, kann Mexikanischer Estragon oder **Winterestragon** (*Tagetes lucida*), auch Yerbanis oder Mexican marigold mint genannt, genommen werden. Er wird speziell zu jungem Mais und Chayote-Kürbis verwendet.

(*Artemisia dracunculus* var. *sativa*), auch unter dem Namen Deutscher Estragon angeboten, wird in der Gastronomie und von Kennern der französischen Küche wegen seines feinen Aromas und Geschmacks geschätzt. Im Gegensatz zum Russischen Estragon schmeckt er würzig-erfrischend mit leicht süßlichem Nachgeschmack und wird nie bitter. Er blüht nicht, seine Blätter sind nicht behaart. Der **Russische Estragon** (*Artemisia dracunculoides*), auch Sibirischer Estragon genannt, weist schmalere, blassere und behaarte Blätter auf. Er schmeckt etwas herber, bitterer, leicht ölig, ist aber appetitanregend. Als Küchenkraut werden von Estragon die Blätter und die jungen Triebspitzen verwendet. Da sie sofort nach dem Abtrennen von der Pflanze welken, empfiehlt es sich, Estragon stets frisch im Hause zu haben – er gedeiht sowohl im Kräutergarten als auch im Gewächshaus und im Blumentopf – und erst unmittelbar vor der Verwendung zu ernten. Getrocknet verliert Estragon eine Teil der flüchtigen Aromastoffe und damit an Geschmack. In der industriellen Produktion wird das kräftig aromatische Estragonöl verwendet. Während Estragon in der Antike als Mittel gegen Schlangenbisse in der Kleidung getragen wurde (daher auch der lateinische Beiname *dracunculus* = kleiner Drache, Schlange), wird er heute erwiesenermaßen als harntreibendes und die Verdauung stimulierendes Mittel eingesetzt.

Beifuß, auch Gänsekraut genannt, ist vor allem der Fettverdauung förderlich und wird daher besonders gern für fettes Fleisch, wie etwa Gans, Ente oder Schwein, verwendet. Sein fein-herbes Aroma, das an Minze und Wacholder erinnert, kommt dabei sehr gut zum Ausdruck.

▲ **Hopfen** (*Humulus lupulus*, Moraceae = Maulbeerbaumgewächse), engl. hops; franz. houblon; hat im 8. Jahrhundert die Vorrangstellung der Beifußblätter als Würz- und Konservierungsmittel von Bier übernommen. Die grünen weiblichen Blüten heißen Zapfen und werden im Volksmund Dolden genannt.

Strandbeifuß, Meerwermut (*Artemisia maritima*), auch Nobbekrut genannt, bildet mit seinem fein geteilten Laub silbriggraue Teppiche auf den Salzwiesen der Nordseeküste. Sein Aroma ist subtiler als das von Beifuß, es erinnert an Curry und Kresse und kann wie Beifuß verwendet werden.

DIE BITTEREN
aus der Korbblütler-Familie (Asteraceae)

Beifuß, Wilder Wermut (*Artemisia vulgaris* var. *vulgaris*), engl. mugwort, motherwort; franz. armoise; auch Gänsekraut, Besenkraut, Johannis- oder Sonnenwendkraut genannt. Die ausdauernde, bis zu 2 m hohe Pflanze ist in Europa, Nord- und Mittelasien beheimatet und wird heute fast weltweit angebaut. Im Handel werden die auf der Oberseite kahlen, auf der Unterseite weißfilzigen Blätter sowie die Zweigspitzen mit den noch geschlossenen Knospen entweder frisch oder getrocknet, meist gerebelt, aber auch gemahlen angeboten. Beifuß wirkt harntreibend und krampflösend. **Eberraute** (*Artemisia abrotanum*), engl. southernwood, ladies love; franz. aurone; auch Eberries, Eberreis, Zitronenkraut oder Gartheil genannt. Der mehrjährige, bis zu 1,5 m hohe, buschige Strauch ist in Vorderasien und in Südosteuropa heimisch. Seine zart gefiederten, auf der Oberseite kahlen, auf der Unterseite rauhhaarigen Blätter verleihen Saucen und Braten eine besondere Note. Eberaute hilft gut bei Magenstörungen und Husten. **Wermut** (*Artemisia absinthium*), engl. wormwood; franz. absinthe, aluine; auch Wurmkraut, Absinth, Magenkraut, Wiegenkraut genannt. Die mehrjährige, streng riechende Staude ist im südlichen Europa, Nordafrika und Asien heimisch. Stengel und Blätter haben einen dicht anliegenden, feinen, silbergrauen Filz. Da sein ätherisches Öl Thujon gesundheitsschädlich ist, darf Wermut nur in geringen Mengen aufgenommen werden. Als Bittertonikum wirkt er appetitanregend, krampflösend und beruhigend.

Eberraute erinnert im ersten Moment des Probierens an Zitronenmelisse. Doch auf den zweiten »Biß« kommt der pfeffrig-bittere, an Beifuß erinnernde, aber feinere Geschmack zum Vorschein. Eberraute wird – sparsam dosiert – für die Zubereitung von Rind- und Schweinefleisch sowie Fisch (Aal) verwendet.

Wermut ist ein extrem bitteres Kraut. Zum Würzen ist er fast ohne Bedeutung, abgesehen von fettem Schweinebraten und Lammgerichten. Mit seinen Bitterstoffen sorgt er für eine bessere Verdauung. Wichtig ist er jedoch bei der Herstellung von Likören und Kräuterweinen.

Boretsch blüht mit strahlend blauen Blüten, die frisch oder kandiert als Garnitur von kalten Platten, Salaten sowie für Sommerbowlen verwendet werden können. Essig erhält durch Boretschblüten eine blaue Farbe.

BORETSCH UND KAPERN

Boretsch (*Borago officinalis*, Boraginaceae = Boretschgewächse), engl. borage; franz. bourrache; auch Borretsch, Gurkenkraut, Borgel oder Blauhimmelstern genannt. Im östlichen Mittelmeerraum heimisch, ist Boretsch heute fast in ganz Europa wildwachsend zu finden. Die einjährige Pflanze bildet aus der Blattrosette bis zu 1 m hohe Triebe, an denen strahlend azurblaue, nickende Sternblüten erblühen. Während die Stengel rauh behaart, fast borstig sind, fühlen sich die beidseitig behaarten, breit-eiförmigen Blätter im jungen Zustand samtweich an; im Alter werden sie allerdings hart und rauh. Die eßbaren Blüten sind in Doppelwickeln an den Enden der Stiele angeordnet. In der Küche werden die jungen Blätter frisch oder tiefgefroren, gerebelt oder gemahlen verwendet. Am aromatischsten sind dabei die frischen Blätter; da sie jedoch schnell welken, sollten sie erst kurz vor der Zubereitung geerntet werden. Die Pflanze enthält Schleimstoffe, wirkt herzstärkend, nervenberuhigend und blutreinigend. Sie wird bei Husten und Depressionen empfohlen und fördert die Adrenalinausschüttung. Auf diese Funktion ist wohl ihr Name zurückzuführen, der sich von keltisch »borrach« (Mut) ableitet und den frohen Mut nach dem Verzehr von Boretschblättern ausdrückt.

Kapern (*Capparis spinosa*, Capparaceae = Kaperngewächse), engl. capers; franz. câpres. Kapern sind die geschlossenen, eingelegten Blütenknospen des Kapernstrauches, der im Mittelmeerraum kultiviert wird. Der Kapernstrauch bildet bis zu 4 m lange Zweige mit eiförmigen, dicklichen Blättern, deren Nebenblätter zu Dornen umgewandelt sind. Die langgestielten, oliv- bis dunkelgrünen Knospen sitzen in den Achseln der Blätter und werden in mühevoller Handarbeit geerntet, noch bevor sie aufbrechen. Nach einem kurzen Welkvorgang werden sie eingesalzen und teilweise in Essig oder Öl eingelegt. Durch das Einsalzen nehmen die an sich faden Kapern ihr ganz typisches scharfes bis herbwürziges Aroma an, das übrigens am reinsten bei gesalzenen Kapern erhalten bleibt. Für den Küchengebrauch ist es wichtig zu wissen, daß Kapern immer verschlossen und mit Flüssigkeit bedeckt aufbewahrt werden müssen und kein Essig oder Öl nachgegossen werden darf. Kapern sollten in warmen Gerichten erst zum Schluß zugegeben werden, da sie das Kochen nicht vertragen. Gehandelt werden sie nach Größen: je größer, desto kräftiger; je kleiner, desto feiner im Geschmack. Allgemein gilt, daß gute Kapern aller Größen fest sind. Kräuterkundige verwenden Kapern als Heilmittel bei Milzerkrankungen.

● **Küchen-Info**

Boretsch oder Gurkenkraut ist ein ausschließliches Sommergewürz, denn es entfaltet sein gurkenähnliches, würziges, schwach bitteres Aroma wirklich nur im frischen Zustand. Zum Trocknen eignen sich die pelzigen Blätter nicht, sie lassen sich aber – am besten gleich kleingehackt – sehr gut einfrieren. Boretsch verträgt sich mit allen Kräutern, und sowohl Blätter als auch Blüten lassen sich in frischen Salaten anstelle von Gurke verwenden. Wie sein umgangssprachlicher Name schon verrät, ist er als Zutat zum Einlegen von Gurken besonders wichtig. Geschmacklich harmoniert Boretsch auch gut mit Aalgerichten. Das Kraut kann als spinatähnliches Gemüse zubereitet werden oder als Zugabe Mangold und Spinat geschmacklich bereichern, gekocht verliert er jedoch etwas an Geschmack. Erfrischungsgetränke werden durch Boretsch aromatisiert, kandierte Blüten sind eine hübsche Garnitur.

● **Küchen-Info**

Kapern gehören streng genommen nicht zu den Kräutern, sondern sind eine würzende Zutat. Doch in den meisten Fällen werden Kapern mit frischen Kräutern kombiniert und passen schon deshalb in dieses Buch. Im Mittelmeerraum sind sie ein Teil des Küchenalltags und so geläufig wie Salz und Pfeffer, aber nur die gesalzenen Kapern mit ihrem unverfälschten »Kapern-Aroma«. Deshalb sollte man für original italienische oder spanische Gerichte keinesfalls die in Essig eingelegten Knospen verwenden, sondern die gesalzenen (in italienischen oder türkischen Läden). Ein Kompromiß sind in Öl eingelegte Kapern. Im Gegensatz zu den mediterranen, mit Kapern gewürzten Spezialitäten (meist Fisch oder zartes Fleisch von Kalb, Kaninchen oder Geflügel) werden bei uns nur Gerichte mit Kapern gewürzt, die auch Säure vertragen: kalte Speisen oder die Sauce für die berühmten Königsberger Klopse.

Kapernernte auf Salina, einer der Liparischen Inseln vor der Nordküste Siziliens. Etwa zur Zeit der Sommersonnenwende werden die Blütenknospen des Kapernstrauchs gepflückt.

Zu einer zauberhaften Blüte entfaltet sich die Kapernknospe, wenn sie nicht vorher gepflückt wird. Die filigrane Pracht dauert jedoch nur einen Tag.

Knospe für Knospe werden die Kapern in mühseliger Handarbeit jeden Morgen von den Sträuchern gezupft. Aber nur die, die bereits die ideale Größe erreicht haben.

Handverlesen sollten gute Kapern-Qualitäten sein. So werden zerdrückte und bereits geöffnete Knospen entfernt, bevor man sie nach dem Pflücken über Nacht antrocknen läßt.

Kapernfrüchte, ital. capperone, span. ▼ alcaparrón, die sich aus der Blüte entwickeln, werden von den Gourmets in Südeuropa sehr geschätzt. Sie kommen meist eingelegt auf den Markt. Außerhalb der Ursprungsländer rund ums Mittelmeer sind sie allerdings noch ziemlich unbekannt. Sie schmecken sehr würzig und können ebenso wie eingelegte Oliven und zusammen mit ihnen gereicht werden. In Spanien klassifiziert man sie übrigens nach vier Größen: Finos (13 mm), Medianos extra (13-17 mm), Medianos (17-20 mm) und Gruesos (über 20 mm). Wie bei den Kapern gilt: je kleiner, desto feiner.

▲ **Gesalzene Kapern** werden leider ausschließlich in den Mittelmeerländern angeboten. So konserviert, sind sie viel aromatischer, weil die lästige Säure des Essigs fehlt.

Nonpareilles   **Surfines**   **Fines**   **Mifines**   **Capucines**   **Capottes**

Die kleinsten sind die feinsten. Diese Beurteilung hat sich bei den Kapern durchgesetzt, was aber nicht bedeutet, daß die größeren weniger würzig sein müssen. Die Klassifizierung in verschiedene Größen und deren Bezeichnung sind darüber hinaus meist uneinheitlich. Im Handel werden in der Regel die französischen Bezeichnungen gebraucht. Die größten heißen Communes.

FRISCH WIE ZITRONE

Der betörende Duft von Zitronen läßt sich nicht nur mit Vertretern der Gattung Citrus in die Küche holen.

Zitronengras (*Cymbopogon citratus*, Poaceae = Süßgräser), engl. Westindian lemon grass; franz. verreine des Inde; auch Serehgras, Verveine oder Lemongras genannt. Die mehrjährige Pflanze gedeiht in allen tropischen Gebieten. Ihr kräftiger, zitronenartiger Geschmack ist auf das im ätherischen Öl enthaltene Citral zurückzuführen. Von den schmalen, grünlichen, rauhen Blättern werden in der südostasiatischen Küche nur die untersten Teilabschnitte (etwa 15 cm) verwendet; sie sind weiß und verdickt und werden frisch oder getrocknet überall dort eingesetzt, wo ein frisches Zitronenaroma erwünscht ist. Getrocknet vermahlen, ist es als »Sereh-Pulver« im Handel. **Zitronellagras** oder Zitronellgras (*Cymbopogon nardus*, Poaceae = Süßgräser). Es kann an die Stelle von Zitronengras treten, da es einen ähnlichen Geschmack hat und ebenfalls in tropischen Gebieten gedeiht. Aus den Blättern wird das Ceylon-Citronellöl hergestellt. Bei der Verwendung in der Küche werden die Blättchen mit dem Messer zerdrückt oder im Mörser zerstoßen. **Kaffirlimette** (*Citrus hystrix*, Rutaceae = Rautengewächse), engl. makrut lime; franz. combavas; auch Sambal genannt. Die Pflanze ist in Südostasien von Sri Lanka bis zu den Philippinen heimisch. Von dem kleinen Baum, der dünne Äste und kleine, samenreiche, sehr dickwandige, runzelige, wenig saftige Früchte hat, werden die Blüten und die Schale der Früchte, vor allem aber die Blätter zum Würzen genutzt. Diese haben eine ungewöhnliche Form, als wären 2 Blätter hintereinander zusammengewachsen. Die Blätter verströmen ebenso wie die Frucht ein starkes Zitronenaroma, das in der asiatischen Küche sehr gefragt ist. **Zitronenverbene** (*Lippia triphylla*, *Aloysia triphylla*, Verbenaceae = Eisenkrautgewächse), engl. lemon verbena; franz. verveine citronée, verveine odorante; auch Zitronenstrauch oder Südamerikanisches Eisenkraut genannt. Der ausdauernde Strauch stammt aus Südamerika, wo er mehrere Meter hoch wachsen kann. In Europa wird er gelegentlich noch als Ersatz für Zitronengras kultiviert. Die langen, spitzen, blaßgrünen Blätter entfalten ein süß nach Zitrone duftendes Aroma, sie können das ganze Jahr über geerntet werden. Das stark nach Zitrone duftende Öl wird für Kosmetika genutzt. **Pfefferblätter** (*Piper sarmentosum*, Piperaceae = Pfeffergewächse). Die ausdauernde Pflanze stammt aus Thailand, wo sie auch vorwiegend verbreitet ist. Sie wächst unter tropischen Bedingungen im Halbschatten auf feuchten, nährstoffreichen Böden. Junge, unreife sowie leicht reife Blätter werden in den Küchen Südostasiens zahlreichen Gerichten als Gewürz zugegeben. **Sansho** (*Zanthoxylum piperitum*, Rutaceae = Rautengewächse) ist der Name einer japanischen stacheligen Esche, die oft fälschlicherweise als Japanischer Pfefferbaum bezeichnet wird, obwohl sie nicht mit dem Pfeffer (*Piper nigrum*, Piperaceae = Pfeffergewächse) verwandt ist. Der Baum wird 4 m hoch. Die Blätter und die gemahlenen Hülsen der stacheligen Samen würzen japanische Gerichte.

● Küchen-Info

Zitronengras (Lemongras) wird in ganz Südostasien als Gewürz für verschiedene Suppen, vor allem Fischsuppen, aber auch Saucen, Krabben- und Fleischgerichte, Curries, Salate, Gemüse, Getränke sowie Süßspeisen verwendet und dient zur Herstellung von Likören. Im Geschmack harmoniert es gut mit Knoblauch, Zwiebeln, Chillies und frischem Koriander. In 2 cm lange Stücke geschnitten, wird es mitgegart und vor dem Servieren aus dem Gericht entfernt.

Zitronellagras hat einen ähnlichen, aber schärferen Zitronengeschmack und kann wie Zitronengras verwendet werden.

Zitronengras wächst im gesamten Tropengürtel rund um den Erdball. Es wird in den regionalen Küchen verwendet, vor allem für die Gerichte der bekannten indonesischen Reistafel.

Zitronellagras erinnert im Aroma gleichzeitig an Zitronen und an Rosen. Es wird ebenso wie die anderen Arten aus der Gruppe der Zitronengräser verwendet.

Epazote (*Chenopodium ambrosioides* var. *ambrosioides*, Chenopodiaceae = Gänsefußgewächse), auch Mexikanisches Teekraut genannt. Seine Heimat ist Mexiko. Das ausdauernde aromatische Kraut weist zahlreiche winzige Blüten auf, die in den Blattachseln sitzen und einen süß-herben Citrusduft verbreiten. Epazote ist in der mexikanischen Küche sehr wichtig. Auf der Halbinsel Yukatan wird das Kraut als Tee zubereitet. Epazote hält den Darm von Parasiten frei und wirkt verdauungsfördernd. Andere Gewächse, die im Geschmack ebenfalls an Zitrone erinnern, sind zum Beispiel das Zitronenbasilikum (Seite 39, 41), die Zitronenmelisse (Seite 34) oder der Zitronenthymian (Seite 56).

Pfefferblätter werden in Gemüsesuppen mitgekocht. Für thailändische Mundbissen werden die rohen Blätter mit verschiedenen Zutaten – Ingwer, Erdnüssen oder Shrimps – gefüllt.

Kaffirlimettenblätter duften stark nach Zitrone. Sie werden frisch oder getrocknet, ganz oder in Streifen geschnitten für Fischgerichte, Curries, Suppen und Salate verwendet.

Epazote hat ein zartes Zitrusaroma. In Mexiko gehört er zu jedem Gericht aus schwarzen Bohnen. Von Quesadillas – mit Käse gefüllte Tortillas – ist das Kraut nicht wegzudenken.

◀ **Sansho** ist eine beliebte Garnitur in der japanischen Küche. Die jungen Blätter werden auch »Kinome« genannt. Ihr leicht an Minze erinnerndes, erfrischendes Aroma würzt Suppen und Fischgerichte auf einzigartige Weise.

Hoja santa (*Piper auritum*), engl. root beer plant, ein anderes Pfeffergewächs aus Südmexiko, weist kein Zitronenaroma auf. Seine bis zu 30 cm langen, großflächigen Blätter erinnern eher an Sternanis, Muskatnuß und Aprikose und werden vorzugsweise als Fischgewürz verwendet.

Zitronenverbene. Das kräftige ▶ Zitronenaroma mit einem Hauch von Schärfe wird noch viel zuwenig bei uns genutzt. Das ist schade, da die hübsche Pflanze zum einen problemlos im Haus zu halten ist und man so stets einen Vorrat an frischen Blättern zur Verfügung hat. Zum anderen kann sie nicht nur für Tee und Süßspeisen, sondern auch sehr gut als zusätzliches Gewürz für Fleisch- und Fischgerichte verwendet werden, da das frische Aroma vor allem gut zu scharfen Speisen paßt.

ASIATISCH GEWÜRZT
Kräuter für fernöstliche Spezialitäten

Pandanblätter (*Pandanus tectorius*, Pandanaceae = Schraubenpalmengewächse), engl. textile screw pine, padanus palm; franz. baquois, vaquois; auch Schraubenbaum, Pandanus-Palme genannt. Die fasernliefernde Pflanze stammt aus Südasien und dem tropischen Australien, wo sie an Meeresufern wächst. Ihre schmalen, glänzenden, schwertförmigen Blätter dienen als Gewürz. In Malaysia und Indonesien ist ihr Aroma, vor allem für Süßspeisen, so beliebt wie anderswo Vanille. In der thailändischen Küche dienen sie als schützende Hülle beim Garen von Lebensmitteln. Mit Pandanblüten in Wasser (Kewra-Wasser) wird Fleisch aromatisiert.

◀ **Frisch vom Markt holt** man sich die Curry leaves in Asien, denn nur wirklich frisch entwikkeln die Blätter ihr volles Aroma. Einzige Konservierungsmethode ohne Geschmacksverlust wäre das Einfrieren, aber dies ist in unseren Breiten nur schlecht möglich, da die Curry leaves äußerst selten per Luftfracht auf unseren Märkten angeboten werden.

● Küchen-Info

Basis für die Currygerichte Süd-Ost-Asiens ist immer das »Garam Masala«, eine Mischung aus Gewürzen und Kräutern, die für jedes Curry speziell zusammengestellt wird. Jede Mischung ist genau auf die Hauptzutat abgestimmt und hat ihren eigenen Geschmack. Doch alle Curryköche verwenden zusätzlich **Curry leaves**. Diese werden als Zweig mitgekocht und bringen das nicht zu beschreibende, unverwechselbare Aroma ein, das all diesen Curries zu eigen ist. Das Aroma begegnet einem auch in Fischgerichten der Madras- und srilankanischen Küche. In Malaysia, wo auch Gemüsegerichte mit Curry leaves gewürzt werden, heißen sie »kampllay«. Das Seafood-Curry aus Madras (im Bild oben) ist nur ein Beispiel für die große Curry-Auswahl, die immer mit gekochtem Reis serviert wird und die manchmal durch großzügige Verwendung von Chillies ganz schön scharf sein kann. In solchen Fällen, wenn ein Curry als »very hot« angepriesen wird, ist große Vorsicht geboten. Man nimmt dann besser mehr Reis und das Curry mehr als würzende Zutat.

Frische Curryblätter geben mit ihrem aromatisch scharfen Aroma echten Curries, wie etwa dem Madras-Curry, und Chutneys einen unverwechselbaren Geschmack.

Pandanblätter schmecken süßlich-aromatisch, sind aber mit keinem bei uns bekannten Gewürz vergleichbar. In Asien werden sie frisch für Süßspeisen, Reisgerichte, Curries verwendet.

Von der Kardamom-Pflanze werden zum Würzen nur die wirklich jungen Triebe verwendet. Der Geschmack ist dem der Fruchtkapseln ähnlich, jedoch etwas süßlicher und milder.

Kardamom, Cardamom (*Elettaria cardamomum*, Zingiberaceae = Ingwergewächse), engl. cardamom; franz. cardamome. Die schilfartige, bis zu 3 m hohe Staude stammt von der Malabarküste, Indien, und wird heute dort wie auch auf Sri Lanka und in den tropischen Ländern Afrikas kultiviert. Als Gewürz dienen neben ihren geschlossenen, getrockneten und ausgereiften – in Sri Lanka die unreifen – ölhaltigen Fruchtkapseln die Saat (ganz oder gemahlen) und vor allem in Asien auch die langen, breitlanzettlichen Blätter. Kardamom ist als wirksames Heilmittel zur Herz- und Magenstärkung bekannt. **Currykraut** (*Helichrysum italicum*, Asteraceae, Compositae = Korbblütler), engl. white-leaf everlasting; auch Curry-Pflanze oder Italienische Strohblume genannt. Die Pflanze stammt zwar aus Europa, doch ihr Aroma erinnert an die bei uns bekannten asiatischen Currymischungen, obwohl sie geschmacklich mit den Curry leaves nichts zu tun hat. Der immergrüne, aromatische Strauch stammt aus Südeuropa und Nordwestafrika. An seinen runden, weißen – im zweiten Jahr verholzenden – Stengeln bringt er schmale, nadelähnliche, silbergraue Blätter hervor. Er blüht im Spätsommer mit kleinen, senfgelben Dolden. Die Zweige werden mitgekocht, doch vor dem Servieren wieder entfernt. **Curryblätter** (*Murraya koenigii*, Rutaceae = Rautengewächse), engl. curry leaves; franz. feuille de murraya. Der aus Asien stammende kleine Baum wird heute in Indien und Afrika kultiviert. Die grünen, eiförmigen Blätter sind auf der Unterseite heller als auf der Oberseite. Zum Würzen werden ganze Zweige mitgekocht und vor dem Servieren entfernt. Getrocknete Blätter verlieren im Vergleich zu frischen Blättern sehr stark an Würzkraft.

Vietnamesische Melisse (*Elsholtzia ciliata*, Lamiaceae, Labiatae = Lippenblütler), engl. vietnamese balm. Sie stammt aus den tropischen und subtropischen Breiten Asiens und wird in Ostasien als Heil- und Gewürzpflanze kultiviert. Sie blüht mit lavendelfarbenen Blütenrispen. **Chinesischer Gewürzstrauch** (*Elsholtzia stauntonii*, Lamiaceae, Labiatae = Lippenblütler). Der winterfeste kleine, leicht verholzende Strauch stammt aus China. Auf der Krim wird er zur Gewinnung seines ätherischen Öls kultiviert. Seine Blüten sind rosafarben. **Rau om** (*Limnophila aromatica*, Scrophulariaceae = Braunwurzgewächse). Die kleine Staude kommt von Indien bis nach Australien vor. Aufgrund seines einzigartigen Aromas finden die Blätter in der thailändischen und vietnamesischen Küche breite Anwendung. **Japanischer Meerrettich** (*Eutrema wasabi*, Brassicaceae, Cruciferae = Kreuzblütler), engl. japanese horseradish; japan. wasabi. Die ausdauernde Staude stammt aus Japan, wo sie seit über 1000 Jahren an fließenden Gewässern und in kühlen Bergregionen kultiviert wird. Von Wasabi, einem der bedeutendsten Gewürze der japanischen Küche, wird in erster Linie die walzenförmige Rübe – frisch gerieben oder in Pulverform mit Wasser angerührt – mit ihrem durchdringend scharfen Aroma für rohen Fisch genutzt. Sowohl die herzförmigen Blätter als auch die Wurzeln werden zu einem in Japan sehr beliebten Senf auf der Basis von Reisessig verarbeitet. **Salatchrysantheme** (*Chrysanthemum coronarium*, Asteraceae, Compositae = Korbblütler), franz. chrysanthème-salade; auch Shungiku genannt. Sie ist im östlichen Mittelmeerraum heimisch. Die Blätter und Blüten werden für Chop Suey genutzt.

Vietnamesische Melisse hat ein mildes, würziges, exotisches Aroma, das gut zu Fischgerichten paßt.

Rau Om schmeckt aromatisch, leicht süßlich nach Cumin. Es paßt zu süßen und säuerlich-salzigen Gerichten.

Chinesischer Gewürzstrauch hat ein kräftiges, entfernt an Kümmel und Minze erinnerndes, eigenwilliges Aroma.

Currykraut hat ein süßes, mildes Curryaroma. Es paßt gut zu Suppen, Gemüse-, Reis- und Fleischgerichten.

Japanischer grüner Meerrettich. Die Blätter mit ihrem scharfen Geschmack können pur als Salat verzehrt werden.

Salatchrysantheme hat einen leicht bitteren Geschmack, der durch Zucker oder Honig gemildert werden kann.

CILANTRO
Die Blätter vom Koriander

Koriandergrün (*Coriandrum sativum*, Apiaceae, Umbelliferae = Doldengewächse), engl. coriander; franz. coriandre; chin. yin sai; ind. hara dhania; mal./indon. daun ketumber; auch Korianderkraut, Blattkoriander, Chinesische Petersilie, Wanzenkraut oder Wanzendill genannt. Hinter dem spanischen, von der internationalen Gastronomie übernommenen Wort »cilantro« steht das Kraut jener Pflanze, von der in Mitteleuropa oft nur die Samen als Gewürz bekannt sind. Koriander zählt zu den ältesten bekannten Gewürzen im Gebrauch des Menschen überhaupt. Sein Name leitet sich von dem griechischen Wort »koris« (Wanze) ab, da das frische Kraut wanzenähnlich riecht. Die einjährige Pflanze kommt in Europa, Asien und Amerika vor. Das Kraut wächst zunächst als grundständige Rosette mit leuchtend grünen, dreilappigen Blättern heran und schießt dann mit stark verzweigten Stengeln in die Höhe, an deren Enden weiße bis rötliche Blüten in Dolden angeordnet sind. Die oberen Laubblätter sind zart gefiedert. Im Spätsommer bringen die Blüten gelblichbraune, kugelförmige Spaltfrüchte hervor, denen die Pflanze auch den Namen Schwindelkorn verdankt. Im Gegensatz zur Petersilie, von der meist nur die Blätter zum Würzen genutzt werden, verwendet man vom Cilantro auch die Stengel. In der Naturheilkunde wird er mit Erfolg bei Magen- und Darmstörungen eingesetzt. Cilantro sollte immer frisch verwendet werden. Er hält sich frisch, wenn er, mit ungewaschenen Wurzeln in Wasser

▲ **Cilantro,** das Kraut vom Koriander, wird immer frisch verwendet, denn es läßt sich nicht trocknen. Da es sehr hitzeempfindlich ist, sollte es bei gekochten Speisen immer erst ganz am Ende des Garprozesses zugegeben werden, sonst geht sein Aroma verloren.

Killi, Quillquiña (*Porphyllum ruderale*) stammt aus Bolivien. Erinnert an Cilantro und ist wie dieser zu verwenden.

Vietnamesischer Koriander (Rau ram) duftet nach Cilantro, schmeckt pfeffrigscharf. In Vietnam für Salat und Suppen.

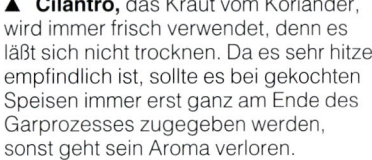

Culentro. Sehr intensiver Cilantrogeschmack. Zum Würzen der thailändischen säuerlichen Suppe »tonyum«.

Vap ca. Frisches, zuweilen zitronenartiges Aroma, ähnlich Vietnamesischem Koriander. Für Suppen und Fleisch.

Stranddreizack. Einheimischer Cilantroersatz. Mit Speck, Schweinefleisch und Graupen auch als Eintopf möglich.

● Küchen-Info

Cilantro hat wie kaum ein anderes Kraut die lateinamerikanischen – vor allem die mexikanische – und asiatischen Landesküchen geprägt. Mit seinem sehr eigenen Geruch, der entfernt an Wanzen erinnert und auch etwas faulig sein kann, ist er in Europa nicht jedermanns Sache. Cilantro ist vom Stellenwert her in Asien mit Petersilie zu vergleichen, weshalb er auch Chinesische Petersilie oder Chinese parsley genannt wird. Doch auch Korianderwurzeln erfreuen sich in Asien großer Beliebtheit. Sie werden in Kombination mit Knoblauch, Chillies und dem Grün der Pflanze vor allem für Marinaden verwendet. **Quillquiña** darf in bolivianischen Salsas nicht fehlen. Es ist in Bolivien ein tägliches Gewürz-, aber auch Heilkraut und wächst bis in 2700 m Höhe.

gestellt oder in feuchtes Küchenkrepp gewickelt, im Kühlschrank aufbewahrt wird. **Vietnamesischer Koriander** (*Polygonum odoratum*, Polygonaceae = Knöterichgewächse) sieht dem einheimischen Wiesenknöterich (*Polygonum bistorta*) zum Verwechseln ähnlich. Diese schnellwachsende Pflanze bildet aufrechte und kriechende Triebe. **Culentro** (*Eryngium foetidum*, Apiaceae, Umbelliferae = Doldengewächse), engl. fitweed; auch Cilentro genannt. Die Verwandte des Korianders stammt aus Thailand, ist in ganz Asien ein wichtiges Küchenkraut und erinnert an die heimische Stranddistel (*Eryngium maritimum*). Sie bildet zahlreiche kleine Pflanzen neben ihrer Hauptachse. Die Blätter werden mit den Stengeln geerntet oder der ganze Stamm mit einem scharfen Messer knapp über der

Bodenoberfläche abgeschnitten. **Vap ca** (*Houttuynia cordata*, Saururaceae = Echsenschwanzgewächse). Die tropische Pflanze stammt aus Vietnam. Sie bevorzugt feuchte bis nasse Standorte, in gemäßigten Breiten sollte sie in der kalten Jahreszeit abgedeckt werden. Sie bildet zahlreiche Ausläufer. **Stranddreizack** (*Triglochin maritimum,* Juncaginaceae = Blumenbinsengewächse), engl. sea arrowgras; franz. troscart; in Nordwestdeutschland auch Röhr, Röhlk oder Röhrkohl genannt. Die ausdauernde, winterharte, bis zu 75 cm hohe Pflanze wächst in gemäßigten und kälteren Zonen auf Salzwiesen und am Strand. Sie bildet aufrechte, fleischige Stengel mit schmal-linealischen, grasartigen, fleischigen Blättern, die vor dem Aufblühen der kleinen grünlichen Blüten geerntet werden. Die relativ derbe Außenschicht und die dünnen Blätter bedingen eine verminderte Verdunstung, so daß die Pflanze in der salzhaltigen Umgebung überleben kann.

BERGMINZEN

Neben den bekannten Minzepflanzen der botanischen Art Mentha gibt es andere Arten, wie etwa die Bergminzen, die ein minzeähnliches Aroma aufweisen. **Bergminze** (*Calamintha sylvatica*, syn. *Calamintha officinalis*, Lamiaceae, Labiatae = Lippenblütler), engl. calamint; auch Bergmelisse, Bergthymian oder Waldquendel genannt. Die ausdauernde Planze wächst in Mittel- und Südeuropa bis zur Südwest-Ukraine in lichten Wäldern. Ihr kurzer, kriechender Wurzelstock bringt aufrechte, verzweigte, vierkantige Stengel mit gestielten, leicht gekerbten Blättern hervor. Ihre Blüten sind violett bis purpurfarben. Sie wurde im mittelalterlichen England als Salatpflanze kultiviert. **Gartenbergminze** (*Calamintha grandiflora*), auch Großblättriger Steinquendel genannt. Flachwachsende, aromatische Staude mit gestielten, breit ovalen, behaarten, leicht nach unten gebogenen Blättern. Sie blüht mit rosa Lippenblüten. **Römische Minze** (*Calamintha* sp.). Wildwachsende, sich an Mauern anlehnende Pflanze mit rosa Blüten. **Amerikanische Bergminze** (*Pycnanthemum pilosum*, Lamiaceae, Labiatae = Lippenblütler). Die Pflanze stammt aus Nordamerika, wo ihre Blätter und Blütenknospen zum Würzen von Speisen verwendet wurden. Sie hat lange, schmale, beharrte Blätter und weiße Blüten.

▲ **Römische Minze**. Eine in Italien wildwachsende Art, die in einigen Gerichten der Landesküche nicht fehlen darf.

Bergminze ist eine zierliche, grazile Pflanze mit einem ausgeprägten Minzearoma, das an Kampfer erinnert.

Amerikanische Bergminze zeichnet sich durch ein besonders strenges Minzearoma aus.

Gartenbergminze hat ein angenehm aromatisches Minzearoma, welches in Tees besonders gut zur Geltung kommt.

● Küchen-Info

Trotz großer Unterschiede haben alle Minzesorten einen stark aromatischen bis brennend-würzigen Geschmack. Mentholhaltige Arten hinterlassen darüber hinaus ein erfrischendes Kältegefühl im Mund. Eine weitere Gemeinsamkeit ist, daß sie erst in Kombination mit Zucker ihr volles Aroma entfalten, was nicht besagt, daß nur Süßspeisen mit Minzen gewürzt werden können. Doch gesüßt können die zarten Nuancen der einzelnen Arten erst richtig zur Geltung kommen, wie zum Beispiel die der Ananasminze, der Apfel-, Ingwer- oder Orangenminze. Ebenso ist es mit der beißend-scharfen Mentholfrische von Spearmint und Pfefferminze, die sich vor allem in kalten Erfrischungsgetränken voll entfalten kann. Für feine Süßspeisen wie Gelees und Cremes und natürlich für Sorbets oder Granités (im Bild links) sind die Sorten mit dem zarteren Aroma besser geeignet, übrigens auch für Marmeladen. Für die süß-saure englische Mintsauce darf es schon die kräftige Pfefferminze sein, ebenso für Mintchutney, das aus Indien (Pudina chutni) kommt und natürlich frisch zubereitet werden muß. Neben dem allgegenwärtigen Pfefferminztee ist in den arabischen Ländern die Minze ein höchst beliebtes Fleischgewürz (vor allem für Lamm und Ziege), das meist mit reichlich Knoblauch kombiniert wird, wie zum Beispiel für Minted Lamb Kebab. In den Landesküchen Südostasiens wird Minze für besonders chilischarfe Fleischgerichte verwendet, und in Vietnam ist sie ein fester Bestandteil der Salate, die dort zu jedem Fleisch- und Fischgericht serviert werden. Dabei wird Minze immer in Verbindung mit Cilantro verwendet.

MINZE
Erfrischendes Aroma

(*Mentha*, Lamiaceae, Labiatae = Lippenblütler), engl. mint; franz. menthe. Minzen begeistern seit Jahrtausenden die Menschen. In ihren Blättern befindet sich ein ätherisches Öl, dessen Hauptbestandteil meist das Menthol ist. Rund 20 Minzearten sind hauptsächlich in den gemäßigten Zonen Europas, Vorderasiens, Nordafrikas und Nordamerikas verbreitet. Durch Kreuzung und Bastardisierung ist eine verwirrende Vielfalt an Minzevarietäten entstanden. Für die küchenpraktische Verwendung sind heute vor allem die Pfefferminze und Grüne Minze von Bedeutung. Um die schwierigen Verwandtschaftsverhältnisse zu erklären, sollen zunächst die Vorfahren der wichtigsten Arten vorgestellt werden. Die **Wasserminze, Bachminze** (*Mentha aquatica*), engl. water mint; franz. menthe aquatique, menthe rouge, ist heute noch als Wildform in Europa zu finden. Sie läßt sich durch Samen vermehren, wächst an feuchten Standorten und verträgt Schatten. Ihre grünroten Blätter verströmen ein zartes Aroma. Wegen ihres strengen Geschmacks hat sie kaum noch küchenpraktische Bedeutung. Die **Roßminze, Pferdeminze** (*Mentha longifolia*), engl. horsemint; franz. menthe chevaline, wächst ebenfalls noch wild in Europa. Die Pflanze hat länglich schmale, graue Blätter und purpurfarbene Blütenähren. Küchenpraktisch ist sie ohne Bedeutung. Die **Ackerminze** (*Mentha arvensis*), engl. corn mint, field mint; franz. baume des champs, ist auch wildwachsend zu finden. Charakteristisch ist die Form ihrer Blütenstände, die sie – zusammen mit der Wasserminze und der Poleiminze – von allen anderen Minzearten unterscheidet: Ihre Blüten stehen in den Achseln der Blätter quirlig angeordnet, im Gegensatz zu den sonst üblichen endständigen, ährenförmigen Blütenständen. Ihre eiförmig-elliptischen, vorne etwas zugespitzten Blätter sind dunkelrot überlaufen und leicht gekerbt oder gesägt. Von der Wildform **Rundblättrige Minze** (*Mentha suaveolens*) stammen verschiedene Arten ab, von denen die **Apfelminze** (*Mentha x rotundifolia*) küchenpraktisch von Interesse ist. Sie weist große behaarte grüne Blätter auf. Die Apfelminze wird in der Literatur auch als reine Art *Mentha suaveolens* geführt. Unter dem englischen Namen **Spearmint** (*Mentha spicata*) ist eine

Katzenminze (*Nepeta cataria*). Übt auf Katzen magische Wirkung aus. In Frankreich zum Würzen von Salatsaucen.

Ananasminze (*Mentha suaveolens* var. *variegata*). Leuchtend weiß gefleckte, haarige Blätter. Fruchtiges Aroma.

Krause Minze, behaart. Die vielzähligen Kultivare von Krausen Minzen können sowohl behaart als auch unbehaart sein.

Krause Minze, unbehaart. Geschmacklich unterscheiden sich behaarte Minzen wenig von unbehaarten Kultivaren.

Ingwerminze (*Mentha* x *gentilis* var. *variegata*) ▶ – im Bild links – enthält in ihren glatten, gelbgesprenkelten Blättern kein Menthol. Ebenso wie die **Apfelminze** – in der Bildmitte – und die **Pfefferminze** – im Bild rechts – wird sie für erfrischende Getränke verwendet.

leicht behaarte Minzeart mit länglichen Blättern und dem typischen Kaugummiduft bekannt. Sie wird oft verwechselt mit **Grüner Minze,** franz. menthe verte, die einer Kreuzung von *Mentha suaveolens* und *Mentha longifolia* entstammt. Charakteristisch ist die fehlende Behaarung ihrer frischen grünen Blätter – lediglich die Nerven der Blattunterseiten tragen einzelne Haare. **Krause Minzen** gibt es verschiedene. Von der Grünen Minze stammen die meisten Kultivare (*Mentha spicata* var. *crispa*) ab. Mit ihren gekrausten, leuchtendgrünen Blättern sind sie sehr dekorativ. Die bekannteste aller Minzearten ist die **Pfefferminze** (*Mentha* x *piperita* var. *piperita*), engl. peppermint; franz. menthe anglaise, menthe poivrée. Sie ist als Bastard aus der Wasserminze und der Grünen Minze hervorgegangen. Die Pfefferminze ist die wichtigste Kulturform aller Minzen. Als sterile Pflanze vermehrt sie sich vegetativ durch Ausläufer. An den Sprossen sitzen die gestielten, eiförmigen, behaarten Blätter, aus denen durch Wasserdampfdestillation das für die Industrie wichtige Pfefferminzöl gewonnen wird. Es riecht durchdringend aromatisch, schmeckt zuerst brennend, dann kühlend und wird für Essenzen, Liköre und Süßwaren weiterverarbeitet. Im Erwerbsanbau spielt die Sorte Mitcham eine wichtige Rolle. Von der Pfefferminze stammt die **Orangenminze, Bergamottminze** (*Mentha* x *piperita* var. *citrata*) ab, die sich durch den fehlenden Mentholgehalt auszeichnet. Variationen der Orangenminze sind die **Limonenminze** (*Mentha* x *piperita* var. *citrata*), die nach Limonenschale duftet und rotgrüne Blätter hat sowie die **Kölnisch-Wasser-Minze, Eau-de-Cologne-Minze,** engl. eau de cologne mint. Diese verströmt einen dem gleichnamigen Parfüm ähnlichen Duft und ist etwas größer als die Orangenminze. Sie hat glatte, aromatische, purpurgeränderte, dunkelgrüne Blätter an rötlichen Stengeln. Die **Poleiminze** (*Mentha pulegium*) enthält als einzige Minzeart das giftige Pulegon, deshalb ist Achtung vor ihr geboten. Sie hat leuchtend grüne Blätter und purpurfarbene Blüten. Neben den Mentha-Arten gibt es innerhalb der botanischen Familie der Lippenblütler noch Pflanzen anderer Gattungen, die aufgrund einer Mentholkomponente geschmacklich mit den Minzen vergleichbar sind: die **Bergminzen** (*Calamintha*) und die **Katzenminzen** (*Nepeta*).

Edelminze, Österreichische Minze (*Mentha* x *gentilis*). Dunkelgrüne, glatte Blätter, mildes, leicht parfümiertes Aroma.

Spearmint ist Englands beliebteste Minze. Typisch ist die Verarbeitung zu Minzsauce; wird zu Lammgerichten gereicht.

Marokkanische Minze (*Mentha spicata* var. *crispa*). Kleinwachsend. Süßer, kühlender Geschmack. Für Minztee.

Orangenminze. Rotgrüne Blätter, fruchtiges Aroma, an Bergamott-Orange und Earl-Grey-Tee erinnernd. Ohne Menthol.

Naneminze, Türkische Minze (*Mentha spicata* var. *crispa*). Kümmelähnlicher Geschmack. Stark gekrauste Blätter.

Silberminze (*Mentha longifolia*). Ihre langen, schmalen, dicht filzig behaarten Blätter verströmen ein frisches Aroma.

Englische Pfefferminze, Sorte »Mitcham«. Die bekannteste aller Pfefferminzen. Für Tees und Süßspeisen.

Wasserminze wird aufgrund ihres strengen Geschmacks selten für die Zubereitung von Speisen verwendet.

MELISSE UND YSOP
Von frisch bis würzig

Zitronenmelisse (*Melissa officinalis*, Lamiaceae, Labiatae = Lippenblütler), engl. balm, lemon balm; franz. baume, mélisse, citronelle; auch Gartenmelisse, Bienenkraut, Honigblume oder Herzkraut genannt. Die aus dem Vorderen Orient stammende Pflanze wird heute in Europa, Nordafrika und Amerika kultiviert. Sie wurde als Bienenweide (griech. »melissa« = Biene) bereits von den Römern hoch geschätzt. Die Pflanze treibt im Frühjahr aus einem mehrjährigen Wurzelstock vierkantige Stengel aus, die bis zu 1 m hoch werden können und im Herbst wieder absterben. Die eiförmigen, kerbig ge-

● **Küchen-Info**

Zitronenmelisse sorgt für Frische in der Küche. Die möglichst jungen Blätter sind kein typisches Einzelgewürz. Sie passen sehr gut in verschiedene Kräutermischungen, die kalt verwendet werden, vor allem in Salatmarinaden, bei denen das frische, zitronenartige Aroma erwünscht ist. Zitronenmelisse findet auch überall dort Verwendung, wo sonst Zitronensaft oder Zitronenschalen gefragt sind. Die Blätter dabei nur wenig zerkleinern, keinesfalls mitgaren. Ganze Blättchen sind beliebt als Garnitur für Desserts, Obstsalate, Bowlen und Liköre; hübsch ist es auch, die Blättchen in Eiswürfel einzufrieren und in Getränken zu servieren. Da sich das Aroma beim Überbrühen mit heißem Wasser verflüchtigt, sind für eine Zubereitung als Tee entsprechend viele Blätter zu verwenden. Zitronenmelisse nur frisch verwenden. Bei dem nebenstehenden Salat rundet sie den frischen Geschmack von Tomaten, körnigem Frischkäse und Oliven harmonisch ab.

Weiße Melisse (*Nepeta cataria* ssp. *citriodora)*, in Deutschland heimisch, duftet mild nach Zitrone. Für Tee.

Moldavische Melisse (*Dracocephalum moldavica*), Drachenkopf. Schmeckt mild nach Zitrone, für Tee geeignet.

Monarda fistulosa* ssp. *menthifolia. Stammt aus Nordamerika. Sie wird wie Oregano verwendet.

sägten, oberseits behaarten jungen Blätter werden vor der Blüte gesammelt und frisch oder getrocknet, unzerkleinert oder gehackt in der Küche verwendet. Aus der Pflanze wird der bekannte Melissengeist hergestellt. In der Naturheilkunde wird sie zur Senkung des Cholesterinspiegels im Blut eingesetzt; sie wirkt belebend, nerven- und magenstärkend, blähungs- und schweißtreibend und erhöht die Gallensekretion. **Monarde, Goldmelisse** (*Monarda didyma*, Lamiaceae Labiatae = Lippenblütler), engl. horsemint, bergamot; franz. monarde ecarlaté, bergamote; auch Bergamott, Indianernessel, Monardenkraut, Pferdeminze oder Scharfe Melisse genannt. Die Pflanze stammt aus Nordamerika, wo die Indianer des Stammes Oswego schon seit Jahrhunderten einen aromatischen Tee aus ihren Blättern bereiten. Dieser diente nach der Bostoner Teaparty im Jahre 1773 zu Beginn des amerikanischen Unabhängigkeitskrieges den Kolonisten als Ersatz für den

◄ **Zitronenmelisse** entfaltet beim Berühren ein intensives Zitronenaroma.

Scharlachrote Monarde duftet nach Bergamottorange und ganz leicht nach Zitrone. Wird zu Tee aufgegossen.

Purpurfarbene Monarde. Ihr Aroma erinnert an Kampfer. Zum Aromatisieren von Obstsalaten und Eingemachtem.

getrocknete Kraut verwendet. Junge Blätter und Triebspitzen können laufend abgepflückt werden. Zum Trocknen eignet sich am besten das Kraut, das während der Blütezeit geerntet wird. Ysop erinnert im Geschmack an Thymian und Salbei. Er sollte nur sparsam verwendet werden. Die in den Blättern enthaltenen Bitterstoffe erleichtern die Verdauung von fetten Speisen. Als Heilmittel wird Ysop bei Erkältung und zur Schweißminderung empfohlen. **Agastachen** (Lamiaceae, Labiatae = Lippenblütler). Der Ursprung der Gattung Agastache liegt in Nordamerika. Die Agastachen lassen sich geschmacklich mit den Minzen vergleichen. Die **Bergagastache** (*Agastache urticifolia*), engl. sawtooth mint, kommt wild in Idaho, USA, vor. Ihre zarten Blätter und hellrosa Blütenkerzen werden als Tee zubereitet. **Anisysop** (*Agastache anisata*), engl. anise hyssop, wird 20 cm hoch und weist lange Kerzen lilafarbener Blüten auf. Ihre ovalen bis dreieckigen Blätter laufen spitz aus und sind scharf gesägt. Sie wird von den Indianern Nordamerikas zur Bereitung von Getränken und als Aromastoff verwendet. **Lemonysop** (*Agastache mexicana*), engl. giant mexican hyssop; span. toronjil; wächst wild in Mexiko, wo Blätter und Stengel zu Tee aufgegossen und in der Naturheilkunde zur Beruhigung der Nerven eingesetzt werden hat magentarote Einzelblüten. **Koreanische Minze** (*Agastache rugosa*), engl. korean mint. Die Pflanze stammt aus Nordasien. Sie sieht dem Anisysop sehr ähnlich, duftet aber eindeutig nach Minze. In Ostasien und den USA wird sie als Heil-, Gewürz- und Duftpflanze kultiviert.

Ysop schmeckt schwach bitter, leicht minzig erfrischend und kräftig würzig. Er weist, wie alle Lippenblütler, gegenständige Blätter – jeweils 2 Blätter stehen sich gegenüber – an vierkantigen Stengeln auf. Die Blüten bestehen aus zwei spiegelbildlichen Hälften.

importierten Tee. Die Monarde ist eine hocharomatische Staude. Die aus einem Wurzelstock bis zu 1 m hoch wachsenden, vierkantigen Stengel tragen ovale bis lanzettliche, gezähnte Blätter und rote Lippenblüten, die in der Küche frisch oder getrocknet genutzt werden. Es gibt verschiedene Zuchtformen, die sich in ihrer Blütenfarbe und Aroma voneinander unterscheiden. **Ysop** (*Hyssopus officinalis* ssp. *officinalis*, Lamiaceae, Labiatae = Lippenblütler), engl. hyssop; franz. hysope; auch Hyssop, Klosterkraut oder Josefskraut genannt. In Südeuropa, Südrußland, im Mittleren Osten und Nordafrika ist der ausdauernde Halbstrauch heimisch. Die quirlig um die vierkantigen Stengel angeordneten schmalen, lanzettlichen Blätter sind behaart und weisen auf beiden Seiten zahlreiche tiefeingesenkte Öldrüsen auf. Je nach Varietät bringt Ysop weiße, rosafarbene oder königsblaue Lippenblüten hervor. Als Gewürz werden sowohl das frische als auch das

● Küchen-Info

Ysop ist ein echtes Fleischgewürz. Sein kräftiges Aroma, das an eine Mischung aus Thymian und Salbei erinnert, paßt zu gebratenem oder gegrilltem Fleisch (Schwein, Kalb, Lamm und Geflügel), darf aber nur ganz kurz mitgegart werden. Empfehlenswert ist, ihn in ganzen Zweigen Beizen für Rindfleisch- oder Wildgerichte zuzusetzen. Da verträgt er sich auch sehr gut mit Lorbeer, Wacholder und Pfeffer.

Koreanische Minze schmeckt und duftet nach Minze. Für erfrischende Tees und zum Aromatisieren von Getränken.

Anisysop verströmt ein an Lakritze und Anis erinnerndes Aroma, was gut zu Süßspeisen und Kräutertees paßt.

Lemonysop. Die Blätter werden wie Estragon zu säuerlichen Speisen verwendet.

SCHARF WIE KRESSE
Kräuter, die der kresseähnliche Geschmack verbindet

Löffelkraut (*Cochlearia officinalis*, Brassicaceae, Cruciferae = Kreuzblütler), engl. spoonwort, scurvy grass; franz. cochleaire, cranson, herbe au scorbut; auch Kressekraut, Bitterkraut, Froschlöffel, Löffelkresse oder Skorbutkraut genannt. Die mehrjährige, wintergrüne Pflanze wächst auf salzhaltigen, feuchten Böden der Küstenregionen und verdankt ihren Namen den löffelartig gebogenen Blättern, die ganzjährig geerntet werden können. Aufgrund des hohen Gehalts an Vitamin C wurde es früher als Prophylaxe gegen die schwere Mangelkrankheit Skorbut eingesetzt. Die Pflanze wirkt außerdem als Stomachikum und Diuretikum und wird oft bei Frühjahrskuren angewendet. **Gartenkresse,** Kresse (*Lepidium sativum* ssp. *sativum*, Brassicaceae, Cruciferae = Kreuzblütler), engl. garden cress; franz. cresson alénois, passerage cultivée. Sie stammt aus Persien. Heute ist sie die bedeutendste von rund 80 Arten der Gattung Lepidium. Als Kulturpflanze wird sie in speziellen Gartenbaubetrieben gezogen. Hier wird sie ganzjährig geerntet, indem wenige Tage nach der Keimung die zwei dreigeteilten Keimblätter mit einem scharfen Schnitt dicht über dem Boden abgeschnitten werden. Deshalb sind ihre eigentlichen, langgestielten Grundblätter und fiederförmigen Stengelblätter sowie die weißen bis

rosa Blüten den meisten Verbrauchern nahezu unbekannt. **Brunnenkresse,** Wasserkresse (*Nasturtium officinale*, Brassicaceae, Cruciferae = Kreuzblütler), engl. watercress; franz. cresson de fontaine. Aus Südosteuropa und Westasien stammend, war sie schon bei den Römern und Griechen sehr beliebt und ist heute weltweit verbreitet. Sie wächst an klaren Quellen, langsam fließenden Gewässern, Teichen und nassen Gräben bis auf eine Gebirgshöhe von 2500 m. Nur selten wird Brunnenkresse erwerbsmäßig angebaut. Als krautige, ausdauernde Wasserpflanze weist sie ein langes Wurzelsystem auf. Ihre dunkelgrünen, fleischigen Blätter wachsen an hohen Stengeln über der Wasseroberfläche, wo sie zwischen März und Mai, später auch im November und Dezember gepflückt werden können. Brunnenkresse soll nur aus ganz sauberen Gewässern genommen und sorgfältig gewaschen werden, da sich Insektenlarven, vor allem aber die Cysten des Großen Leberegels, auf ihr sehr wohl fühlen. Wichtig ist, daß die Triebe naß transportiert und in Wasser aufbewahrt werden, da nur so ihr volles Aroma erhalten bleibt. Bei längerer Aufbewahrung nicht in den Kühlschrank stellen, sondern in kaltes Wasser legen, ohne daß die Blätter untertauchen. Aufgrund ihres hohen Vitamin- und Mineralstoffgehalts wird Brunnenkresse in der Naturheilkunde zur Blutreinigung angewendet. Sie wirkt zudem fiebersenkend. In ihrem feinen Geschmack mit der Gartenkresse vergleichbar ist die **Breitblattkresse** (*Lepidium latifolium*), eine ausdauernde, an den europäischen Küsten heimische Pflanze. Sogar die fleischige Wurzel hat den typischen Gartenkressegeschmack. **Winterkresse,** Barbarakraut (*Barbarea vul-*

◄ **Winterkresse.** Die Blätter des Barbarakrauts stets vor der Blüte ernten. Sie schmecken scharf, leicht bitter nach Rettich und gleichzeitig nach Kresse.

Junge Kapuzinerkresse paßt gut an gemischte Blattsalate. Die Blätter haben ein scharfes und pfeffriges Aroma. Am einfachsten ist es, sie mit der Schere abzuschneiden, zu waschen und unter den Salat zu mischen.

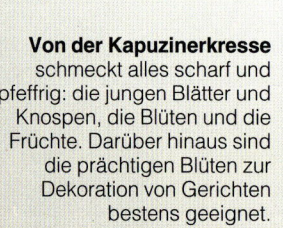

Von der Kapuzinerkresse schmeckt alles scharf und pfeffrig: die jungen Blätter und Knospen, die Blüten und die Früchte. Darüber hinaus sind die prächtigen Blüten zur Dekoration von Gerichten bestens geeignet.

garis, Brassicaceae, Cruciferae = Kreuzblütler), engl. wintercress, common wintercress, yellow rocket; franz. barbarée, cresson de jardin. Winterkresse ist eine winterharte, bis zu 80 cm hoch wachsende Wildpflanze mit schlichten oder leicht gefiederten Blättern und gelben Blütenblättern. Sie wächst auf feuchten Lehmböden, an Uferböschungen und Wegrändern in Südwesteuropa, Asien und Nordafrika. Die langgestielten Blätter sind dreifach gefiedert mit einem eirunden Endlappen und werden im Winter und Frühling vor der Blüte geerntet. Getrocknet verlieren sie ihren hohen Vitamin-C-Gehalt. Winterkresse kann leicht mit Ackersenf (*Sinapsis arvensis*) verwechselt werden, der geschmacklich und küchenpraktisch unwichtig ist. **Kapuzinerkresse,** Blumenkresse (*Tropaeolum majus*, Tropaeolaceae = Kapuzinerkressengewächse), engl. nasturtium, common nasturtium; franz. capucine, cresse du Pérou. Die rankende Pflanze stammt aus Peru, Südamerika, und ist sehr frostempfindlich. Ihre flachen, schild- bis nierenförmigen Blätter enthalten das Senfölglykosid Glucotropaeolin, welches für den scharfen Geschmack verantwortlich ist. Die in Essig und Salz eingelegten grünen unreifen Knospen der Kapuzinerkresse können als »falsche Kapern« verwendet werden. Jungen Blättern und Blüten wird eine blutreinigende Wirkung nachgesagt. Beim Verzehr von zu großen Mengen können Magenreizungen auftreten.

● Küchen-Info

Geschmacklich lassen sich diese Pflanzen in zwei Gruppen einteilen: Gartenkresse und Kapuzinerkresse schmecken »typisch« nach Kresse, während Brunnenkresse und Winterkresse eher einen scharfen, rettichartigen, vor allem bittereren Geschmack haben. Alle sollten nur sparsam verwendet werden, damit ihre Schärfe erfrischend wirkt und andere Zutaten nicht übertönt. Die Blätter werden vorwiegend roh verzehrt und geben beispielsweise frischen Salaten eine angenehm pikante Note. Auch als Brotaufstrich oder Verfeinerung von Suppen, Quark und Kartoffelgerichten kommt ihr Geschmack gut zur Geltung. Geschmacklich kombiniert man Kresse gut mit Äpfeln, Apfelsinen, Mandarinen und Zitronen. Von der Kapuzinerkresse schmecken nur die kleinen, jungen oder frisch nachgewachsenen Blätter, die großen Blätter sind ledrig und scharf. Die prachtvollen Blüten sind natürlich ein ideales Dekorationsmaterial, aber man sollte sich hüten, sie überall zu verwenden. Wie die Blätter schmecken auch die Blüten recht pfeffrig-scharf und passen deshalb noch lange nicht zu allen Speisen. Doch auch mit den kleingehackten Früchten kann man sehr scharf würzen, zum Beispiel kurzgebratenes Schweine- oder Kalbfleisch sowie gegrillten Fisch.

▼ **Gartenkresse,** Kresse. Ihrem Gehalt an Senfölglykosiden und Bitterstoffen verdankt sie ihren kräftigen, würzigen, pikant-scharfen und etwas rettichähnlichen Geschmack.

▼ **Brunnenkresse** schmeckt herb-pikant, rettich- bis senfartig. Die Ernte der Blätter sollte vor der Blüte erfolgen.

▲ **In Asien** kommt die Brunnenkresse mit ihrem langen, an die Wasserkultur angepaßten Wurzelsystem in den Handel. Die ganze Pflanze wird dort als Gemüse gekocht, die Blätter werden – wie bei uns – zu Salaten verwendet.

◄ **Brunnenkresse** aus Wildbeständen sollte grundsätzlich sehr sorgsam gewaschen werden.
◄◄ **Löffelkraut** schmeckt leicht salzig, scharf-beißend und kresseartig. Sparsam verwendet, eignet es sich gut zum Würzen von Salaten, Saucen und Kartoffelgerichten. Die Blätter können auch gekocht werden.

LORBEER UND MYRTE

Lorbeer (*Laurus nobilis*, Lauraceae = Lorbeergewächse), engl. bay, sweet bay, laurel; franz. laurier. Der immergrüne Lorbeerbaum ist im Mittelmeerraum heimisch, wo er auch heute noch wild vorkommt. In der Antike waren Kränze aus seinem Laub Symbol für Sieg und Ruhm, wie sein Name *Laurus nobilis*, der Edle, belegt. Im alten Griechenland war die Pflanze Apoll, dem »Gott des Lichtes«, geweiht, welcher auf alten Münzen mit einem Lorbeerkranz im Haar dargestellt wurde. Sportliche Leistungen bei den Olympischen Spielen wurden mit versilberten oder vergoldeten Lorbeerkränzen belohnt. Vermutlich führt die noch heute in wissenschaftlichen Kreisen vergebene Graduierung »Baccalaureat« (franz.) und »Bachelor« (engl.) auf die im Mittelalter übliche Sitte zurück, Gelehrte und erfolgreiche Schüler mit einem Kranz aus Lorbeerblättern oder »bacca laurea« zu krönen. Heute kommt den Lorbeerblättern vor allem eine küchenpraktische Bedeutung zu, etwa als Bestandteil des Bouquet garni. Der bis zu 10 m hohe Lorbeerbaum wird im Mittelmeerraum erwerbsmäßig in großen Plantagen angebaut, in den gemäßigten Breiten gedeiht er aufgrund des kälteren Klimas – er verträgt nur wenige Grade unter Null – nur als Kübelpflanze. Seinem Gehalt an ätherischen Ölen, Gerb- und Bitterstoffen verdankt er die Nutzung der Blätter. Sie sind olivgrün, manchmal etwas bräunlich, lanzettförmig, ganzrandig und lederartig. Die

Gefüllte Sardinen, »Sarde Beccaficco«. Dieses sizilianische Gericht ist ein gutes Beispiel, daß mit Lorbeer recht kräftig gewürzt werden kann. Mit Sardinen, Knoblauch und Käse vereint er sich geschmacklich aufs beste.

Lorbeer (in diesem Bild links) und die nach Piment schmeckende **Myrte** (in diesem Bild rechts) eignen sich besonders gut für kräftige, herzhafte Gerichte.

Oberfläche ist glänzend, die Unterseite matt mit einer stark hervortretenden Mittelrippe und deutlich sichtbaren Seitennerven. Die frischen oder getrockneten, stielfreien Blätter werden im ganzen, in Stücke gebrochen oder gemahlen verwendet. Am hochwertigsten und geschmacksintensivsten sind jedoch getrocknete, unzerbrochene Blätter. Nach etwa einem Jahr verlieren allerdings auch sie an Würzkraft. Allgemein sollte Lorbeer nur schwach dosiert werden. Da er seinen Geschmack nur sehr langsam abgeben kann, sind lan-

ge Garzeiten notwendig, um die Blätter vollständig auszulaugen. Diese werden vor dem Servieren wieder entfernt. Aus den reifen Beerenfrüchten wird in den Anbauländer Öl gewonnen, welches zur Herstellung von Likören dient und medizinisch zum Einreiben genutzt wird. Als Heilmittel lindert ein Aufguß der Lorbeerblätter Magen- und Nierenerkrankungen und fördert die Verdauung. Lorbeer regt den Appetit an. Ein wichtiger Hinweis für alle, die in der freien Natur, etwa der Macchie des Mittelmeerraums, Lorbeer pflücken wollen: Unter allen Lorbeerarten ist lediglich *Laurus nobilis* nicht giftig! Diese Warnung trifft besonders auf den **Kirschlorbeer** (*Prunus laurocerasus*, Rosaceae = Rosengewächse) zu, dessen Blätter ähnlich wie Lorbeer aussehen, jedoch dunkler sind und Bittermandelöl enthalten. Sie sind vor allem im welken Zustand giftig. **Myrte** (*Myrtus communis*, Myrtaceae = Myrtengewächse), engl. myrtle; franz. myrte. Der bis zu 5 m hohe, immergrüne aromatische Strauch gedeiht in den Bergen der Mittelmeerländer, Nordafrikas und des Mittleren Ostens. Im gemäßigten Klima wird er als Kübelpflanze gehalten. Myrtenspitzen galten in der Antike als Symbol für die Liebe und das ewige Leben. Die Blätter sind groß, oval, glänzend, auf der Oberseite dunkelgrün und auf der Unterseite hellgrün. Die Stiele sind rötlich, mit zunehmendem Alter verholzen sie und nehmen eine grau-beige Farbe an. Die cremeweißen Blüten entwickeln sich zu purpurschwarzen Beeren, die getrocknet und gemahlen mit ihrem wacholderähnlichen Geschmack vor allem in der griechischen Küche als Gewürz verwendet werden. Aus den Blättern, die das ganze Jahr über geerntet werden können, wird Tee zubereitet. Myrte erleichtert Blähungen und hilft bei Erkältungsbeschwerden.

● Küchen-Info

Lorbeer ist ein dominierendes Gewürz mit einem würzigen, herben, leicht bitteren Geschmack. Getrocknete Lorbeerblätter sind ein Bestandteil des Bouquet garni. Trotz seines eigenwilligen Aromas paßt sich Lorbeer gut an und ergänzt alle sauren Gerichte. Fleischgerichte, beispielsweise die italienische Kalbshaxe Ossobucco, und zahlreiche Wildgerichte vertragen ebenfalls gut ein Lorbeerblatt. Frische Lorbeerblätter werden vor allem in Marinaden und Beizen, zum Einlegen von Fleisch und Heringen, zu Pilzen sowie für Kochfischsude verwendet. Lorbeer überdeckt Schaffleischgeschmack. Ausgelaugte Lorbeerblätter werden vor dem Servieren entfernt. **Myrte** wird in England, vor allem in Cornwall, zusammen mit Fenchel und Thymian zum Füllen von Fisch verwendet.

BASILIKUM

Das königliche Kraut

(*Ocimum basilicum* ssp. *basilicum*, Lamiaceae = Lippenblütler), engl. basil, sweet basil; franz. basilic commun; auch Königskraut, Basilienkraut, Braunsilge, Königsbalsam, Josefskräutlein oder Suppenkraut genannt. In Vorderindien beheimatet, ist Basilikum seit dem 12. Jahrhundert in Mitteleuropa verbreitet und wird heute überall, sowohl in den Tropen als auch in den gemäßigten Breiten, angebaut. Das hocharomatische Gewächs gehört zu den wichtigsten Küchenkräutern. Die in ihrer Heimat mehrjährige Pflanze wird in kühleren Regionen meist einjährig gehalten, da sie kälte- und frostempfindlich ist (über längere Zeit verträgt sie keine Temperaturen unter 10 °C). Sie wächst mit vierkantigen Stengeln bis zu 50 cm hoch und verästelt sich dabei stark. Ihre weißen Lippenblüten stehen an den Zweigenden in Scheinquirlen übereinander. Ihre gegenständigen Blätter sind gestielt, länglich bis oval und ganz leicht gesägt. Vom Basilikum sind viele Formen bekannt, die sich in Wuchs, Blattgröße, Form und Farbe der Blätter unterscheiden. **Wildes Basilikum** (*Ocimum canum*) ist sehr robust – es wächst auch bei weniger sommerlichen Temperaturen –, hat leicht behaarte Blätter und rosa Blüten. **Zitronenbasilikum** (*Ocimum basilicum* var. *citriodorum*) ist eine zierliche, kompakt wachsende Art mit kleinen Blättern und weißen Blüten. **Buschbasilikum** (*Ocimum basilicum* var. *minimum*), auch Zwergbasilikum oder Griechisches Basilikum genannt. Die Pflanze wächst nur bis zu 40 cm hoch und hat kleine Blätter. **Ostindisches Baumbasilikum**, Nelkenkraut (*Ocimum gratissimum*), engl. fever plant, tea bush, franz. menthe garbonaise. Die wärmeliebende

● Küchen-Info

Basilikum, Tomaten und Knoblauch – eine Geschmackskombination, die einfach unschlagbar ist und fast unzählige Variationen ermöglicht hat. Angefangen von der Tomatensauce mit Zwiebeln, Knoblauch und viel frischem Basilikum bis hin zum wohlbekannten Tomatensalat mit Mozzarella und natürlich frischem Basilikum. Auch beim Pesto, der klassischen italienischen Pasta-Sauce, ist frisches Basilikum die Hauptzutat. Knoblauch, Olivenöl, Pinienkerne oder geschälte Walnüsse, Salz und ein kräftiger Pecorino- oder Parmesankäse gehören dazu. Entlang der Ligurischen Küste, von Genua bis zur Provence – wo diese frische Sauce dann Pistou heißt –, gibt es sie in den verschiedensten Abwandlungen. Basilikum ist aber nicht nur für Tomatensauce und Pesto ein »Muß«. Es ist auch Bestandteil der Herbes de Provence. Wichtig ist, beim Kochen immer nur einen Teil mitzugaren, der Rest wird vor dem Servieren frisch dazugegeben.

Basilikum im Plastiktöpfchen ist heutzutage im Sortiment eines jeden Supermarktes zu finden. Die Großgärtnereien, wie diese im italienischen Albenga, machen es möglich. Bereits 4 Wochen nach der Aussaat werden die äußerst kälteempfindlichen Pflanzen in Plastikfolie verpackt und innerhalb eines Tages in klimatisierten Lastwagen ausgeliefert. Fast alle Basilikumsorten sind ideale »Zimmerkräuter«, da sie die Wärme lieben. Geerntet werden stets ganze Blatttriebe und nicht einzelne Blätter. Wichtig ist, daß immer ein Teil der Blätter an der Pflanze bleibt, da sie nur dann erneut austreiben kann.

Auf diesem provençalischen Markt in Aix-en-Provence bietet die Bäuerin frisches Basilikum direkt aus dem Garten an. Von der Provence bis nach Genua ist Basilikum eines der beliebtesten Kräuter – man denke nur an Pesto oder Pistou. Am besten kommt Basilikum mit seinem pfeffrigen, würzigen, etwas süßlichen, leicht kühlenden Geschmack allerdings in Kombination mit Tomaten und Knoblauch zur Geltung!

Pflanze stammt aus Ostindien. Sie hat große, haarige, lindgrüne Blätter und gelbe Blüten. **Kampferbasilikum** (*Ocimum kilimandscharicum*), engl. camphor basil. Die verholzende Pflanze stammt aus Kenia, Afrika, wo sie aufgrund ihres Gehalts an Kampfer kommerziell kultiviert wird. **Tulsi** (*Ocimum sanctum*), engl. sacred basil, holy basil. Die Pflanze stammt aus Indien und wird dort als heilig verehrt. In Thailand wird sie aus diesem Grund in der Nähe von Buddha-Tempeln angepflanzt. Ihre Varietäten sind rot oder grün. Als *Ocimum* **sp.** werden andere Varietäten von Basilikum bezeichnet, die durch Kreuzungen und Züchtung entstanden sind. Zum Würzen eignen sich frisch die ganzen Blätter, getrocknet das gerebelte, aber auch gemahlene Kraut. Basilikum wird meist als Topfware angeboten, da die frischen Blätter außerordentlich druckempfindlich sind und sich beschädigte Stellen leicht verfärben. Zum Ernten werden am besten keine einzelnen Blätter, sondern ganze Blatttriebe gepflückt; die Pflanze kann dadurch buschiger wachsen. Basilikum sollte beim Kochen als letztes dem Gericht zugegeben werden, um so sein Aroma zu erhalten. Basilikum kann gut in Öl aufbewahrt werden: jede Lage Blätter mit Salz bestreuen, mit Olivenöl bedecken, das Gefäß gut verschließen; während der Lagerung dunkelt das Gewürz nach (es wird schwarz), zeigt aber keinen Aromaverlust. Da Basilikum Blähungen unterbindet, wird es gern zu Hülsenfrüchten und Kohlgerichten gegeben; es wirkt zudem harn- und schweißtreibend sowie beruhigend. Ein Topf Basilikum auf dem Fensterbrett vertreibt die Fliegen.

◀ **Ostindisches Baumbasilikum** hat ein üppiges Aroma. Die Blätter eignen sich sehr gut zum Teekochen.

Grünes, krauses Basilikum, engl. »green ruffles«, hat große und feinegekrauste, optisch attraktive Blätter.

Rotes, krauses Basilikum, engl. »purple ruffles«, hat große, dunkelrote, krause Blätter und tiefrosa Blüten.

Dark opal, die rotblättrige Form des Basilikums, hat von Natur aus ein anderes Aroma, es erinnert mehr an Nelken.

Salatblättriges Basilikum ist besonders ertragreich. Die glatten, zarten Blätter werden in Italien bevorzugt.

Anisbasilikum wird in Persien, Thailand und Vietnam vor allem als Gewürz für Süßspeisen eingesetzt.

Wildes Basilikum ist eine robuste Pflanze mit pimentähnlichem Aroma, welches gut zu warmen Speisen paßt.

Grünes Tulsi hat rötlich-violette Stengel und Adern. Es schmeckt besonders aromatisch und duftet würzig.

Rotes Tulsi hat ein sehr intensives süßes Basilikumaroma. Blättchen und Blüten sind ideal für Süßspeisen und ganz wichtig für die scharfen thailändischen Spezialitäten.

Grünes Buschbasilikum hat ein gutes, kräftiges Aroma; wird in Griechenland auch oft als Zierpflanze gehalten.

Rotes Buschbasilikum, blühend. Eine rotblättrige Varietät und Rarität aus den USA. Sie wächst in kompakter Form.

Thai-Basilikum sieht ähnlich wie Anisbasilikum aus, doch seine Blütenstände sind eher rot als purpurfarben.

Zitronenbasilikum verströmt einen erfrischend zitronigen Duft. Ideal für frische Blatt- oder Tomatensalate.

Fino verde. Seine Blätter sind nicht so gewellt wie bei anderen Varietäten, der Geschmack jedoch ähnlich. Für Pesto!

Neapolitanisches Basilikum. Vom Aroma her eine der besten Sorten. Seine Blätter können handgroß werden.

Mexikanisches Gewürzbasilikum oder Zimtbasilikum. Rote Stengel, rosa Blüten. Mit süßem, intensivem Aroma.

Kampferbasilikum. Die Blätter verströmen einen strengen Geruch nach Kampfer. Für Kräutermischungen geeignet.

Bubikopf-Basilikum. Kulturform des Griechischen Buschbasilikum in Form der bekannten Topfpflanze.

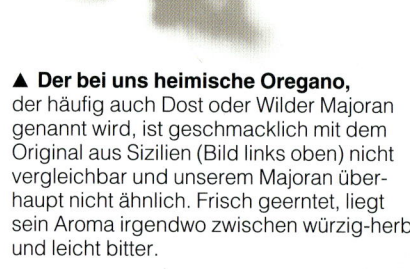

▲ **Der bei uns heimische Oregano,**
der häufig auch Dost oder Wilder Majoran
genannt wird, ist geschmacklich mit dem
Original aus Sizilien (Bild links oben) nicht
vergleichbar und unserem Majoran überhaupt nicht ähnlich. Frisch geerntet, liegt
sein Aroma irgendwo zwischen würzig-herb
und leicht bitter.

Der Oregano mit dem feinsten Aroma wird in den
Karstgebieten entlang dem Mittelmeer geerntet,
und zwar im Juni, wenn er in voller Blüte steht.

OREGANO UND MAJORAN

Oregano (*Origanum vulgare*, Lamiaceae, Labiatae =
Lippenblütler), engl. oregan, wild marjoram; franz. ori-
gan, marjolaine sauvage; auch Origano, Dost, Wilder
Majoran genannt. In Südeuropa, Nordafrika und Asien
beheimatet sowie in Nordamerika eingeführt, wächst er
wild in allen trockenen, warmen Lagen Europas und
Asiens. Er ist heute weltweit verbreitet und wird vor
allem in Spanien, Italien und den USA kultiviert. Die bis
zu 1 m hohe Staude bildet vierkantige, rötlich-bräunli-
che Stengel, an denen breit eiförmige Blätter sitzen.

Das drüsige und behaarte Kraut wird während der Blüte
gesammelt und frisch oder getrocknet, gerebelt oder
gemahlen in der Küche verwendet. Die unteren, dicken
Stengelteile sind wertlos. Der würzige, pikant aromatische, herb-bittere Geschmack erinnert an Majoran und
Thymian, doch Oregano ist weitaus schärfer. Oregano
läßt sich sehr gut trocknen und behält sein Aroma bis
zu einem Jahr, wenn er luftdicht und dunkel gelagert
wird. Als Heilpflanze wirkt er krampf- und schleimlösend sowie entzündungshemmend. **Kleinblättriger
Oregano** (*Origanum microphyllum*) ist auf Kreta beheimatet. **Griechischer Oregano** (*Origanum heracleoti-
cum*), engl. winter marjoram. Die winterharte Pflanze
wächst etwa 25 cm hoch, und trägt kleine, weiße Blüten.

Kleinblättriger Oregano ist eine attraktive, zierliche Variante des Originals mit
einem milden, erfrischenden Aroma.

Griechischer Oregano wird als »rigani«
bezeichnet. Sein scharfer, starker
Geschmack erinnert etwas an Thymian.

Mexikanischer Oregano ist hocharo-
matisch. In Mexiko und den USA zusammen mit Chillies für Fleischgerichte.

Majoran wird geerntet, bevor sich die prallen Blütenknospen öffnen, da die Pflanze zu diesem Zeitpunkt das beste Aroma entfaltet. So auch dieser Französische Majoran aus der Provence.

vierkantigen Stengeln kleine, eiförmige, ganzrandige, filzig behaarte Blätter. Diese werden in der Zeit der Knospenbildung gesammelt, – Deutscher Majoran erst, wenn sich die Blüten voll entwickelt haben –, und frisch oder getrocknet verwendet. Neben gerebeltem wird auch geschnittener Majoran gehandelt, der noch Stengelanteile enthält. Gemahlener Majoran sollte nicht verwendet werden, da er nur noch geringe Würzkraft besitzt. Botanisch unterscheidet man zwischen Blattmajoran (Französischer Majoran) und Knospenmajoran (Deutscher Majoran), doch der Handel bietet beide unter dem Namen »Majoran« an. Gute Qualitäten erkennt man an dem intensiven Geruch, wenn die Blätter zwischen zwei Fingern zerrieben werden; dabei haben frische Blätter ein feineres Aroma als getrocknete. Frischer Majoran sollte nicht silbergrau gefärbt sein, sich aber hart anfühlen. Wird Majoran auf über 80 °C erwärmt, tritt eine Geruchsabweichung auf, die auf die Bildung von schwefelhaltigen Substanzen zurückzuführen ist. Frischer Majoran schützt Fett vor zu schnellem Ranzigwerden, alter Majoran beschleunigt dagegen den Vorgang. Majoran wirkt verdauungsfördernd und appetitanregend. **Kreta-Majoran** (*Origanum dictamnus*) wird auch Diptamdost, Kretadiptam oder Dictamno genannt. Die Pflanze trägt hängende rosa Blüten und silbrige Blätter, welche in der Naturheilkunde als blutstillendes Mittel eingesetzt werden.

● **Küchen-Info**

»Typisch italienisch« würzen ist häufig ein Synonym für »mit **Oregano** würzen«, obwohl dieses Kräutlein in Italien selbst nur für relativ wenige Gerichte verwendet wird. Doch dazu gehört die Pizza und das ist wohl die Erklärung, warum Oregano so populär ist. Neben diversen Pizzen paßt Oregano ebenfalls sehr gut zu Kalb- und Schweinefleisch, wenn das Fleisch gebraten oder gegrillt wird. »Alla pizzaiola« heißt das dann in Kampanien, und damit ist die Sauce aus Tomaten, Knoblauch und natürlich Oregano gemeint, die zu Fleisch und gebratenem Fisch serviert wird. Obwohl er mit seinem kräftigen Aroma als typisches Einzelgewürz gilt, wird Oregano in Süditalien oft in Kombination mit Basilikum und Kapern für Tomatengerichte verwendet. **Majoran** ist das ideale Kraut für fettes Fleisch und deshalb wohl auch in Ländern mit deftiger Küche besonders gefragt. Tatsächlich lassen sich mit ihm, neben der berühmten Leberwurst, in Kombination mit Zwiebeln und Knoblauch viele Gerichte aus Schweinefleisch gut würzen. Aber auch zu allen deftigen Kombinationen von Gemüse und Fleisch paßt er hervorragend, besonders in Eintöpfen mit Hülsenfrüchten und geräuchertem Fleisch, wo er mit dem pfeffrigen Bohnenkraut erfolgreich kombiniert werden kann.

Majoran, auch Wurstkraut genannt, in der üblichen Kombination mit Zwiebeln und Knoblauch. Das Erfolgsrezept für Leberwurst. Er ist auch getrocknet von guter Würzkraft.

Mexikanischer Oregano (*Lippia graveolens*, Verbenaceae = Eisenkrautgewächse) ist ein Vertreter der nordamerikanischen Oreganosorten und oft Bestandteil einiger Fertiggewürzmischungen wie etwa mexikanisches Chilipulver oder Chili-con-carne-Gewürz.
Majoran (*Origanum majorana*, syn. *Majorana hortensis*, Lamiaceae, Labiatae = Lippenblütler), engl. marjoram, sweet marjoram; franz. marjolaine; auch Wurstkraut, Bratenkraut, Mairan oder Meiran genannt. Die ausdauernde Majoranpflanze, von der es noch zahlreiche Wildformen gibt, stammt aus dem östlichen Mittelmeergebiet. Heute wird sie viel in den kälteren Regionen der nördlichen Hemisphäre angebaut und dabei einjährig gehalten. Majoran trägt an seinen bis zu 50 cm hohen,

Cunila (*Cunila origanoides*), engl. american stonemint. Die Blätter schmecken wie Oregano. Verwendung wie dieser.

Majoran entfaltet frisch sein bestes Aroma. Er ist aromatisch, würzig, etwas bitter und erinnert an Kampfer.

Kreta-Majoran ist geschmacklich milder, samtiger als der Griechische Oregano. Für herben Tee.

PETERSILIE UND SELLERIE

Petersilie (*Petroselinum crispum* convar. *crispum*, Apiaceae, Umbelliferae = Doldengewächse), engl. parsley; franz. persil; auch Blattpetersilie, Schnittpetersilie, Peterling, Suppenwurzel oder Kräutel genannt. Ihre Heimat ist der östliche Mittelmeerraum, heute ist sie weltweit verbreitet und teilweise verwildert. Die zweijährige Pflanze hat eine für die Küche unbrauchbare lange, rübenförmige Wurzel, aus der im ersten Jahr lediglich eine Blattrosette gebildet wird. Im zweiten Jahr wächst daraus ein Stengel bis zu 1,2 m hoch. Die Blätter sind ursprünglich glatt, zwei- bis dreifach gefiedert und unregelmäßig gezahnt, durch Züchtung sind stark gekrauste Blätter entstanden. In den grünlich-gelben Blütendolden reifen kümmelartige Samen. Als Gewürz werden die Blätter frisch verwendet; getrocknet verlieren sie an Würzkraft. Die Blätter sind in Bündeln oder gerebelt im Handel. Hervorzuheben ist der hohe Gehalt an Provitamin A, den Vitaminen C und E sowie den Mineralstoffen Eisen und Calcium. Petersilie wirkt harntreibend. Die glattblättrige Petersilie kann leicht mit der giftigen Hundspetersilie (*Aethusa cynapium*) verwechselt werden. **Mitsuba** (*Cryptotaenia japonica*, Apiaceae, Umbelliferae = Doldengewächse), engl. trefoil, honewort. Unter diesem japanischen Namen ist bei uns die Japanische

Petersilie, auch Steinpetersilie, Dreiblätterkraut oder Klee bekannt. Das ausdauernde Gewächs stammt aus Japan, Korea und China. Die dreiblättrigen Blätter sitzen an dünnen, weißen, bis zu 18 cm langen Stengeln. Je nach Varietät variiert ihre Farbe von hell- bis dunkelgrün. In Japan werden die Blätter oder Blattstiele frisch, höchstens blanchiert verwendet. Geschmacklich paßt Mitsuba gut zu Sauergemüse und frischen Salaten. Sie dient als Garnitur für Sashimi, einem Gericht aus rohem Fisch. **Schnittsellerie,** Blattsellerie (*Apium graveolens* var. *secalinum*, Apiaceae, Umbelliferae = Doldengewächse), engl. cutting celery, soup celery; franz. célerie à couper. Die zweijährige Pflanze bildet im Gegensatz zum Knollensellerie (*Apium graveolens* var. *rapaceum*) keine Knolle. Vielmehr werden ihre aromatischen, krausen oder glatten Blätter genutzt. Sie dienen in erster Linie als Suppengewürz.

◀ **Glattblättrige und krause Petersilie.** Die glatte Variante ist die etwas feinere Petersilie, sie schmeckt zugleich aromatischer und milder als die krause. Diese ist allerdings robuster, weshalb sie gerne als Dekoration verwendet wird.

Die Blätter vom Schnittsellerie ähneln denen der glatten Petersilie. Sie schmecken jedoch intensiv nach Sellerie und lassen sich im Gegensatz zu diesem vorzüglich trocknen.

● Küchen-Info

Petersilie ist das wohl bekannteste und universellste Würzkraut seit jeher und – mit Ausnahme der asiatischen Region – überall. Feingehackte oder gewiegte Blattpetersilie dient zum Würzen nahezu aller Speisen und Lebensmittel, seien es Suppen, Saucen, Kartoffeln, Fleisch- und Fischgerichte oder andere. Petersilie ist unerläßlicher Bestandteil der Kräutermischungen Bouquet garni und Fines herbes. Persillade (siehe Bild links), die klassische französische Kräutermischung aus feingehackten Petersilienblättern, Knoblauch und Schalotten, hat internationale Bedeutung gewonnen, vor allem für sautiertes Fleisch und Gemüse. Um ihren frischen Geschmack zu erhalten, darf sie nur ganz leicht erwärmt werden.

SHISO UND BRENNESSEL

Shiso, Schwarznessel (*Perilla frutescens*, Lamiaceae, Labiatae = Lippenblütler), engl. perilla, shiso, beefsteak plant. Die einjährige, aromatische Pflanze stammt aus Burma, China und Japan, wo sie seit Jahrhunderten als Gewürz-, Öl- und Heil-, Duft- und Zierpflanze kultiviert wird. Ihre vierkantigen Stengel wachsen bis zu 1,8 m hoch und tragen große, gewellte Blätter und weiße und rosa Blüten. Die ganze Pflanze ist leicht behaart. Alle Teile werden genutzt: Aus den Samen wird Öl gewonnen, das in Japan nicht nur zum Aromatisieren von Fisch und Tempura, sondern auch zur Herstellung von Farben, Lacken und Ölpapier dient. Sowohl die grüne als auch die rote Sorte sind ein traditionelles Gewürz für »Sushi«. **Brennessel** (*Urtica dioica*, Urticaceae = Brennesselgewächse), engl. stinging nettle; franz. grande ortie; auch Hanfnessel, Nessel oder Große Brennessel genannt. Die bis zur Mitte des 18. Jahrhunderts in größerem Umfang zur Herstellung von Nesseltüchern angebaute Faserpflanze wächst in allen gemäßigten Regionen der Welt. Heute ist sie ein fast weltweit verbreitetes »Unkraut«, das aber auch als Küchenkraut verwendet wird. Ihre bis zu 90 cm hoch wachsenden, vierkantigen Stengel tragen länglich eiförmige Blätter und unscheinbare Blüten. Die ganze Pflanze trägt Brennhaare, welche beim Berühren abbrechen und sich wie kleine Nadeln in der Haut festsetzen. Die enthaltene Flüssigkeit (Nesselgift) tritt dabei aus und löst ein unangenehmes Brennen aus. In der Küche werden die jungen Blätter wie Spinat zubereitet. Alte Blätter, die sehr vitamin- und mineralstoffreich sind, sollte man wegen des hohen Anteils an Gerbstoffen nicht verwenden. Brennessel regt die Wasserausscheidung an.

Mitsuba, Japanische Petersilie, ähnelt im Geschmack Sauerampfer und Sellerie. In Japan wird sie geschnitten (in Suppen) und ganz (Tempura) verwendet. Erhitzt, wird sie bitter.

Grüner Shiso, Aka-Shiso, in Amerika green cumin genannt. Die Blätter haben ein leicht pfeffriges Aroma und werden in Japan für Gerichte aus rohem Fisch verwendet.

Roter Shiso, Ao-Shiso. Die Blätter werden zum Einfärben von eingelegtem Obst und Gemüse genutzt. In Essig eingelegt, gelten sie als Delikatesse der makrobiotischen Küche.

Brennesselblätter verlieren ihre unangenehme Brennwirkung, sobald sie welken oder mit Wasser überbrüht werden. In Kombination mit anderen Kräutern für Suppen und Salate.

Die Pimpinelle ist eine ausdauernde Rosettenpflanze für jeden Garten. Zum Würzen werden die Blätter vor der Blüte gepflückt.

Pimpinelle ist geradezu geschaffen für Kräutermischungen. Mit ihrem eigenwilligen, milden Aroma paßt sie sich sehr gut an. So ist sie zum Beispiel Bestandteil der »Frankfurter Grünen Sauce«. In frischen Salat-Kräutermischungen kann sie reichlich verwendet werden. Ihre Würze entwickelt sich am besten in Verbindung mit Essig und Zitronensaft.

PIMPINELLE, BIBERNELLE UND WIESENKNOPF

Pimpinelle, Pimpernell, (*Sanguisorba minor* ssp. *minor*, Rosaceae = Rosengewächse), engl. salad burnet; franz. petite pimprenelle; auch kleiner Wiesenknopf genannt. Sie ist in Eurasien beheimatet und wächst verbreitet auf Wiesen und Trockenrasen. Die ausdauernde Rosettenpflanze besitzt gefiederte, langgestielte Grundblätter, deren Fiederblättchen eiförmig bis rund und grob gezähnt sind. Zum Würzen verwendet man die Blätter, die vor der Blüte gepflückt werden. Sie haben einen besonders hohen Vitamin-C-Gehalt. Im deutschen Sprachraum kommt es häufig zu sprachlichen Verwechslungen mit der Bibernelle (*Pimpinella saxifraga*), die jedoch den Doldengewächsen angehört. **Großer Wiesenknopf** (*Sanguisorba officinalis*). Die winterfeste, bis zu 2 m hohe Staude wächst auf feuchten Wiesen. An ihren gefurchten Stengeln trägt sie unpaarig gefiederte, fein gezähnte Blätter, die nahezu filigran erscheinen. Die Stengel werden in der Naturheilkunde zur Blutstillung (lat. sanguis = Blut, sorbere = einsaugen) eingesetzt. **Bibernelle,** Kleine Bibernelle (*Pimpinella saxifraga*, Apiaceae, Umbelliferae = Doldengewächse), engl. burnet saxifrage; franz. petit boucage; auch Steinpilzpetersilie, Steinbrech-Bibernelle, Pfefferkraut oder Bockswurz genannt. Die bis zu 50 cm hoch wachsende Staude ist in Europa heimisch. Sie weist unpaarig gefiederte, zarte Blätter auf, die eine grundständige Rosette bilden. Es sind über 200 verschiedene Arten bekannt, welche sowohl wildwachsend als auch kultiviert weit verbreitet sind. Doch nicht nur ihre Blätter, sondern auch die nach Anis schmeckende Wurzel wird als Gewürz verwendet. Als Heilpflanze wird sie bei Katarrh, Keuchhusten, Magen- und Kopfschmerzen empfohlen, zudem ist sie ein wirksames Herzstärkungsmittel.

● Küchen-Info

Pimpinelle gibt mit ihrem angenehm erfrischenden, nußartigen, zuweilen gurkenähnlichen Geschmack vielen Salaten, Kräuterkombinationen und Quarkgerichten eine aparte Note. Aufgrund ihres zarten Aromas sollte sie nie erhitzt werden. Auch geht ihr Aroma beim Trocknen verloren. Zusammen mit Boretschblüten sind ihre Blätter als Garnitur für sommerliche Gerichte und gekühlte Getränke beliebt. Die **Bibernelle** paßt gut zu Salaten, Kräutersaucen, Gemüsesuppen, Eier- und Fischgerichten (Aal). Auch werden Kräuteressige, Kaltgetränke und Liköre mit ihr aromatisiert.

Großer Wiesenknopf. Seine Blätter haben weniger Würzkraft als die der Pimpinelle, können jedoch ebenso wie diese in der Küche verwendet werden. Sie schmecken leicht scharf nach Gurken. Seine Hauptbedeutung liegt weniger im küchenpraktischen Bereich als vielmehr in der Naturheilkunde, bei der vor allem die Stengel genutzt werden.

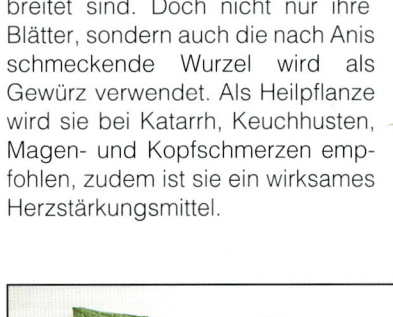

Bibernelle. In der französischen und italienischen Küche ist die Bibernelle ein sehr beliebtes Würzkraut. Junge Blätter sollten nur frisch verwendet, ältere können auch getrocknet oder tiefgefroren werden. Sie haben einen eigenwilligen, brennenden, boretsch- und gurkenähnlichen Geschmack, der vorzüglich in frischen Salaten zur Geltung kommt.

Beinwell. Zum Würzen werden die lanzettlichen, leicht süßlichen Blätter frisch oder getrocknet genutzt. Die rosa Blüten an den verzweigten, rauhhaarigen Stengeln sollten jedoch zurückgeschnitten werden, wenn viel Blattmasse erwünscht ist, da die Blätter zum Würzen vor der Blüte geerntet werden. Kann wie Boretsch verwendet werden.

BEINWELL
UND PORTULAK

Beinwell, Gemeiner Beinwell (*Symphytum officinale*, Boraginaceae = Boretschgewächse), engl. comfrey; franz. herbe de consoude; auch Wallwurz oder Schwarzwurz genannt. Die Pflanze ist in Europa und Asien heimisch und auch in Nordamerika verbreitet. Sie wächst auf feuchten Böden und wird bis zu 80 cm hoch.

Als Küchenkraut werden ihre lanzettlichen, leicht süßlichen Blätter frisch oder getrocknet genutzt. Mit zunehmendem Alter werden die Blätter leicht bitter. Mit getrockneten Beinwellwurzeln, deren Aroma ein wenig an Kampfer erinnert, wird Landwein aromatisiert. Beinwell ist ein bekanntes Heilmittel bei Störungen der Atemwege und der Verdauung, wofür er gerne als Tee zubereitet wird. Äußerliche Anwendung findet er hingegen bei Knochenbrüchen, Quetschungen, Schwellungen und Verbrennungen. Eine naher Verwandter vom Beinwell ist **Comfrey** (*Symphytum* x *uplandicum*), der aus der Kreuzung von Gemeinem Beiwell und dem in Rußland beheimateten **Komfrey,** Rauher Beinwell (*Symphytum asperum*) hervorgegangen ist. Comfrey wird in der Küche immer beliebter: er ist größer als Beinwell und weist eine geringere Behaarung auf, was beim Essen als angenehmer empfunden wird. Alle Symphytumarten haben einen hohen Mineralstoff-, Eiweiß- und Vitamin-B$_{12}$-Gehalt. Vor allem in den Wurzeln enthalten sie Allantoin, eine zellbildende Substanz. **Portulak** (*Portulaca oleracea* ssp. *sativa*, Portulacaceae = Portulakgewächse), engl. purslane; franz. pourpier; auch Bürzelkraut, Kreusel, Sauburtzel, Gemüse- oder Kohlportulak genannt. Die bis zu 30 cm hoch wachsende einjährige Pflanze gedeiht in den gemäßigten und wärmeren Zonen aller Kontinente. Sie stammt von der in Eurasien heimischen Wildform (ssp. *oleraceae*) ab und wird heute in vielen Ländern kultiviert. An ihren kahlen, sehr fleischigen, leicht rötlichen Stengel trägt sie ei- bis spatelförmige fleischige Blätter, die säuerlich, salzig und schwach aromatisch schmecken und einen relativ hohen Gehalt an Vitamin C aufweisen. Für ihre Verwendung in der Küche werden die Blätter vor der Blüte geerntet und dann zerkleinert. Portulak darf nicht mitkochen und kann nicht konserviert werden. Da das Kraut salzig schmeckt, kann bei der Zubereitung der Speisen auf eine zusätzliche Salzzugabe verzichtet werden. Junge Keimpflanzen können wie Kresse verzehrt werden. In der Volksheilkunde wird Portulak zur Blutreinigung und zur Steigerung der Magensaftproduktion empfohlen. Portulak wurde in früheren Zeiten als kühlendes Kraut angewendet, auf der Zunge wirken seine erfrischenden Blätter durststillend.

Auf mexikanischen Märkten wird Portulak in großen Mengen angeboten. In den Landesküchen wird er vor allem als Würzkraut für Salate eingesetzt, findet aber auch – ähnlich wie Spinat – als Gemüse Verwendung.

Portulak hat einen erfrischenden, säuerlichen, salzigen, schwach aromatischen Geschmack. Die Blätter sollen möglichst frisch verwendet werden. Sie eignen sich als Beigabe zu Salaten, Suppen, Saucen, Quark und Rohkost. Im Fernen Osten wird Portulak als Gemüse zubereitet. Die Knospen wurden lange Zeit als Kapernersatz verwendet.

Comfrey Bocking No. 4

LIEBSTÖCKEL UND ROSMARIN
Zwei Kräuter mit sehr unterschiedlichem Niveau

Liebstöckel, Maggikraut (*Levisticum officinale*, Apiaceae, Umbelliferae = Doldengewächse), engl. lovage; franz. livèche; auch Großer Eppich, Sauerstockkraut, Badekraut oder Labstock genannt. Die aus dem Iran und Afghanistan stammende, bis 2,5 m hohe Staude wird seit langem in Europa kultiviert. Sie bildet eine vielköpfige Rübe aus, die jedes Jahr eine Rosette doppelt bis dreifach gefiederter Blätter mit breitkeilförmigen Einschnitten hervorbringt. Die gegenständigen Blätter sind kahl, glänzend grün und etwas ledrig. Im Sommer wachsen aufrechte, dicke, hohle Stengel heran, an deren Enden sich blaßgelbe Blüten in Doppeldolden entwickeln. Alle Pflanzenteile enthalten Aromastoffe und können daher in der Küche verwendet werden. So kommen das frische und getrocknete Kraut, gerebelt und gemahlen, die getrocknete Wurzel und der Samen, beide gemahlen, in den Handel. Getrocknete Blätter verlieren nach etwa 6 Monaten ihre Würzkraft. Frische Blätter lassen sich gut einfrieren. Liebstöckel gehört zu den Kräutern, die dem Kochvorgang beigegeben werden. Die frischen Blätter geben beim Zerreiben einen Duft ab, der an die bekannte Würzmischung »Maggi« erinnert. Diese wurde 1880 von einem Müller namens Julius Maggi in Süddeutschland entwickelt. Er suchte für den bei der Gewinnung von Mehl anfallenden wertvollen Abfall – Keimlinge und Schalen – nach einer würzigen, nach Fleischbrühe schmeckenden Möglichkeit, um die unter Eiweißmangel leidende Bevölkerung besser zu ernähren. Er fand in der wissenschaftlichen Literatur ein Verfahren, nach dem er die berühmte Würzmischung auf rein pflanzlicher Basis herstellte, die verschiedenen Gerichten einen fleischähnlichen Geschmack gibt. Erst der Volksmund gab später dem Kraut Liebstöckel den Namen »Maggikraut«, da dieses im frischen Zustand wie die Würzmischung riecht. Doch Liebstöckel

Rosmarin wird frisch oder getrocknet verwendet. Mit Rosmarin aromatisiertes Öl kann zu allen frischen Salaten gereicht werden. Das Aroma von Rosmarin harmoniert aber auch aufs beste mit Kaninchen. Für die hier abgebildeten Kaninchenkeulen mit Rosmarin werden gewaschene, mit Salz, Pfeffer und Knoblauch gewürzte Keulen mit Rosmarinzweigen belegt, mit Speck umwickelt, in heißem Öl angebraten, mit Butterflöckchen bestreut und bei 220 °C im vorgeheizten Ofen in 20 Minuten gegart.

ist nie Bestandteil dieser Essenz gewesen. Das Aroma der Wurzeln von Liebstöckel ist noch intensiver als das der Blätter. Wurzeln und Stengel schmecken gegart fast unerträglich, die getrockneten Samen würzen Brot und Backwaren und sollten sparsam verwendet werden. Typisch ist je ein Zweig Estragon und Liebstöckel in einer Essigflasche, um diesen zu aromatisieren. Da Liebstöckel leicht und schnell von Insekten befallen wird, sollte das Gewürz vor Licht geschützt aufbewahrt werden. Aus Liebstöckel zubereiteter Tee wirkt als Diuretikum und hilft bei Magen- und Verdauungsbeschwerden. **Schottischer Meerliebstöckel** (*Ligusticum scoticum*, Apiaceae, Umbelliferae = Doldengewächse) wächst an den Küsten Schottlands. In der Medizin dient seine Wurzel als leichtes Sedativum.

◀ **Der Schottische Liebstöckel** hat zwar einen sehr kräftigen, würzigen Geschmack, aber weniger von dem penetranten »Maggigeschmack« des allgemein bekannten Liebstöckels.

Liebstöckel, ein Kraut, das mit Vorsicht zu genießen ist, denn mit seinem aufdringlichen Geschmack nach Sellerie und Maggiwürze kann es leicht zuviel werden. Das trifft auch für Kräutermischungen zu, die Liebstöckel enthalten.

Rosmarin paßt mit seinem weihrauch- und kampferähnlichen, herb-bitteren Geschmack sehr gut zu allen hellen Fleischsorten und zu Gemüse mediterraner Herkunft, wie etwa Tomaten und Auberginen. In der italienischen Küche würzt Rosmarin aber auch Tomatensuppen, Hammel- und Schweinebraten, Käse und pikante Saucen. Und auch »Pasta e fagioli«, eine Suppe aus Pasta und Bohnen, bekommt erst durch Rosmarin ihren unverwechselbaren Geschmack. Vor allem in Kombination mit Wein und Knoblauch zeigt Rosmarin sein mediterranes Flair. Er wird aber auch gerne für Marinaden sowie Wild- und Fischgerichte verwendet und findet vor allem in Deutschland verstärkt in der Wurstherstellung Verwendung.
Liebstöckel ist sozusagen das Kraut für alle Tage, es paßt sich auch wirklich besonders gut der einfachen Küche an. Rustikale Eintöpfe, geschmortes Fleisch sowie Suppen von Hülsenfrüchten mit einem gewissen Anteil an geräuchertem Speck lassen sich mit Liebstöckel gut würzen. Sein doch sehr gewöhnliches Aroma sollte einen aber nicht davon abhalten, ihn auch für die feine Küche zu verwenden – fein dosiert, versteht sich. Liebstöckel gehört auch in die Frankfurter Grüne Sauce.

Massenproduktion ▶
von frischem Rosmarin.
An der Ligurischen Küste, Italien, gibt es verschiedene Betriebe, die sich auf die Produktion von Küchenkräutern spezialisiert haben. Rosmarin wird als Topfpflanze im Freien gezogen und als solche in den Handel gebracht.

Rosmarin (*Rosmarinus officinalis*, Lamiaceae, Labiatae = Lippenblütler), engl. rosemary; franz. romarin; auch Weihrauchkraut, Rosemarie oder Meertau genannt. Die Pflanze ist im Mittelmeerraum heimisch und in ganz Europa und Amerika weit verbreitet. Sie wächst wild in den Macchien Südeuropas. Der aromatische, bis zu 2 m hohe, immergrüne Strauch bringt Triebe hervor, die mit der Zeit verholzen. Diese tragen umgerollte, oberseits glatte, unterseits weißgrau-filzige, drüsig punktierte, lederartige, ganzrandige Blätter, die während und nach der Blüte gesammelt werden. Sie haben das Aussehen von Tannennadeln. Als Gewürz werden sie frisch oder getrocknet, ganz, geschnitten oder gemahlen verwendet. Frischer Rosmarin läßt sich leicht klein schneiden und zahlreichen Gerichten zugeben. Am besten hält sich das Aroma, wenn ganze Rosmarinzweige getrocknet werden. Kräftige Zweige können an Fleisch gebunden oder in Geflügel gesteckt, im Ofen mitgegart und zum Schluß wieder entfernt werden. Rosmarin wird in der Küche sparsam verwendet und dabei wie Lorbeer mitgekocht, um den Geschmack gut auszulaugen. Vor dem Servieren werden die Zweiglein oder Nadeln ebenfalls wieder entfernt. In die Glut des Grill- oder Kaminfeuers gelegt, verbreitet Rosmarin einen aromatischen Duft. In Frankreich und Italien ist das Gewürz sehr beliebt, französischer Rosmarin wird qualitätsmäßig hoch eingestuft. Rosmarin verlängert die Haltbarkeit von Lebensmitteln, da er als Antioxidans wirkt. Er gehört zu den Kräutern, die Öl ein unvergleichliches Aroma verleihen. Ein bis zwei frische Zweige reichen dabei für 1/2 l Öl. In der Heilkunde wird Rosmarin zur Anregung des Kreislaufs und zur Beruhigung des Nervensystems in Form von Bädern empfohlen.

Wildwachsender Rosmarin gehört wie Thymian und Lavendel zu den Pflanzen der Macchia und entwickelt in diesen Trockengebieten ein besonders kräftiges Aroma. Von den getrockneten Nadeln aus diesen Gebieten kann man getrost nur die Hälfte nehmen. Rosmarinblätter und -blüten können das ganze Jahr hindurch geerntet werden.

Kultivierter Rosmarin, wie hier in der Provence, zeichnet sich durch ein weniger aufdringliches Aroma aus. Es ist bei den zahlreichen, unterschiedlich wachsenden Varietäten – aufrecht, breit, kriechend – verschieden: frisch zitronig (»ARP«, »Salem«), harzig (»Gorizia«), herb kampferartig (»Rex«) oder fein, mit sanfter Note, wie bei »Miss Yessop´s Upright«, einer der feinsten Sorten.

● **Küchen-Info**

Bohnenkraut – leider trägt wohl sein Name dazu bei, daß es bei uns fast nur für das Bohnengemüse verwendet wird. Dabei ist unbestritten, daß dieses Kraut zu allen Bohnengerichten, insbesondere zu grünen Bohnen, besonders gut paßt, es aber ebenso viele andere Gerichte hervorragend würzt. Dazu gehören Erbsen, Linsen und diverse Eintöpfe aus Hülsenfrüchten, die durch dieses Kräutlein deutlich bekömmlicher werden. Dafür werden frische oder getrocknete Zweige bei der Zubereitung der Speisen mitgekocht. Das frische, pfeffrig-scharfe Aroma macht sich aber auch bei gekochtem Lammfleisch wohltuend bemerkbar. Für einen Geflügel- oder Wildfond bindet man 2 bis 3 Zweige ins Bouquet garni. Auf Pfefferkörner kann man dann verzichten, was bei Diäten ein angenehmer Nebeneffekt ist. Frische oder getrocknete, gerebelte Blätter passen auch sehr gut zu großen, vor allem fetten Braten vom Schwein oder Hammel, wie auch zu im ganzen gebratenen Fischen wie Karpfen, Aal und Makrele. Die frischen, jungen Blättchen vom einjährigen Bohnenkraut harmonieren sehr gut mit zartem Fleisch, etwa vom Kalb oder Geflügel (Kalbsragout/Hühnerfrikassee), mit gebratenem Fisch oder Fisch in der Folie. Eine Court-Bouillon zum Kochen von Krebsen und Hummer verträgt ebenfalls frisches Bohnenkraut. Für Rohkost und Salate taugen nur ganz frische Blätter, die sehr fein gehackt werden, da sonst der pfeffrige Geschmack unangenehm werden könnte. Man mischt sie am besten unter die Vinaigrette.

Daß Bohnenkraut vor allem Bohnengerichte gut würzt, ist allgemein bekannt, und daher kommt ja schließlich auch sein Name. Doch sein herzhaftes Aroma paßt ebensogut zu vielen anderen Speisen. Seine Würzkraft bleibt auch nach dem Trocknen voll erhalten.

Bohnenkraut ist stark aromatisch. Sein pfeffrig-würziger Geschmack erinnert gleichzeitig an Thymian und Oregano. Die Blätter sind angenehm weich und geschmeidig.

Winterbohnenkraut hat ein kräftigeres Aroma als Sommerbohnenkraut. Die Blätter sind fest, fast hart und etwas spröde, weshalb sie nach dem Kochen wieder entfernt werden.

BOHNENKRAUT

Bohnenkraut, Sommerbohnenkraut (*Satureja hortensis*, Lamiaceae, Labiatae = Lippenblütler), engl. summer savory; franz. sarriette annuelle, savourée; auch Pfefferkraut, Saturei, Kölle oder Wurstkraut genannt. Das anspruchslose, einjährige Kraut ist am Schwarzen Meer und im östlichen Mittelmeerraum heimisch. Heute wird es auch in Europa, vor allem in Frankreich, kultiviert. Die bis zu 80 cm hohe Pflanze bildet einen leicht verzweigten Busch, dessen Stengel im unteren Teil verholzen und schmale, spitzauslaufende, oberseits dunkelgrüne, unterseits graue bis silbrige Blätter tragen. **Winterbohnenkraut,** Bergbohnenkraut (*Satureja montana*), engl. winter savory, franz. sarriette vivace. Dieser ausdauernde, aromatische kleine Strauch ist robuster als Sommerbohnenkraut. Beide Kräuter sind beliebte Küchengewürze. Im Handel werden sie sowohl frisch als auch getrocknet oder tiefgefroren angeboten. Getrocknetes Bohnenkraut (gerebelt, grob zerkleinert oder gemahlen) verliert kaum etwas von seiner ursprünglichen Würzkraft. Frische grüne Blätter können jederzeit von der Pflanze abgenommen werden. Seine volle Würzkraft entfaltet das Kraut jedoch kurz vor und während der Blüte. Am besten das ganze Kraut abschneiden, bündeln und zum Trocknen an einem schattigen, luftigen Ort aufhängen. Bohnenkraut ist Bestandteil der französischen Kräutermischung Fines herbes. Es hilft bei Blähungen und Durchfall, wirkt nervenberuhigend, magenstärkend, regt den Appetit an und ist zudem antibakteriell sehr wirksam.

VON SÜSS BIS BITTER
Süßdolde, Tagetes, Tripmadam

Süßdolde, Myrrhenkerbel (*Myrrhis odorata*, Apiaceae, Umbelliferae = Doldengewächse), engl. sweet cicely, garden myrrh; franz. cerfeuil musqué; auch Aniskerbel genannt. Die ausdauernde Staude stammt aus Mittel- und Nordeuropa. An ihren bis zu 1 m hohen, gefurchten, hohlen Stengeln sitzen große, an der Unterseite leicht behaarte Blätter, die federartig unterteilt sind. Frisch werden sie für Salate oder Süßspeisen verwendet; getrocknet verlieren sie erheblich an Würzkraft.

Mexikanische Gewürztagetes (*Tagetes minuta*, Asteraceae, Compositae = Korbblütler), engl. mexican marigold; auch Inka-Samtblume genannt. Die einjährige, aromatische Pflanze stammt aus Südamerika. An aufrechten, bis zu 3 m hohen, glatten Stengeln sitzen drei- bis siebengefiederte Blätter, die würzig nach Zitrone duften und in Mexiko vor allem in Suppen Verwendung finden. Die Wurzeln wirken gegen Bodennematoden.

Süßdolde. Sie schmeckt süßlich und etwas nach Anis. Ihr Aroma verbessert den herben Geschmack von Früchten, wurde früher als Zuckerersatz an Süßspeisen gegeben.

Tripmadam. Die frischen, zarten Triebspitzen – gehackt oder im Mörser zerstoßen – sind ein gutes Würzmittel für Saucen und Salate mit etwas säuerlichem, eigenwilligem Geschmack.

Gewürztagetes (*Tagetes tenuifolia*), engl. tangerine marigold; auch Gezeichnete Sammetblume genannt. Die aus Mexiko und Mittelamerika stammende kleine Pflanze blüht mit leuchtend orangen Blüten. Ihre zarten, gefiederten Blätter haben ein kräftiges Mandarinenaroma, welches Süßspeisen, Salate und Fruchtpunsch würzen kann. **Tripmadam** (*Sedum reflexum*, Crassulaceae = Dickblattgewächse), engl. jenny stonecrop; franz. orpin réfléchi, orpin jaune, trique madame; auch Felsenfetthenne oder Steinkraut genannt. Die immergrüne, fleischige Pflanze ist in Europa heimisch, wo sie an Felsen und Mauern wächst. An niederliegenden Sprossen trägt sie fleischige, walzliche Blättchen. Sie blüht mit kleinen, gelben, sternförmigen Blüten. Tripmadam wird als Salatpflanze geschätzt, die Blätter können als Sauergemüse eingelegt werden.

Enzian (*Gentiana lutea*, Gentianaceae = Enziangewächse) wird wegen seiner für die Herstellung von Magenbittorn benötigten Wurzel kultiviert.

Die Pflanzen der Tagetes-Arten zeichnen sich durch einen frischen Duft nach Zitrusfrüchten aus.

Türkische Rauke
schmeckt angenehm
scharf nach Rettich.

● **Küchen-Info**

Diese Salatkräuter sind Wildkräuter, wenngleich die meisten
heute auch schon kultiviert werden. Sie geben gemischten
Salaten eine besondere Note oder bestechen als Einzelsalat,
wie der Sauerampfer als bestes Beispiel beweist. Mit seinem
kräftig säuerlichen Geschmack ergibt er mit reichlich gekochten Zwiebeln und einem Hauch Knoblauch sowie einer feinen
Vinaigrette aus Sherryessig und Olivenöl einen feinen Frühlingssalat. Alle Ampfersorten lassen sich ebenfalls gut mit
ganz jungem (auch gebleichtem) Löwenzahn kombinieren
und mit einer Vinaigrette aus Walnußöl und Himbeeressig
anmachen. Auch die Rauke paßt gut zu einem rustikalen Wildkräutersalat, ist jedoch aufgrund ihres strengen Geschmacks
als Einzelzutat ungeeignet. Für die Optik der Wildkräutersalate
sorgen die Blüten, die im Frühling reichlich vorhanden sind.

SALATKRÄUTER

Unter den Kräutern gibt es einige, die sich nicht so richtig zuordnen lassen, da sie weder echte Gewürzkräuter
noch eindeutiges Blattgemüse sind. Sie können großzü-
gig, allein oder untereinander gemischt, serviert werden und sind somit mehr Salatzutat als würzendes
Kraut. **Türkische Rauke** (*Bunias orientalis*, Brassica-
ceae = Kreuzblütler); auch Orientalische Zackenschote
genannt. Ausdauernde, kräftige Staude, in Polen, der
Türkei und Teilen Rußlands bekannt. **Rauke,** Senfrauke,
Ölrauke (*Eruca vesicaria* ssp. *sativa*, Brassicaceae =
Kreuzblütler), engl. rocket; franz. roquette. Aus dem
Mittelmeergebiet und Ostasien stammendes, einjähri-
ges, stark riechendes Kraut, das bis zu 1 m hoch wird.
Rhabarber (*Rheum rhabarbarum*, Polygonaceae =
Knöterichgewächse), engl. rhubarb; franz. rhubarbe.
Seine Blätter, von denen sonst üblicherweise nur die
langen, fleischigen Stiele genutzt werden, liefern ein
interessantes Salatgemüse. **Sauerampfer,** Gartensau-
erampfer (*Rumex rugosus*, Polygonaceae = Knöterichgewächse), engl. sorrel; franz. oseille; auch Salatamp-
fer, Sauergras oder Sauerblätter genannt. Die Pflanze
ist in Mittel- und Westeuropa heimisch. Die grundstän-
digen, breitlanzettlichen Blätter können auch wie Spinat
zubereitet werden. Nur frische, zarte Blätter verwenden
und nicht lange mitkochen! Übermäßiger Verzehr kann
durch die vorhandene Oxalsäure zu Nierenschädigun-
gen führen. **Römischer Ampfer** (*Rumex scutatus*, Polygonaceae = Knöterichgewächse), engl. french sorrel;
franz. oseille petite, oseille ronde; auch Schildampfer,
Französischer Spinat genannt. Glattblättrige Staude,
die sich vom Sauerampfer durch ihre schildförmigen,
leicht sukkulenten Blätter unterscheidet. **Weinraute**
(*Ruta graveolens*, Rutaceae = Rautengewächse), engl.
common rue, herb of grace; franz. rue fétide, rue officinale; auch Gartenraute, Edelraute, Weinkraut oder Rau-
te genannt. Im europäischen Mittelmeerraum heimisch,
ist sie heute auch im nördlichen Europa wildwachsend
zu finden. Sie besitzt graugrüne bis bläulichgrüne Fiederblätter, die vor der Blüte geerntet werden. Es
dürfen jedoch nur geringe Mengen zugesetzt werden, da die Blätter in größeren
Mengen toxisch wirken! In Italien

Rauke. Sie ist mit ihrem erfrischend scharfen, senfähnlichen Geschmack ein beliebtes Salatkraut in Italien.

Sauerampfer ist mit seinem zitronenähnli-
chem Aroma in Frankreich sehr beliebt
für Salate und Suppen.

Wilder Sauerampfer wird wie kultivierter
verwendet. Sein delikater Geschmack ist
ganz leicht bitter und säuerlich.

Römischer Ampfer. Blätter und Sprossen
schmecken intensiv zitronensauer und
weniger bitter als Sauerampfer.

Bistort, Wiesenknöterich. Als Salatzutat
ohne großen Geschmack. Kann auch wie
Spinat verwendet werden.

Rhabarber. Die Blätter haben einen hohen
Oxalsäuregehalt, der durch Zucker gemildert werden kann.

Ein Wildkräutersalat läßt sich
nicht planen: Man nimmt, was man
im Frühling findet, denn alle diese
Kräuter sind nur wirklich gut, wenn
sie jung und zart sind. Die Zusammenstellung sollte ausgewogen sein
– die Kombination von etwa gleichen Mengen bitterschmeckende,
säuerliche und nach Knoblauch
duftende Kräutern (wie etwa
Bärlauch) ist ideal.

wird die Weinraute bei der Herstellung des Traubenschnapses »Grappa« verarbeitet, früher wurde sie auch bei der Weinherstellung eingesetzt – daher auch ihr Name. **Steinklee** (*Melilotus officinalis*, Fabaceae = Hülsenfrüchtler), engl. yellow sweet clover, field meliot; franz. couronne royale. Einjährige, nach Cumarin duftende Pflanze, die verwildert an Wegrändern und Feldern wächst. **Waldsauerklee** (*Oxalis acetosella*, Oxalidaceae = Sauerkleegewächse), engl. wood sorrel, shamrock; franz. alléluja, surette. Die wildwachsende Pflanze weist einen hohen Gehalt an Oxalsäure auf, daher ist eine sparsame Verwendung zu empfehlen. Die Blätter sind kleeblattförmig und lichtempfindlich. In der Homöopathie hilft er bei Leber- und Verdauungsstörungen. **Glücksklee** (*Oxalis deppei*, Oxalidaceae = Sauerkleegewächse), engl. lucky clover, good-luck clover. Stammt aus Mexiko. Erst seit dem 18. Jahrhundert wird er in Europa als Gemüsepflanze kultiviert. **Nelkenwurz** (*Geum urbanum*, Rosaceae = Rosengewächse), engl. wood avens; franz. benoite. Ausdauernde, behaarte Halbrosettenpflanze, die an feuchten Standorten wächst. Beliebtes Wildgemüse, das gut zu Brennessel und Spitzwegerich paßt. Ihren Namen verdankt die Pflanze ihrer nach Nelken duftenden Wurzel. **Bistort** (*Polygonum bistorta*, Polygonaceae = Knöterichgewächse); auch Wiesenknöterich oder Schlangenwurz genannt. Ausdauernde, bis 1 m hohe Staude, deren Stengel und speerförmige Blätter als Gemüse zubereitet werden. **Gänsefingerkraut** (*Potentilla anserina*, Rosaceae = Rosengewächse), engl. silverweed; franz. argentine; auch Ansreine, Gänserich, Kampfkraut genannt. Das mit kriechenden Wurzelausläufern wachsende Kraut mit gelben, hahnenfußähnlichen Blüten gedeiht auf kalkreichen Böden. **Gundermann,** Gundelrebe (*Glechoma hederacea*, Lamiaceae = Lippenblütler), engl. gill herb, ground ivy; franz. lierre terrestre; auch Erdefeu, Donnerrebe, Quendelrebe genannt. **Löwenzahn** (*Taraxacum officinale*, Asteraceae, Compositae = Korbblütler), engl. dandelion; franz. pissenlit; auch Kuhblume, Butterblume oder Pusteblume genannt. Rosettenpflanze, die in ihren Blättern das für Diabetiker verwertbare Kohlenhydrat Inulin enthält.

Steinklee, auch Honigklee genannt, schmeckt unaufdringlich frisch. Als Tee wirkt er schleimlösend.

Waldsauerklee wird statt Sauerampfer verwendet. Verleiht Suppen und Saucen einen säuerlichen Geschmack.

Nelkenwurz ist leicht bitter. Die jungen Blätter eignen sich als Salat, nach Abkochen in Salzwasser als Gemüse.

Glücksklee, Vierblättriger Klee. Die Blätter und die rübenförmigen Wurzeln können auch gekocht verzehrt werden.

Gänsefingerkraut schmeckt erfrischend bitter. Es wird jedoch nur in geringen Mengen den Salaten beigegeben.

Weinraute hat einen würzigen, scharfen, leicht bitteren Geschmack. Paßt gut zu Eierspeisen, Käse und Wild.

Gundermann hat einen bitteren, leicht scharfen und herben Geschmack, er verströmt einen minzeartigen Geruch.

Löwenzahn. Sein bitterer Geschmack paßt ideal zu Salaten mit einem Dressing aus Walnußöl und Rotweinessig.

● Küchen-Info

Salbei ist ein typisches Gewürz des Mittelmeerraumes, besonders aber der italienischen Küche. Viele Pastagerichte aus Mittelitalien werden mit ihm aromatisiert, indem frische Blätter in jener Butter angebraten werden, mit der später die Pastasauce zubereitet wird. Zu Fleisch paßt Salbei ganz hervorragend. Vor allem zum Würzen von fettem Fleisch wie etwa Hammel, Lamm, Schwein und Ente wird Salbei aufgrund seiner verdauungsfördernden Wirkung gerne verwendet. »Saltimbocca alla Romana« heißt jene bekannte römische Spezialität, die einem – wie der Name schon sagt – förmlich in den Mund springt, sobald sie mit ihrem betörenden Duft auf den Tisch gebracht wird. Diese einfache und raffinierte Kombination aus Kalbfleisch und Schinken, in Butter angebraten, ist unverwechselbar mit dem Geschmack von Salbei verbunden. Da Salbei ein sehr intensives Aroma hat, reicht hier ein Blatt je Fleischscheibe aus. Die deutsche Küche kennt Salbei als

Salbei ist ein Gewächs des Mittelmeerraumes. Schon die Alten Römer wußten seine Heilkraft als adstringierendes und desinfizierendes Kraut zu schätzen. Deshalb ist es nicht verwunderlich, daß sein botanischer Name »Salvia« vom lateinischen »salvare« (heilen) abstammt.

Würzkraut für Aal. Mit Zwiebelwürfeln gemischt, eignen sich die Blätter als Füllung für Geflügel. Allgemein sollte Salbei nur gering dosiert werden. Frische Blätter schmecken duftiger und angenehmer als getrocknete, die sich durch einen herberen, fast harzigen, an Medizin erinnernden Geschmack auszeichnen. Beim Zubereiten der Speisen entwickelt sich das volle Salbeiaroma am besten beim Mitkochen oder Mitbraten in Fett.

Griechischer Salbei schmeckt bitter, sein würzig-frisches Aroma liegt zwischen Echtem und Muskatellersalbei. In Griechenland wird er getrocknet vor allem zu Tee aufgegossen.

Muskatellersalbei schmeckt leicht bitter, jedoch nicht typisch nach Salbei: Er ist für Eier-, Süßspeisen und Tees zu verwenden und dient der Aromatisierung von Wermutweinen.

Die knorrigen alten Salbeistöcke ▶ bringen die besten, aromatischsten Blätter hervor. Man kann sie fast das ganze Jahr über ernten, selbst unter der Schneedecke halten sie sich frisch.

SALBEI

Echter Salbei (*Salvia officinalis*, Lamiaceae, Labiatae, = Lippenblütler), engl. sage; franz. sauge. Seine Heimat sind die Mittelmeerländer. Heute wird der immergrüne, bis zu 80 cm hoch wachsende Halbstrauch in ganz Europa kultiviert. Als Küchenkraut werden von verschiedenen Salbeiarten die filzigen, stark behaarten Blätter frisch oder getrocknet, ganz, geschnitten oder gemahlen verwendet. Sie werden kurz vor der Blüte geerntet und haben einen kräftigen, würzig-aromatischen Charakter mit einer bitteren, leicht brennenden, adstringierenden und an Kampfer erinnernden Note. Je nach Abstammung und Provenienz unterscheidet sich das Aroma beträchtlich. Salbei wirkt bakterizid und hilft bei Magen- und Darmentzündungen, wird bei Halsschmerzen als Gurgelwasser und in Pastillenform eingesetzt und hemmt die Schweißbildung. **Griechischer Salbei** (*Salvia triloba*) bringt samtige, an der Unterseite graufilzige Blätter sowie schöne, tiefblaue Blüten hervor. **Muskatellersalbei** (*Salvia sclarea*), auch Scharlachkraut oder Römischer Salbei genannt, wächst verwildert in deutschen Weinbergen. Die sehr großen Blätter wurden zum Aromatisieren von Wein – sie gaben ihm den sogenannten Muskatellergeschmack – und als Hopfenersatz bei der Bierherstellung verwendet. **Purpursalbei** (*Salvia officinalis* var. *purpurascens*) ist eine kleinwüchsige Pflanze mit auffallend purpurfarbenen Blättern und leuchtend blauen Blüten. **Dalmatinischer Salbei** (*Salvia officinalis* ssp. *major*) ist eine großblättrige Varietät des echten Salbeis, die an den dürren Kalkhängen Dalmatiens beheimatet ist. Die verholzende Pflanze bringt rundliche Blätter hervor. **Dreifarbiger Salbei** (*Salvia officinalis* var. *tricolor*) ist mit ihren grünen Blättern, die einen cremefarbenen, rötlich angelaufenen Rand aufweisen, eine beliebte Zierpflanze. Sie hat ein mildes Aroma und wird in der Küche weniger zum Würzen als zum Dekorieren verwendet. **Ananassalbei** (*Salvia rutilans*, auch *Salvia elegans* genannt) ist eine frostempfindliche Staude aus Mexiko, die im Herbst karminrote Blüten hervorbringt und nach Ananas duftet. Der **Wiesensalbei** (*Salvia pratensis*) ist ohne küchenpraktische und heilpraktische Bedeutung, da er nur Spuren von ätherischem Öl enthält.

Dalmatinischer Salbei zeichnet sich durch einen süßlichen, feinen Salbeigeschmack aus. Sein frisches Aroma ist angenehm mild. Er ist der »Gourmet-Salbei« schlechthin.

Tricolor, der attraktive Buntblättrige Salbei, schmeckt leicht bitter und zugleich mild. Auch er eignet sich zum Würzen von fettem Fleisch und Fisch.

Ananassalbei duftet verführerisch nach Ananas, doch der Geschmack hält nicht, was der Duft verspricht. Er hat aber ein angenehmes Aroma für Fisch und Salat.

Fruchtsalbei (*Salvia dorisiana*) – ohne Abbildung –, ein süßer Salbei aus Honduras erinnert im Geschmack etwas an Guaven. Die Pflanze besitzt herzförmige, große, lindgrüne, behaarte Blätter, welche gerne als Süßspeisenwürze oder für die Zubereitung von Tee verwendet werden.

Purpursalbei schmeckt sehr intensiv nach Salbei. Seine leicht pelzigen Blätter können wie der übrige Salbei verwendet werden. Als Tee aufgegossen, kommt das Aroma gut zur Geltung.

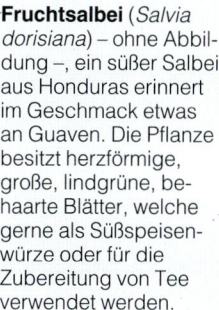

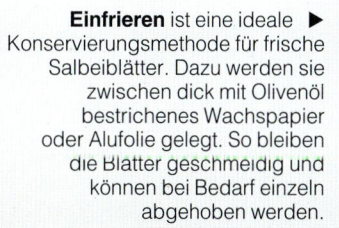

Einfrieren ist eine ideale ▶ Konservierungsmethode für frische Salbeiblätter. Dazu werden sie zwischen dick mit Olivenöl bestrichenes Wachspapier oder Alufolie gelegt. So bleiben die Blätter geschmeidig und können bei Bedarf einzeln abgehoben werden.

Thymian aus der Haute Provence steht dem Wilden Thymian geschmacklich kaum nach. Er hat das kräftige Aroma, das sich nur unter südlicher Sonne entwickelt. Mit den Produkten des Landes, wie sie etwa für Ratatouille gebraucht werden, harmoniert er besonders gut.

Gartenthymian schmeckt würzig scharf. Frisch ist sein herzhaftes Aroma im Sommer intensiver als in kühleren Jahreszeiten. In den Handel kommt er meist getrocknet und gerebelt.

● Küchen-Info

Thymian gehört zu den typischen mediterranen Kräutern und hat geschmacklich die Landesküchen des Südens geprägt. Der würzige Geschmack geht eine ideale Verbindung mit Knoblauch, Oliven, Auberginen, Tomaten, Paprika und Zucchini ein. Seine verdauungsfördernde Wirkung macht ihn zum idealen Kraut für schwere und fette Speisen. Schmorfleisch, Wild, Lamm, dunkles Geflügel, Kochwürste und Aal profitieren von seinem würzigen Geschmack, ebenso wie Hülsenfrüchte und Kartoffeln. Thymian ist ein fester Bestandteil der bekannten Kräutermischungen Fines herbes, Bouquet garni und Herbes de Provence. Sein kräftiger Geschmack entwickelt sich besonders gut bei hohen Temperaturen. Thymian wird den Speisen während des Garprozesses zugegeben und mitgegart, ganze Zweige werden vor dem Servieren wieder entfernt. Bei der Dosierung ist zu beachten, daß getrockneter Thymian die dreifache Würzkraft von frischem besitzt. Zusammen mit Estragon und Melisse dient er zur Herstellung von Kräuteressig. Salzgurken verleiht er einen angenehmen Geschmack. Quendel wird wie Thymian verwendet.

Zitronenthymian verströmt einen intensiven zitronenartigen Duft. Sein Aroma paßt zu Fisch, Eiern und Rahmsaucen. Sehr fein ist die geschmackliche Kombination mit Lammgerichten.

THYMIAN

Von Thymian gibt es verschiedene Sorten, die sich sowohl in der äußeren Form als auch im Aroma unterscheiden. **Thymian,** Echter Thymian (*Thymus vulgaris*, Lamiaceae, Labiatae = Lippenblütler), engl. garden thyme; franz. farigoule, frigoule thym; auch Gartenthymian, Römischer Quendel oder Kuttelkraut genannt. Die mehrjährige Pflanze ist in den Macchien des südeuropäischen Raumes beheimatet, wächst dort wild, wird aber auch kultiviert. Der bis zu 40 cm hohe Halbstrauch hat an zum Teil verholzenden Zweigen kleine, elliptische, am Rande eingerollte Blätter, welche unterseits filzig behaart und graugrün sind. Die rosa bis dunkellila Blüten wachsen in endständigen Köpfchen an den Zweigen. In der Küche werden Blätter, Blüten und Kraut entweder frisch, getrocknet oder tiefgefroren, grob zerkleinert, gerebelt oder gemahlen eingesetzt. Die Blätter werden kurz vor der Blüte geschnitten, dann sind sie am aromatischsten. Thymian läßt sich sehr gut trocknen, am besten in ganzen Zweigen, von denen dann die trockenen Blätter abgestreift werden. In der Heilkunde wird Thymian als krampf- und schleimlösendes Mittel empfohlen und bei Halsentzündungen und Husten in Form von Gurgelmittel und Hustensaft verabreicht. **Zitronenthymian** (*Thymus* x *citriodorus*), engl. lemon thyme; franz. thym de citron. Er ist als Bastard aus *Thymus vulgaris* und *Thymus pulegioides* (Quendel) hervorgegangen. Es gibt viele Zuchtformen von Zitronenthymian; sie zeigen entweder einen kriechenden oder einen aufrechten Wuchs. Die Blüten sind blaßrosa bis violett. Als **Silberthymian** werden zahlreiche Varietäten sowohl vom Echten Thymian als auch vom Zitronenthymian bezeichnet, die weißbunte Blätter besitzen. **Kümmelthymian** (*Thymus herba-barona*) ist eine niedrigwachsende, kriechende, in Töpfen auch überhängende Thymiansorte aus Sardinien und Korsika. Sie blüht mit rosa Blüten, ihre Blätter sind dunkelgrün. Sie wurde früher in England zum Würzen von Rinderkeulen verwendet. **Quendel,** Wilder Thymian (*Thymus serpyllum, Thymus pulegioides,* Lamiaceae, Labiatae = Lippenblütler), engl. wild thyme, mother of thyme; franz. serpolet; auch Wurstkraut, Deutscher Quendel, Sand-, Wiesen- oder Feldthymian genannt. Es ist eine sehr formenreiche Art mit vielen Sorten. Der ausdauernde, kleine, am Boden kriechende Strauch gedeiht in Europa, Vorderindien, Island, in der ehemaligen UdSSR und in Amerika. Er bildet ganze Matten. Die Blätter sind verkehrt eiförmig und am Grunde allgemein bewimpert; sie weisen deutlich erkennbare Blattnerven auf. Quendel ist als Magenstärkungsmittel bekannt. **Jamaikathymian** (*Coleus amboinicus,* Lamiaceae, Labiatae = Lippenblütler), engl. indian borage, soup mint (Jamaika). Die Pflanze wächst wild im tropischen Afrika, Namibia, auch in Brasilien. Sie wird von Indien bis nach Indonesien und den Großen Antillen als Heil- und Gewürzpflanze kultiviert. Ihre handtellergroßen, fleischigen, sukkulenten Blätter sind sehr aromatisch. Sie sind ein wichtiges Gewürz in der Küche Jamaikas, vor allem für Fisch. In Indien werden sie Bier zugesetzt.

Quendel findet wohl nur deshalb so wenig Beachtung, weil er an fast jedem Wegrand wächst. Er ist sehr mild im Geschmack und eignet sich für rustikale Speisen und auch für Kräutertees.

Orangenthymian, blühend. Das fruchtige Aroma erinnert an Orangen. Für Süßspeisen und zur Herstellung von Tee.

Silberthymian unterscheidet sich nur optisch vom Zitronenthymian. Geschmacklich sind sie völlig identisch.

Feldthymian. Der Wilde Thymian wird in der Küche wie Echter Thymian verwendet, hat aber nur schwache Würzkraft.

Kümmelthymian. Sein würziges Aroma erinnert an Kümmel, Echten Thymian und Kreuzkümmel. Paßt zu Rindfleisch.

Jamaikathymian grün. Die Blätter haben ein ausgeprägtes, delikates und mildes Thymianaroma. Paßt zu Salaten.

Jamaikathymian weiß-bunt. Diese dekorativere Form hat einen herberen Geschmack, tendiert etwas zu Oregano.

Kandiert setzen Veilchen und Rosenblätter ihren Duft in Geschmack um. So lassen sich Süßspeisen nicht nur dekorativ garnieren, sondern auch geschmacklich abrunden.

● **Küchen-Info**

Mit Blüten kochen ist eine verfeinerte Kunst, die sich stark an den jahreszeitlichen Zyklus der Natur anlehnt. Zeit und Muße sind nötig, die Pflanzen wachsen und sich entwickeln zu lassen, um dann den richtigen Zeitpunkt der Ernte abzupassen. Diese Kochkunst lebt von dem Ideenreichtum und der Kreativität der Köche, die sich mit den farbigen Blüten einen Hauch von Romantik in die Küche und auf den Teller holen wollen. Eßbare Blüten können ein optischer Anreiz für manch schlichtes Gericht sein. Viele Blüten bringen zudem noch einen recht pikanten Geschmack, einige sogar heilende Eigenschaften mit. Man braucht sie jedenfalls nur zu pflücken, und schon kann man sie verwenden. So zum Beispiel die im großen Bild dargestellen Gänseblümchen, Schafgarben, Rosenblüten, Klee- und Lavendelblüten. Zu den duftenden Blüten zählen insbesondere Rosen, Lavendel und Veilchen. Auch Waldmeisterblüten sind hübsch und duften nach Vanille, wenn sie leicht erwärmt werden. Zu beachten ist immer, daß man nur die Blüten jener Pflanzen verzehrt, von denen man mit Sicherheit weiß, daß sie nicht giftig sind!

MIT BLÜTEN KOCHEN

Tatsächlich gibt es nur ganz wenige Blüten, die ihres Geschmacks wegen kulinarisch verwertet werden, wie etwa Veilchen, Rosen, Orangenblüten oder Kapuzinerkresse. Der große Rest der eßbaren Blüten dient eigentlich mehr der Dekoration. **Echter Lavendel** (*Lavandula angustifolia*, Lamiaceae, Labiatae = Lippenblüter). Die blauvioletten Blüten werden geerntet, bevor sie sich öffnen. **Veilchen** (*Viola odorata*, Violaceae = Veilchengewächse). Ihre langgestielten, dunkelvioletten, selten weißen oder rosa Blüten eignen sich zur Herstellung von Tee, Essig und Würze. **Sumpfdotterblume** (*Caltha palustris*, Ranunculaceae = Hahnenfußgewächse). Sie wächst an feuchten Wiesen, Bachrändern und Gräben. **Holunder** (*Sambucus nigra*, Caprifoliaceae = Geißblattgewächse). In schirmförmigen Trugdolden hängen die cremeweißen Blüten an den baumhohen Sträuchern. **Chrysanthemen** (*Chrysanthemum coronarium*, Asteraceae, Compositae = Korbblütler). Von den margeritenähnlichen Blüten werden nur die Blütenblätter – am besten nur ihre Spitzen – verwendet. **Gewürztagetes** (*Tagetes tenuifolia*, Asteraceae, Compositae = Korbblütler). Die Blüten können wie die Blätter zum Würzen von Süßspeisen und Fruchtgetränken genutzt werden. **Kreta-Majoran** (*Origanum dictamnus*, Lamiaceae, Labiatae = Lippenblütler) blüht mit zierlichen, rosa Blüten. **Stiefmütterchen** (*Viola tricolor*, Violaceae = Veilchengewächse) hat im Gegensatz zum Duftveilchen gelblich-weiße bis violette Blüten mit einem langen Sporn. **Heckenrose** (*Rosa dumetorum*, Rosaceae = Rosengewächse). Der bis zu 3 m hohe Strauch wurde früher als Unterart der Hundsrose (*Rosa canina*) angesehen und unterscheidet sich von dieser nur in der flaumigen Behaarung der Blattstiele und den Nerven der Blattunterseite. **Orangenblüten** (*Citrus sinensis*, Rutaceae = Rautengewächse). In Asien wird Orangenblütenwasser aus ihnen hergestellt. **Begonien** (*Begonia*, Begoniaceae = Begoniengewächse). Die Gattung Begonia umfaßt heute mehr als 1000 Arten und 15000 Zuchtformen. **Strandrauke** (*Cakile maritima*, Brassicaceae, Cruciferae = Kreuzblütler); auch Europäischer Meersenf genannt. **Goldmelisse** (*Monarda didyma*, Lamiaceae, Labiatae = Lippenblütler). Die scharlachroten Zungenblüten der Indianernessel bilden dichte, endständige Blütenköpfe. **Ringelblume** (*Calendula officinalis*, Asteraceae, Compositae = Korbblütler). Blüten mit strahlender Farbe und knackiger Konsistenz.

Lavendelblüten duften herb-würzig, bitter-aromatisch, jedoch nicht so intensiv wie die jungen Blätter. Den Herbes de Provence werden sie wegen ihrer schönen Farbe beigefügt.

Duftveilchen haben keinen besonderen Eigengeschmack, schmecken leicht scharf, etwas süßlich. Zum Kandieren.

Sumpfdotterblume. Die Blüten haben ein würziges Aroma. Die Knospen können als Kapernersatz dienen.

Holunderblüten duften würzig süß. In Teig getaucht und ausgebacken für die schwäbischen »Hollerküchle«.

Chrysanthemen haben ein herb-bitteres Aroma. Frisch aufgeblühte Blüten sind am wenigsten bitter. Sie können als Salatzutat oder als Garnitur verwendet werden.

Gewürztagetes. Die Blüten sind würzig-aromatisch. Sie duften, ebenso wie die Blätter, leicht nach Citrus.

Kreta-Majoran. Die Blüten schmecken deutlich nach Majoran, jedoch mit einer leicht süßlichen Komponente.

Stiefmütterchen. Dem Duftveilchen ähnlich. Mit ihnen kann Essig aromatisiert werden. Auch zum Kandieren.

Heckenrosen. Kandiert dienen die Rosenblüten sowohl als Geschmacksträger als auch als Garnitur.

Orangenblüten verbreiten einen starken, betörenden Duft, der gut zu Süß- und Fruchtspeisen sowie Gebäck paßt.

Begonien schmecken aufgrund ihres Oxalsäuregehalts leicht säuerlich. In Zucker gehüllt wie »saure Drops«.

Strandrauke schmeckt leicht bitter und dennoch würzig. Die Blüten eignen sich gut als Salatzutat.

Goldmelisse. Aus ihr läßt sich eine erfrischende Limonade herstellen, die Blüten färben das Getränk zartrosa.

Ringelblume paßt geschmacklich gut zu Dill oder Schnittlauch. Früher galten die Blütenblätter als Safranersatz.

KÜCHENKRÄUTER SELBST GEZOGEN

Die eigene Ernte aus dem Garten, dem Wintergarten und von der Fensterbank

Daß es kein Problem ist, Küchenkräuter selbst zu ziehen, beschreibt hier Herr Rühlemann, der sich als Gärtner auf die Aufzucht von Kräutern, auch exotischer Herkunft, spezialisiert hat. Dazu gehört jedoch etwas Grundwissen und das berühmte »Grüne Händchen«. Der Aufwand lohnt sich auf jeden Fall, denn frische Kräuter sind geschmacklich meist nicht mit den konservierten zu vergleichen. Zudem machen das Kochen und Essen wesentlich mehr Spaß, wenn man zusehen konnte, wie die Kräuter wuchsen. Doch für denjenigen, der den Zeitaufwand und die Pflege der zarten Pflanzen scheut oder dem vielleicht ein Garten oder die räumlichen Gegebenheiten fehlen, gibt es die jungen Pflanzen in Gärtnereien zu kaufen. Um sich selbst das ganze Jahr über mit frischen Kräutern zu versorgen, bedarf es oft weniger Platz, als man glaubt, da Kräuter viel Aroma in einer kleinen Pflanze konzentrieren können. Auch wenn es vielleicht auf dem Markt frische Kräuter günstig zu kaufen gibt – die Freude an der Ernte selbstgezogener Kräuter ist durch nichts zu ersetzen!

Einige Grundkenntnisse

Die Voraussetzung für eine zufriedenstellende Kräuterkultur sind optimale Bedingungen. Deswegen ist es unerläßlich, einige wichtige Punkte zu beachten. Die Pflanzenauswahl: Am Anfang ist es gut, einjährige Kräuter wie Dill, Italienische Rauke und Basilikum zwischen mehrjährige Kräuterstauden zu pflanzen; denn bis sich diese voll entwickelt haben, vergeht oft ein Jahr. Zusammen mit den Zweijährigen wie Petersilie und Blattkoriander sind sie leicht aus Samen zu ziehen. Damit die Zeit bis zur ersten Ernte bei den Mehrjährigen jedoch nicht zu lang wird, sei zu Jungpflanzen von Thymian, Bergbohnenkraut, Minze, Melisse, Französischem Estragon, Schnittlauch, Majoran und Oregano geraten. Der Standort, die Erde: Kräuter sind Nutzpflanzen, die üppig wachsen sollen, damit man immer wieder von ihnen ernten kann. Ein sonniger, warmer Platz und gute, lockere Erde mit genügend Nährstoffen sind gute Voraussetzungen. Sogenannte Starkzehrer, also Pflanzen, die besonders viel Dünger benötigen, sind Basilikum, Dill, Schnittlauch, Petersilie, Kerbel und Blattkoriander. Dagegen bevorzugen Thymian, Bohnenkraut und Beifuß einen eher mageren, das heißt wenig gedüngten Boden. Die meisten anderen Kräuter sind mit einer mittleren Düngung zufrieden. Bevor Kräuter in den Garten gepflanzt werden, sollte etwas Kompost oder organisch-mineralischer Mischdünger und zusätzlich Gartenkalk in die oberste Bodenschicht gegeben werden. Auch die käufliche Blumenerde, die für Kräuter in Töpfen und Kästen zu empfehlen ist, kann mit Gartenkalk aufgebessert werden. Die Pflanzgefäße: (zum Beispiel Balkonkästen) müssen genügend Bodenöffnungen haben, um überschüssiges Wasser abzuleiten. Und Geduld ist nötig, da die Pflanzen Zeit brauchen, um sich gut entwickeln zu können, bevor man sich an eine erste Ernte wagen kann. Neu erworbene Kräuterpflanzen in Töpfen von Gärtnereien sind meist noch nicht im erntefähigen Zustand.

▲ **Einige Gärtnereien,** die sich auf die Anzucht von Kräutern spezialisiert haben, versenden sowohl Pflanzen als auch Saatgut. Dies ist eine einfache und praktische Möglichkeit, die gesuchten Pflanzen zu bekommen und neue Kräuter kennenzulernen. Denn manche Kräuter lassen sich durch Aussaat gar nicht oder nur mühsam heranziehen, während ausgesprochene Küchenraritäten vor Ort oft nicht erhältlich sind.

▼ **Die Vermehrung von Kräutern** kann recht einfach sein: Ein paar kräftige Stengel von einem auf dem Wochenmarkt gekauften Bund Minze, in ein Glas Wasser gestellt, bewurzeln schon nach 1 bis 2 Wochen. Dann werden die jungen Pflänzchen, wie Herr Rühlemann zeigt, eingetopft und langsam an stärkeres Licht gewöhnt, bis sie an ihren endgültigen Standort kommen. Bei Minzen, Französischem Estragon und einigen besonderen Zuchtformen ist nur auf dem Weg der Stecklingsvermehrung gewährleistet, daß die gewünschten Eigenschaften auf die Pflanzenkinder vererbt werden.

Kräuter im Freien

Alle bekannten Kräuter, einschließlich der so beliebten mediterranen, lassen sich vorzüglich im Garten kultivieren. Es ist aber Basilikum nicht gleich Basilikum und Rosmarin nicht gleich Rosmarin, sondern es gibt von vielen Kräutern wiederum verschiedene Sorten, die sich untereinander hinsichtlich ihrer Widerstandsfähigkeit unterscheiden. Dies sollte man sich zunutze machen und im Gartenanbau nur die robustesten Sorten verwenden. Das sogenannte Wilde Basilikum ist beispielsweise eine solche Sorte, die auch in unfreundlichen Sommern gesund wächst. Große Unterschiede gibt es unter verschiedenen Sorten einer Kräuterart auch in der Wuchshöhe. Bei von Natur aus niedrigen Pflanzen, wie Thymian, Majoran oder Bohnenkraut, sind die höher wachsenden Kultivare wegen der leichteren Ernte zu bevorzugen. Für den Kräutergarten sollte ein Ort gewählt werden, der von der Küche aus schnell erreicht werden kann, auch wenn es nur 1/2 qm neben der Terrassentür ist! Tonkrüge und Pflanzschalen sind, mit Kräutern bepflanzt, besonders dekorativ und lassen sich leicht an einem geschützten Ort in der Nähe des Hauses plazieren. Im Winter benötigen sie, im Gegensatz zu Freibeetpflanzen, einen zusätzlichen Schutz. Nicht umsonst wurden mittelalterliche Klostergärten mit Mauern und dichten Hecken umgeben, denn mehr als bei anderen Kulturpflanzen sind das Gedeihen und die Qualität der Würzpflanzen von ausreichendem Windschutz abhängig. Die Blätter sollen ja nicht zäh werden, damit sie auch roh genießbar sind. Das Aroma entwickelt sich an einem geschützten Standort ebenfalls besser. Weit verbreitet ist die Meinung, der intensivste Geschmack entwickle sich bei größter Sommerhitze unter voller Sonne. Dem ist nicht so! Thymian beispielsweise schmeckt viel besser in der kühlen Jahreshälfte, und Pimpinelle bekommt erst nach einem ausgiebigen Landregen seinen nussigen Gurkengeschmack. Diese beiden können wie auch Salbei, Winterheckzwiebel, Bergbohnenkraut, Beifuß und Wermut das ganze Jahr über geerntet werden.

Kräuter im Wintergarten

Geradezu ideal für viele Kräuter ist ein heller Platz im Wintergarten, besonders, wenn er nicht ganz so warm wie in der übrigen Wohnung ist. Dort sind zum Beispiel Rosmarin und Zitronenverbene viel besser aufgehoben. Auch manche Würzpflanzen, die nicht aus tropischen Regionen stammen, aber dennoch den Winter draußen nicht überstehen, überwintern hier problemlos. Folgende Pflanzen mögen nicht zu warm überwintert werden: Lorbeer, alle Arten Oregano, Majoran, Ananassalbei, Griechischer Salbei und Myrte. Ansonsten gilt für den Wintergarten dasselbe wie für Kräuter im Haus.

Kräuter im Haus

Es gibt wenige Würzpflanzen, die sich – zumindest für einige Zeit – nicht im Haus ziehen lassen. Einige der beliebtesten Kräuter wachsen sogar besser drinnen als draußen, wie zum Beispiel die vielen Basilikumsorten. Buschbasilikum etwa ist hervorragend für die Zimmerhaltung geeignet. Der Topf sollte nur gelegentlich etwas weitergedreht werden. Dann gibt es natürlich noch die sehr attraktiven rotblättrigen Basilikumsorten, die noch mehr Sonne benötigen als ihre auch schon sehr lichthungrigen grünen Verwandten! Ein großer Vorteil der

▼ **Die Kinderstube in einer Kräutergärtnerei.** Alle einjährigen und viele mehrjährige Arten werden durch Aussaat vermehrt. Manche Samen, wie etwa Basilikum, dürfen nicht mit Erde bedeckt werden, damit sie keimen (Lichtkeimer). Um aber zu vermeiden, daß die Samen austrocknen, können die Saatschalen mit Vlies abgedeckt werden. Auf keinen Fall der direkten Sonne aussetzen. Erst wenn die Keimblätter beginnen, grün zu werden, vertragen die zarten Pflanzen intensiveres Licht. Sobald dann die ersten richtigen Blätter zwischen den Keimblättern herauswachsen, werden sie pikiert (vereinzelt), damit, falls sie zu dicht stehen, sich jede einzelne Pflanze gut entwickeln kann.

◄ **Stecketiketten,** die mit einem wasserfesten – und was noch wichtiger ist – lichtfesten Filzstift beschriftet werden, tun gute Dienste, solange die Kräuter noch nicht voneinander unterschieden werden können.

Anzucht im Haus ist die rasche Verfügbarkeit bei jedem Wetter. Das Erntegut ist immer wesentlich zarter als beim Freilandanbau, bedingt durch die Wärme und Windstille. Oftmals sind die Pflanzen, weil sie in der Wärme schneller wachsen, zu weich und leichter anfällig für Krankheiten und Schädlinge. Wo den Pflanzen kein kühlerer Standort gegeben werden kann, schafft ein kleiner Ventilator Abhilfe. Zum gesunden Kleinklima gehört auch eine ausreichende Luftfeuchtigkeit, die sich am einfachsten erreichen läßt, wenn die Kräutertöpfe zu einer Gruppe zusammengestellt werden. Anders als die üblichen Zimmerpflanzen, welche zum größten Teil langsam wachsende, tropische Schattenpflanzen sind, wollen Kräuter schnell wachsen und brauchen daher viel Sonne. Spätestens wenn die älteren Blätter gelblich werden, ist es Zeit, flüssig nachzudüngen. Im Winter kann es Probleme wegen des extremen Lichtmangels in unseren Breitengraden geben (der Himmel über Deutschland ist im Juni mehr als zehnmal heller als im Dezember). Wer auch im Winter nicht auf eine Kräuterernte verzichten möchte, sollte etwa 20 cm über den Pflanzen eine Zusatzbeleuchtung mit einem Neon-Pflanzlicht installieren. Sogenannte Pflanzenlampen mit Glühfaden sind ungeeignet, da sie zuviel Wärme abstrahlen. Mitunter ist es nicht ganz einfach, Kräuter, die an unser rauhes, kühles Klima gewöhnt sind, drinnen zu ziehen. So verlieren zum Beispiel Bergbohnenkraut und Thymian, beheimatet in bergigen, windigen Gegenden Südeuropas, leicht ihre Form, wenn sie von der Zimmerwärme »verwöhnt« werden. In diesem Fall sind exotische Kräuter eine gute Alternative, zum Beispiel Jamaikathymian anstelle von Thymian oder Mexikanischer Oregano statt Bergbohnenkraut. Die fremdartig klingenden Kräuter enthalten überwiegend Geschmacksstoffe, die unserem Gaumen – nur in anderem Zusammenhang – geläufig sind. Ganz hervorragend geeignet für die Zimmerkultur sind die meisten tropischen und subtropischen Kräuter, die vom Winter sowieso nichts wissen wollen und die »tropische Wärme« (zumindest nachts!) im Wohnbereich zu schätzen wissen.

Kurzfristig aufbewahren:

In einer luftdicht schließenden Kunststoffdose halten sich Kräuter im Kühlschrank besonders lange. Selbst angewelkte Kräuter werden wieder taufrisch.

Mit Wasser besprüht und in einen fest verschlossenen Kunststoffbeutel verpackt, lassen sich Kräuter gut im Kühlschrank aufbewahren. Ins Gemüsefach legen.

Die Kräuter sollen locker in dem Beutel eingeschichtet und dieser mit genügend Raum im Kühlschrank liegen, damit die zarte Struktur der Blätter nicht beschädigt wird.

Kräuter für den Anfang

Kräuter gibt es für die Fensterbank ebenso wie für draußen; doch lassen sich nur wenige Pflanzen sowohl drinnen als auch draußen halten. Es ist deshalb nützlich, wenn man in beiden Bereichen einen geeigneten Platz findet. Um den Anfang zu erleichtern, folgen einige Vorschläge für drinnen und draußen.

Kräuter für drinnen:

Englische Grüne Minze (*Mentha spicata* var.)
Griechische Myrte (*Myrtus communis*)
Jamaikathymian (*Coleus amboinicus*)
Lorbeer (*Laurus nobilis*)
Majoran (*Origanum majorana*)
Strauchbasilikum (*Ocimum basilicum* var. *minimum*)
Vietnamesischer Koriander (*Polygonum odoratum*)
Society Garlic (*Tulbaghia violacea*)
Zitronengras (*Cymbopogon citratus*)

Kräuter für draußen:

Bergbohnenkraut (*Satureja montana*)
Französischer Estragon (*Artemisia dracunculus* var. *sativa*)
Gartenthymian (*Thymus vulgaris*)
Glattblättrige Petersilie (*Petroselium crispum*)
Griechischer Oregano (*Origanum heracleoticu*m)
Liebstöckel (*Levisticum officinale*)
Römischer Ampfer (*Rumex scutatus*)
Schnittlauch (*Allium schoenoprasum*)
Türkische Minze, Naneminze (*Mentha spicata* var. *crispa*)
Zitronenmelisse (*Melissa officinalis*)

Ernte der Kräuter

Wichtig ist, daß immer ganze Triebe oder Triebspitzen des Krauts geerntet werden, nicht einzelne Blätter. Auch Blüten können bedenkenlos verwendet werden. Sobald der Morgentau verdunstet ist und sich die Blüten geöffnet haben, werden sie mit ein wenig vom Stiel einfach abgeschnitten. Kleine Blüten, wie beispielsweise Lavendelbluten, werden erst vor dem Verblühen geerntet. Grundsätzlich gilt: Alles, was zart ist, kommt in die Küche. Eine Ernte – mit der Gartenschere, einem Messer oder einfach mit den Fingern – ist aber gleichzeitig auch ein Formschnitt. Deshalb muß darauf geachtet werden, daß die Pflanze gleichmäßig beerntet wird. Wenn der Schnitt nicht zu tief angesetzt wird und die unteren Blattpaare verschont bleiben, kann sich die Pflanze rasch erholen und buschig nachwachsen. Aber auch auf die oft intensivere Würzkraft hartblättriger Kräuter muß nicht verzichtet werden. Ein kleiner Zweig, mitgekocht oder mitgegrillt, wird nach dem Garen einfach wieder entfernt. Zu diesen hartblättrigen Kräutern zählen Myrte, Bergbohnenkraut, Lorbeer, Thymian und Rosmarin. Im Schatten getrocknet, können solche Kräuter mit ledrigen Blättern auch mühelos in einer elektrischen Kaffeemühle pulverisiert werden; das ist besonders bei Rosmarin zu empfehlen. Ganz wichtig: Bei der Ernte immer vorsichtig zufassen, damit die zarten Blätter keine Druckstellen bekommen.

Frische Kräuter verleihen Speisen einen so feinen ▶
und ausgewogenen Geschmack, daß der Aufwand für Aufzucht und Pflege allemal entschädigt wird.

Die Wärme eines Kachelofens ▶
ist ein idealer Platz zum Trocknen von
Kräutern. Die Bündel werden nur an das
Gestänge gehängt, das sowieso im
richtigen Abstand zum Ofen montiert ist.

VORRATSHALTUNG UND EINKAUF

Kräuterwürze für ein ganzes Küchenjahr

Nur wenige Kräuter sind ganzjährig frisch im Handel zu
bekommen. Auch haben nur wenige Hobbygärtner so
viel Glück und Erfolg, daß sie selbst im Winter gartenfri-
sche Kräuter ernten können. Wer aber zu keiner Jahreszeit auf seine Lieblingskräuter verzichten und auch
nicht nur vom Angebot der Tiefkühlindustrie abhängig
sein möchte, muß sich einen eigenen Küchenkräuter-
Vorrat anlegen. Dafür kommen eine Reihe von traditionellen Konservierungsmethoden in Frage.

Kräuter einfrieren:

Einzeln oder gemischt
lassen sich frische Kräuter
in Kunststoffdosen oder in
Gefrierbeuteln einfrieren.
Die feingeschnittenen
Kräuter bei Bedarf löffel-
weise entnehmen.

Kräuter-Eiswürfel sind
praktisch portioniert. Die
vorbereiteten Kräuter –
einzeln oder gemischt – in
die Eiswürfelschale füllen
und mit Wasser oder
Fleischbrühe übergießen.

Einzeln verpackt und
beschriftet, lassen sich die
gefrorenen Kräuterwürfel
platzsparend im Gefrier-
gerät lagern. Zum direkten
Würzen von Saucen und
Suppen sind sie ideal.

Kräuter einlegen

Zu den wohl ältesten Methoden gehört das Einlegen in
Öl, Essig oder Salz. Dafür werden die frischen Kräuter
fein geschnitten oder püriert, fest in weithalsige Flaschen oder Twist-Off-Gläser gefüllt und mit klarem
Essig oder feinem Öl übergossen, die Kräuter sollen
daumenbreit bedeckt sein. Beim Öl kommt es darauf
an, eine Sorte zu verwenden, die nicht so schnell »ranzig« schmeckt; ein gutes Olivenöl ist immer richtig. Das

Das Einlegen in Öl und Essig gehört
zu den traditionellen Konservierungsmethoden
und ist auch für Kräuter sehr gut geeignet.
Für die Aufbewahrung sind lichtundurchlässige
Gefäße den Gläsern vorzuziehen.

Das Einlegen in Salz muß wohlüberlegt sein.
Diese Methode sollte nur für Kräuter eingesetzt
werden, die später Speisen mit entsprechender
Salznote zugegeben werden. Eingeschichtet
wird im Verhältnis 1 Teil Salz auf 4 Teile Kräuter.

schonend und kurz unter fließendem Wasser gewaschen und anschließend trockengeschleudert oder -geschüttelt und auf Küchenpapier zum Trocknen ausgebreitet. Ganz nach Belieben oder späterer Verwendung können sie anschließend auf verschiedene Weise vorbereitet werden: zerpflücken, fein schneiden, im Mixer zerkleinern oder gar pürieren. Verpackt werden sie in Alufolie, kleinen Gefrierbeuteln oder Gefrierdosen; auch Joghurtbecher sind bestens geeignet. Praktisch ist das Portionieren in Eiswürfelbehältern, so daß kleine Mengen zur Verfügung stehen. Wem das Zerkleinern der Kräuter zu mühsam ist – bei größeren Mengen kann das leicht mal der Fall sein –, der gefriert sie auf einem Tablett in etwa 3 Stunden vor, zerrebelt sie, füllt sie ab und friert sie ein. Jedes Kraut kann für sich allein eingefroren werden oder in Mischungen nach Belieben. Grüne-Sauce-Kräuter immer griffbereit im Kälteschlaf zu wissen, kann manche Entscheidung und Einkaufsmühe ersparen. Die Verwendung tiefgefrorener Kräuter ist denkbar einfach. Sie müssen nicht auftauen und können mit einem Messer abgeraspelt werden, am besten direkt in die Speisen. Der Vorrat sollte – wie auch der der eingelegten Kräuter – nur saisonsweise angelegt werden. Die Beschriftung der konservierten Kräuter muß also neben dem Inhalt das Datum nennen.

Kräuter trocknen

Die für Kräuter wohl verbreitetste Konservierungsmethode ist immer noch das Trocknen. Hierfür sind aber nicht alle Kräuter gleich gut geeignet, weil einige ihr Aroma fast vollständig einbüßen. Zum Selbertrocknen zu empfehlen sind Basilikum, Beifuß, Bohnenkraut, Dill,

Einlegen in Salz erfolgt in Schichten, und zwar ein Teil Salz auf vier Teile grob zerkleinerte Kräuter. Die Gefäße werden luftdicht verschlossen und möglichst dunkel und kühl (nicht im Kühlschrank) aufbewahrt. Von diesen drei Verfahren ist das Einlegen in Öl für die spätere Verwendung am neutralsten. Das abgeseihte Öl ist übrigens von enormer Würzkraft. Die Säure von Essig ist zwar für Salate bestens geeignet, paßt aber beispielsweise nicht zu einer milden Cremesuppe. Diese beiden Verfahren sind nicht zu verwechseln mit den aromatisierten Essigen und Ölen, die auf Seite 135 vorgestellt werden. Beim Einlegen in Salz büßen die Kräuter einen Teil ihres Aromas ein und können wegen des hohen Salzanteils nur sparsam verwendet werden.

Kräuter einfrieren

Eine beliebte Konservierungsmethode – und heute in allen großen und kleinen Küchen gebräuchlich – ist das Einfrieren. Wie bei fast allen Lebensmitteln bleiben auch bei den Kräutern Aroma, Inhaltsstoffe und Farbe besonders gut erhalten. Voraussetzung ist die absolute Frische; am besten werden morgens geerntete, also taufrische Kräuter verarbeitet. Soweit nötig, werden sie

Kräuter trocknen:

Auf der Darre trocknen, also auf einem Holzrost, lassen sich voluminöse Kräuter und Blüten. Am besten bei möglichst warmer, trockener Luft, keinesfalls in der Sonne.

Im Mikrowellengerät trocknen, das geht schnell und gut. Eine Platte mit Küchenpapier belegen, wenige Kräuter daraufgeben und mit Papier leicht abdecken.

Das Papier nimmt die Feuchtigkeit auf. Die Trocknungzeit hängt von der Stärke und dem Feuchtigkeitsgehalt der Kräuter ab: 1 bis etwa 4 Minuten sind anzusetzen.

Getrocknete Blättchen von klein- oder dünnblättrigen Kräutern lassen sich leicht von den Stengeln abstreifen. Große Blätter kann man zusätzlich noch etwas zerdrücken.

Gefrorene Kräuterwürfel werden nicht aufgetaut, sondern direkt in heiße Flüssigkeiten gegeben.

Pfefferminze ▶
mit ihrem hohen
Mentholgehalt wird
durch das Trocknen
schärfer im Ge-
schmack und muß
vorsichtig dosiert
werden.

▼ **Minze**
ist auch getrock-
net ein ideales
Küchenkraut. Ver-
wendet werden
nur die Blätter.

◀ **Beifuß** behält
auch getrocknet
seine Würzkraft.
Obwohl die Blät-
ter sehr aroma-
tisch sind, wer-
den meist nur die
Blüten verwendet.

Basilikum ▶
verliert durchs
Trocknen an Aroma.
Die idealere Kon-
servierungsmethode
ist das Einfrieren.

◀ **Gartensalbei**
sollte geerntet und
getrocknet wer-
den, wenn sich
die Blüten öffnen.
Zum Würzen
nimmt man nur
die Blätter.

Lavendel, Liebstöckel, Majoran, die Minze-Arten, Oregano, Quendel, Rosmarin, Salbei, Thymian und Ysop.
Trocknen bedeutet Entzug von Wasser und ist damit
der Garaus für Fäulnisbakterien und Schimmelpilze.
Gleichzeitig »schrumpft« das Trockengut zusammen
und braucht, vorschriftsmäßig verpackt, nur noch wenig
Platz. Am einfachsten ist es, für das Trocknen die natür-
liche Sonnenwärme zu nutzen – aber ohne direkte Son-
neneinstrahlung (!), denn helles Licht zieht die ätherischen Öle heraus und bleicht die Blätter. Im Schatten
einer überdachten Terrasse oder eines Balkons ist das
risikolos möglich. Auch ist ein trockener, gut belüfteter
Speicher oder die Ofenwärme geeignet, nicht aber die
von Auspuffgasen verpestete Garage. Die frisch geernteten Pflanzen sollten möglichst nicht gewaschen werden. Zu kleinen Sträußen an den Stengeln zusammengebunden, werden sie kopfüber luftig und nicht zu dicht
nebeneinander aufgehängt. Für blühende Kräuter, wie
zum Beispiel Lavendel, empfiehlt es sich, ein Papier
darunter auszubreiten oder das Bündel mit einer weiten
Papiertüte locker zu umgeben, damit die abgetrockneten Blüten aufgefangen werden können. Statt des Bün-
delns können die Kräuter auch ganz locker auf Papier
ausgebreitet werden, große Mengen lassen sich in sta-
bilen Lagen oder Horden bei ausreichender Luftzirkula-
tion übereinander stapeln. In feuchten oder kühlen
Sommern ist das Trocknen auf Blechen im Backofen
oder im Dörrapparat vorzuziehen. Die Temperatur soll
35 °C keinesfalls übersteigen. Beim Backofen bleibt die
Tür einen Spalt offen, damit die Feuchtigkeit entwei-
chen kann. Die Kräuter sind trocken, wenn die Blätter
zwischen den Fingern zerbrechen. Die Blätter werden
abgestreift und je nach Art mehr oder weniger fein zwischen den Handflächen zerrebelt oder mit einem
Nudelholz zerdrückt. In saubere, trockene, möglichst
dunkle Gläser gefüllt und gut verschlossen – Plastikge-
fäße sind wegen des sich bildenden Kondenswassers
ungeeignet –, stehen sie nun als Jahresvorrat zur Verfügung. Noch ein Tip: Auch im Mikrowellengerät kann
man Kräuter trocknen. Dafür werden sie gewaschen,
zerkleinert und locker zwischen zwei Lagen Küchenpapier gelegt. Kleine Mengen werden nacheinander auf
der höchsten Stufe ins Gerät gegeben, der Trock-
nungsgrad muß geprüft werden. Ein Bund Schnittlauch
braucht beispielsweise 2 bis 2 1/2 Minuten, der zartere
Dill nur etwa 1 1/2 Minuten. Das Aroma getrockneter
Kräuter läßt sich ganz einfach aktivieren: Je nach
Rezept in Brühe, Wein oder Wasser quellen lassen oder
ganz kurz (5 Sekunden), mit Wasser sparsam besprüht,
ins Mikrowellengerät geben. Bei der Menge getrockneter Kräuter ist zu beachten: 1 TL getrocknete Kräuter
entspricht in etwa 3 TL frischen Kräutern.

Kräuter frisch halten

Nicht immer werden frisch geerntete oder eingekaufte
Kräuter sofort verbraucht. Sommerliche Temperaturen
oder ein langes Wochenende machen das Frischhalten
erforderlich. Hierfür werden die gewaschenen und gut
abgetropften Kräuter locker in einen Frischhaltebeutel
gesteckt und so ins Gemüsefach des Kühlschranks
gestellt. Kräuter mit langen, festen Stielen kommen
nach dem Waschen und Trockenschütteln in ein gefüll-
tes Wasserglas, werden mit Haushaltsfolie locker umhüllt und in den Kühlschrank gestellt. In jedem Fall werden die ganzen Kräuter frisch gehalten, das Zerkleinern
erfolgt erst unmittelbar vor der Verwendung.

▼ **Dill** verliert beim Trocknen nur wenig an Geschmack. Trotzdem ist das Einfrieren die bessere Konservierungsmethode.

▼ **Majoran** steigert durch Trocknen seine Würzkraft. Er wird kräftiger und schärfer.

Lavendelblüten ▶ behalten auch getrocknet ihre schöne Farbe. Deshalb findet man sie auch in Kräutermischungen, obwohl sie fast kein Aroma mitbringen.

◀ **Winterbohnenkraut** sollte immer geerntet und getrocknet werden, bevor es zu blühen beginnt.

Oregano ▶ sollte kurz vor der Blüte geerntet und getrocknet werden. Er verliert beim Trocknen nicht an Würzkraft.

Zitronenmelisse ▶ sollte man an einem dunklen Ort trocknen, wenn sie ihre Farbe einigermaßen behalten soll. Sie verliert kaum an Aroma.

◀ **Liebstöckel** ist auch getrocknet so vorsichtig zu dosieren, als wäre er frisch.

▼ **Ysop** sollte wegen seiner Schärfe auch getrocknet nur in geringen Mengen verwendet werden.

◀ **Thymian** würzt, wenn er getrocknet ist, etwas kräftiger als das frische Kraut.

▲ **Zitronenthymian** duftet auch getrocknet stark nach Zitrone. Sobald sich seine Blüten öffnen, sollte er geerntet werden.

◀ **Rosmarin** kann getrocknet genauso verwendet werden wie das frische Kraut.

Bohnenkraut ▶ behält sein pfeffriges Aroma auch getrocknet.

Kräuter einkaufen

Der Wochenmarkt, Gemüse- und Feinkostgeschäfte bieten eine ständig wachsende Auswahl frischer Kräuter an. Auch gibt es immer mehr Gärtnereien, die sich auf das Angebot frischer Kräuter spezialisiert haben. Im Freiland und in Treibhäusern gezogen oder importiert, stehen die gebräuchlichsten Sorten das ganze Jahr über zur Verfügung. Der Einkauf sollte morgens erfolgen, um die Garantie größtmöglicher Frische zu haben. Die Stengel sollen fest, die Blätter weder angewelkt sein noch dunkle Druckstellen zeigen. Eine gute Möglichkeit, neue Kräuter kennenzulernen und auszuprobieren, ist das Bestellen nach Katalog, wo auch die Verwendung seltener oder unbekannter Kräuter beschrieben wird (Adressen sind in Garten- und Kochzeitschriften zu finden). Die Industrie hält für die unterschiedlichsten Verbraucherwünsche ein großes Kräutersortiment bereit. Tiefgefrorene Kräuter (auch Mischungen) sind die beste Alternative zu frischer Ware. Farbe und Aroma bleiben bestens erhalten, ebenso die Vitamine und Mineralstoffe. Gefriergetrocknete Kräuter gelten als die beste Vorratsqualität, das Sortiment ist jedoch klein, sie sind relativ teuer und der Umgang mit den an der Verpackung haftenden Kräutern ist nicht jedermanns Sache. Fast unübersehbar groß ist dagegen das Angebot getrockneter Kräuter in Tüten, Dosen oder Gläsern. Auch industrielle Trockenware ist nur als Jahresvorrat bestimmt, deshalb ist das Abpack- oder Verfalldatum zu beachten oder selbst zu vermerken. Ganze Blätter verlieren ihre Würzkraft nicht so schnell wie bereits zerkleinerte Trockenware, sie sind deshalb beim Einkauf den groben, gerebelten oder geschnittenen Kräutern vorzuziehen. Auch getrocknete Kräuter sollen eine kräftige Farbe haben und dunkel, trocken und möglichst kühl aufbewahrt werden. Erst unmittelbar vor ihrer Verwendung werden sie im Mörser zerkleinert oder gemahlen. Durch Ausziehenlassen in wenig Brühe, Wein oder Wasser läßt sich ihr Aroma aktivieren.

Kräutermischungen

Es entspricht kulinarischen Traditionen, ganz bestimmte Kräuter für ein ganz bestimmtes Aroma zu kombinieren, wie dies bei den Herbes de Provence oder den Fines herbes beispielsweise der Fall ist. Dafür frische Kräuter zu verwenden, ist der Idealfall. Sie werden als Bündel dem Gericht zugesetzt und vor dem Anrichten wieder entnommen. Das Angebot industrieller Trockenmischungen übersteigt inzwischen die Geschmacksphantasien; der Grundsatz, die Dominanz eines typischen Aromas nicht durch zu viele weitere Würzungen zu überlagern, wird durch immer artfremdere Kombinationen häufig verlassen. Die Kenntnis der einzelnen Kräuter und ihrer Verwendung machen es leicht, auf schwer zu definierende Trockenmischungen zu verzichten. Nicht wegzudenken aus der guten Küche sind allerdings folgende Standardmischungen:

Bouquet garni: Ein aus Frankreich stammendes Kräuterbündel für Salate, Suppen, Saucen, Fonds und Brühen. Bestandteile der Mischung sind: Petersilie, Sellerieblatt, Zwiebel, Thymian, zu denen noch Bohnenkraut, Basilikum, Estragon, Kerbel, Dill, Pimpinelle, Rosmarin, Knoblauch, und Lorbeerblatt kommen können.

Fines herbes: Die ebenfalls aus Frankreich stammende Kräutermischung besteht zu gleichen Teilen aus den vier Kräutern Petersilie, Estragon, Kerbel und Schnitt-

Fines herbes
sind die »feinen Kräuter« der klassischen französischen Küche. Unbedingt dazu gehören Petersilie, Schnittlauch, Kerbel und Estragon.

Die Qualität von Kräutern beim Einkauf richtig zu beurteilen, ist heutzutage gar nicht mehr so einfach, denn im Angebot sind nicht nur die frischen Kräuter aus heimischer Produktion. Eckart Witzigmann ist da wählerisch und prüft genau, ob sie seinen Geruchs- und Geschmacksvorstellungen entsprechen.

Getrocknete Kräutermischungen gibt es inzwischen in allen Geschmacksrichtungen und Mengen: von Tütchen und Gläsern für den Haushalt bis zu entsprechend großen Gebinden für Gastronomie und Lebensmittelindustrie, die von den Gewürzmühlen auch ihre speziellen Mischungen fertigen lassen. Doch auch der Endverbraucher hat die Qual der Wahl: Da gibt es von Herbes de Provence über Pizzamischung die speziellen Kombinationen für Fisch, Meeresfrüchte sowie für Salate.

lauch. Es ist jedoch keine Seltenheit, daß – je nach Region – weitere Kräuter wie Salbei, Basilikum, Bohnenkraut, Thymian, Oregano, Rosmarin, Majoran, Lavendel und Ysop enthalten sind. Die frische wie auch die Trockenmischung eignen sich zum Würzen von Fleisch-, Wild- und Geflügelgerichten, Suppen, Saucen sowie für alle Speisen, denen Kräuter zugesetzt werden können, wie zum Beispiel Eierspeisen, Quark, Käse, Butter.

Herbes de Provence: Diese bekannte Mischung ist ähnlich zusammengesetzt wie die Fines herbes, in der Trockenmischung sind jedoch anstelle von Salbei und Petersilie Anis und Lavendel enthalten. Aber auch Oregano, Ysop, Basilikum, Bohnenkraut, Thymian können darin vorkommen. Die Mischung eignet sich für Fleisch- und Grillgerichte, Saucen, Gemüsesuppen, Wild und Geflügel.

Frankfurter-Grüne-Sauce-Kräuter: In dieser Kräutermischung sind Petersilie, Schnittlauch, Boretsch, Kresse, Pimpinelle, Dill, Sauerampfer dominierend. Die Sauce wird vorwiegend für Eier-, Fisch- und Fleischgerichte zubereitet.

Salatsaucenkräuter: Der Eigengeschmack der Salate darf durch die Kräutermischung nicht übertönt oder verändert werden, sie soll ihn jedoch erhöhen. Dazu gibt es zahlreiche Mischungen auf dem Markt, die ähnlich wie Fines herbes oder Herbes de Provence zusammengesetzt sind, denen aber auch einige Gewürze wie Pfeffer, Kapern, Zitronenschalen, Kümmel, Senfsaat beigemengt sein können.

Essigkräuter: Die wichtigsten Bestandteile in den Mischungen sind Basilikum, Bohnenkraut, Dill, Estragon, Petersilie, Pfefferkörner, Thymian, Schnittlauch und Meerrettich. Die einzusetzenden Mengen schwanken zwischen 10 und 100 g je Liter Essig, je nach gewünschter Geschmacksstärke.

Herbes de Provence oder andere Kräutermischungen muß ▲ man keineswegs als getrocknete Fertigmischung kaufen. Man kann sie ohne Mühe aus frischen Kräutern selbst zusammenstellen, zumal es kein einheitliches Rezept für die klassischen Mischungen gibt. Selbst getrocknet, eingefroren oder in Öl eingelegt, dann ist der Jahresbedarf nach eigenem Geschmack vorrätig.

KRÄUTER –
KÜCHENPRAXIS

Was macht den guten Koch, die gute Köchin aus? Eigentlich nichts anderes, als daß sie den Nahrungsmitteln, die sie verarbeiten, die höchste Achtung und Aufmerksamkeit schenken. Alles hat seine Grenzen, aber jedes besitzt sein verborgenes Geheimnis, und beides muß man kennen. Das, was in der Alltagsküche in den Kochtopf kommt, ist auf der ganzen Welt nicht so verschieden, wie es den Anschein hat, wenn man an die kulinarischen Höhepunkte denkt, die sich oft erst nach einer langen Entwicklung der wirtschaftlichen Macht und der kulturellen Verfeinerung herausgebildet haben. Die Mahlzeiten der chinesischen Kaiser, Jahrtausende vor unserer Zeitrechnung, und des französischen Sonnenkönigs, anderthalb Jahrtausend nach Christi Geburt, hatten nichts mit dem zu tun, was wirklich gegessen wurde. Die Früchte des Feldes und der Gärten, manchmal Fleisch von Fisch und Vieh und Milch in allerlei Form. Die bewundernswerte Vielfalt, die sich aus diesen Zutaten entwickelt hat, liegt auch in der Art, sie mit dem zu würzen, was an den verschiedenen Orten gepflanzt und gepflückt, gehegt und gepflegt wurde, weil es Wohlgeschmack verlieh: Blätter, Blüten und Wurzeln von Kräutern. Wer Glück hat, kann – wie die Hausfrauen und Küchenjungen von einst – rasch in den Garten laufen und die Kräuter frisch vom Beet pflücken oder aus den Töpfen und Kästen auf dem Fensterbrett. Wenn nicht die Karnickel im Kerbel waren, wenn es einem nicht »die Petersilie verhagelt hat« und wenn man keine welken oder Blätter mit Insektenfraß erwischt, erntet man so das höchste Aroma. Es gibt viele Möglichkeiten, Großmuttertips und die der modernen Industrie, diese Aromen zu bewahren: Trocknen, Gefriertrocknen, Einfrieren, in Öl oder Essig ausziehen. Manche dieser Methoden sind so an bestimmte Rezepte gebunden, daß sie sich jenseits von Kritik und Reformen befinden. Denn am Ende ist es wie beim Wein: jeder muß für sich entscheiden, was ihm schmeckt. Jeder muß mit Kräutern arbeiten, muß immer wieder probieren, wie das Rosmarinblatt duftet, wenn man es zwischen den Fingern zerreibt. Muß sich seinen Jahreskalender der Kräuter entwerfen, sollte sich lieber auf weniges beschränken, das ihm gut und zuverlässig gelingt, und eher mit fernöstlichen Gewürzkräutern pröbeln als moderne Kräutermischungen in fantastischen Packungen einzukaufen, die ihr ätherisches Aroma rasch verlieren. Lieber immer eine kleine Tüte Kräuter aus der Apotheke und immer wieder andere. Doch woher sie auch stammen: Was nicht sofort aufs Küchenbrett kommt, sollte frisch erhalten bleiben. Wer die Petersilie wie einen Blumenstrauß ins Wasser stellt und dann vergißt, verwandelt sie zu etwas zurück, das nur noch grün ist. Wer sie morgens hackt und abends auf den Salat streut, verdient sie nicht. Und wer schließlich Petersilie für das A und O der Kräuterküche hält, geht wie ein Blinder durch die Welt der Farbe. In den folgenden Kapiteln ist das Küchenwissen der Alten und der Neuen Welten zusammengetragen, wie es sich im Lauf der Geschichte, im Lauf von Eroberungskriegen und auf Karawanenwegen, mit Segelschiffen und dem Hochzeitsgut von Fürstinnen und mit jedem aufmerksamen Reisenden vermischte und steigerte. Samen und Wurzeln wurden in Mönchskutten und in den Kisten der Schiffsärzte transportiert. Arbeitssklaven nahmen schon in ältester Zeit ihre Zwiebeln und Gewürze mit in die Fremde. Wer auf Reisen geschmeckt hat, wie die Kräuter des Fernen Osten unsere brave Mohrrübe zu einer wahrhaft morgenländischen Schönheit verwandeln können, wer erlebt hat, wie man dem Öl oder der Butter für die täglichen Nudeln mit den aromatischen Kräutern des Südens täglich neue Geschmacksreize abgewinnt, der wird diese Kapitel mit Lust und Leidenschaft studieren.

KREATIV KOCHEN MIT KRÄUTERN UND KNOBLAUCH

Mutig experimentieren und mit viel Gefühl dosieren. Letzteres trifft vor allem auf den Knoblauch zu, denn sein Aroma ist nicht gerade zurückhaltend. Doch auch Kräuter wollen richtig behandelt sein.

Grundsätzlich sollten Kräuter gewaschen werden, denn man kann nicht mehr davon ausgehen, daß sie in absolut sauberer Luft gedeihen. Aber nicht heiß, sondern nur unter fließendem lauwarmen Wasser. Anschließend trocknen (auf Küchenpapier geschichtet trocknen lassen oder damit abtupfen) und nach Bedarf hacken. Als ganze Zweige werden frische Kräuter relativ selten mitgegart. Ausnahmen sind Bohnenkraut, Thymian oder Rosmarin. Meist werden die Blätter oder Blüten vom Stengel gestreift und in irgendeiner Form zerkleinert. Zu den traditionellen Techniken mit Messer, Wiegemesser oder Schere (siehe Bildfolge unten) sind die maschinellen dazugekommen, teils mit Handbetrieb (Kräutermühle), teils elektrisch (Cutter = Küchenmaschine und Mixgerät). Das Zerkleinern geht dabei zwar sehr schnell, aber die Kräuter werden durch die hohen Umdrehungen regelrecht »vermust«. Das kann für Saucen oder Füllungen hilfreich sein, aber niemals da, wo die Kräuter noch spürbar beziehungsweise sichtbar sein sollen - und das wird meist gewünscht. In vielen Fällen müssen

Mit Kräutern richtig umzugehen will gelernt sein.
Die italienische Küche war dafür immer schon ein gutes Beispiel, und die Schüler des Instituto Professionale di Stato per i Servizi Alberghieri e della Ristorazione in Finale Ligure unter ihrem Küchenchef Signore Giovanni Pizzocri sind mit Begeisterung dabei und der beste Beweis dafür, daß Kochen lernen in Italien auch heute noch mit Kräutern beginnt. Das Messer kann nicht groß genug sein, wenn sie üben, auf Kunststoffbrettern die Kräuter gleichmäßig fein zu hacken.

Kräuter zerkleinern:

Mit dem Messer läßt sich die gewünschte Schnittbreite leicht bestimmen. Vor allem bei großblättrigen Kräutern, die man fest zusammendrücken kann.

Mit dem Wiegemesser lassen sich kleinblättrige Kräuter schnell und mühelos fein hacken. Es ist vor allem für krause Petersilie das richtige Gerät.

Mit der Schere kann man kleine Mengen leicht schneiden, auch direkt in die Salatschüssel. Wichtig: nach dem Waschen die Kräuter gut trocknen lassen.

die Kräuter jedoch mit anderen Gewürzen oder Zutaten gemischt werden, und da ist wiederum der gute alte Mörser unentbehrlich. Man denke nur an den Pesto auf der übernächsten Doppelseite. Übrigens ein Paradebeispiel dafür, wie ein einzelnes Kräutlein, in diesem Fall Basilikum, geschmacklich dominieren kann. Aber es gibt noch mehr solcher typischen Einzelgänger, wie etwa das Bohnenkraut, der Rosmarin oder der Estragon, die nur in Ausnahmefällen in frischen Kräutermischungen erscheinen.

Gebündelter Geschmack

Besonders frische Kräuter werden in Fonds, Bouillons, Saucen und überall da, wo mit viel Flüssigkeit gegart wird, als Zweige gebündelt mitgegart. So können sie ihr volles Aroma abgeben und nachher, ausgelaugt, mühelos wieder entfernt werden. Bouquet garni, das Kräuterbündel für feine Saucen, Fonds und Brühen, besteht in seiner klassischen Form nur aus einem Thymianzweig, einem Lorbeerblatt und drei Petersilienstengeln. Diese Kombination paßt natürlich immer. Die auf der rechten Seite abgebildeten Kräuterbündel (mit Gemüseanteil) dagegen sind ganz speziell auf bestimmte Fonds und Brühen zugeschnitten.

Bouquet garni für Geflügel ▶
hat als Basis Petersilie, Estragon und Frühlingszwiebel. Eine Möhre und ein Fenchel-
stengel runden die würzende Mischung ab.

Bouquet garni für Fischfonds ▶
besteht aus Estragon und Thymian etwa zu
gleichen Teilen, reichlich Petersilie, Sellerie-
wurzel und einigen Sellerieblättern. Dazu kommen
die dünn abgeschnittene Schale einer halben,
unbehandelten Zitrone und für die Schärfe eine
halbe Peperoni, aber ohne Samen.

Universal-Bouquet für Fleisch ▶
ist ein Bündel aus Petersilienwurzel, einer
Knoblauchzehe, einer Möhre, reichlich Peter-
silienkraut, Liebstöckel, Zitronenthymian, Oregano und, weil es sonst zu viel Schärfe geben würde,
nur einem Zweig Bohnenkraut.

**▼ Wenn Rind oder Wild besonders
kräftig schmecken soll:**
eine Frühlingszwiebel, eine Petersilienwurzel, Sellerieblätter, Petersilie,
einen kleinen Rosmarinzweig, Thymian,
Salbeiblätter, zwei Lorbeerblätter und
die dünn abgeschnittene Schale
einer halben, unbehandelten
Orange zu einem würzi-
gen Bouquet kombi-
nieren.

SAUCEN UND BUTTERMISCHUNGEN

»Wer eine gute Sauce zustande bringt, ist auch ein guter Koch«, so lautet eine Redensart. Und gut ist es, wenn der Koch aus dieser Beigabe einen schmelzenden Genuß macht, der dennoch seinem Hauptgerichte dient.

Der Mörser war die Küchenmaschine des Mittelalters. Jedes anständige Haus besaß große und kleine, solche aus Stein und Metall, und die Begabung eines Mönchs als Pater Küchenknecht wurde daran gemessen, wieviel Pfund Fleisch er innerhalb einer Stunde im Mörser zermahlen konnte. Gleichzeitig mit dem Fleisch wurden die Kräuter zerkleinert, die lange im betreffenden Gericht ausziehen sollten. In der Fastenzeit lernten die Mönche des Mittelalters, nur grüne Kräuter für Fisch- oder Eiergerichte zu verarbeiten: grüne Sauce aus frisch gepflück-ten Küchenkräutern, die gleich verwendet werden mußte – außer man verrührte den grünen Brei im Mörser mit Salz oder mit Öl. Das waren die Vorstufen von der Maggiwürze oder dem Pesto. Sieb und Wiegemesser verän-derten die Methode, diese kurzlebigen Zutaten zu verarbeiten. Eine grüne Sauce ist weltberühmt geworden: die Frankfurter. Weil Frankfurt und Goethe bis nach Japan ein Synonym geworden sind, beginnt man, die »Grieh Sooß« schon »Goethe-Sauce« zu nennen, obgleich er, der so genau von sei-nen grünen Erbsen und anderen Lieblingsgerichten schrieb, kein Wort über diese Sauce notiert hat. Vermutlich ist er wegen der Frau Rat Schlosser mit der Sauce in Verbindung gebracht worden. Denn sie, eine wohlhabende Frankfurter Bürgersfrau, war noch mit Goethes Mutter bekannt und hat ein hand-schriftliches Kochbuch mit der Urform der Frankfurter Sauce hin-terlassen. Danach werden Kräuter fein gewiegt, mit einer Mischung aus zerdrückten, hartgekochten Dottern, Essig, Senf und Öl, Pfeffer und Salz durchs Sieb gestrichen und dann mit saurer Sahne verrührt. In Kochbüchern taucht das Rezept erst verhältnismäßig spät auf, Mitte des 19. Jahrhunderts, und schon damals wurde eine Art Kurzform vorgeschlagen: die feingewiegten grünen Kräuter wurden ein-fach nur mit Mayonnaise verrührt. Auf jeden Fall handelt es sich schlicht um eine Hochsommer-Sauce. Und heute, da man die Treibhauskräuter für die Frankfurter Sauce schön gebündelt schon im Frühling auf den Märkten kaufen kann, hat sich nachträglich ein später Osterbrauch entwickelt: Diese grüne Sauce aus Sommer-kräutern ist zur Gründonnerstags-Sauce ernannt worden.

SALSA VERDE

Wie so oft bei Rezept-Klassikern, gibt es auch bei der sicher bekanntesten italienischen Kräutersauce eine Art Grundrezept, das aber meist nach allen Richtungen variiert wird, oft nicht zum Nachteil des Originals. Basis ist jedenfalls frische Petersilie, dazu kommen Knoblauch, Kapern, Olivenöl »extra vergine« und als Bindung etwas Weißbrot, das gerieben und in wenig Brühe eingeweicht wird. Außer Salz und Pfeffer gehören alle weiteren Zutaten zum Thema Variationen, selbst die Sardellen sind nicht unbedingt obligatorisch. Die Köche Norditaliens haben eine sehr unterschiedliche Auffassung von Salsa verde. Ob nun Gewürze, Gurken und Peperoni dazukommen, wie im Piemont, oder hartgekochte Eier, das Eigelb durch ein Sieb gestrichen und das Eiweiß fein gehackt zum Schluß untergehoben, wie im Veneto – die Sauce schmeckt immer anders und doch überall gut. Ihren wahren Geschmack entwickelt sie allerdings erst so richtig in Kombination mit warmen Gerichten, zum Beispiel mit dem grandiosen Fleischeintopf »Bollito misto« oder mit geräucherter, gekochter Zunge. Auch paßt sie sich gekochtem Fisch oder gekochtem Gemüse gut an.

150 g Petersilie
1 Knoblauchzehe
50 g Gewürzgurken
20 g gesalzene Kapern
50 g Schalotten
2 EL frische Weißbrotbrösel
1/2 TL Salz
frisch gemahlener weißer Pfeffer
2 EL Aceto Balsamico
1/4 l Olivenöl

Die Petersilie waschen, gut ausschleudern, damit sie möglichst trocken ist. Die groben Stiele entfernen und die Blätter mit dem Messer fein hacken. Die Knoblauchzehe sehr fein, Gewürzgurken, Kapern und Schalotten etwas gröber hacken. Alles zusammen mit den Weißbrotbröseln in einer Schüssel vermischen und mit Salz und Pfeffer abschmecken. Den Essig unterrühren. Das Olivenöl wie bei einer Mayonnaise in dünnem Strahl einlaufen lassen und unterrühren. Die Menge richtet sich nach der gewünschten Konsistenz der Sauce. Für eine »schlankere« Version können vor der Zugabe des Öls 100 bis 150 g Joghurt untergerührt werden.

Die Pistou-Sauce wird in der Provence auch zu Teigwaren, Gemüse und sogar zu gekochtem Fleisch und Fisch serviert. Doch in erster Linie ist es die traditionelle Beigabe zur provençalischen Gemüsesuppe, der Soupe au pistou.

PESTO UND PISTOU

Eine Geschmackskombination, die von Knoblauch und Basilikum dominiert wird und die kaum an Beliebtheit zu überbieten ist – und dies nicht nur in ihrer ligurischen und provençalischen Heimat, sondern inzwischen weltweit.

Die Genueser Basilikumsauce »Pesto« ist vor allem als Pasta-Sauce bekannt geworden. »Trenette col pesto alla genovese« ist wohl das berühmteste Nudelgericht überhaupt. Aber die Sauce wird auch zu gekochtem Gemüse oder Lammfleisch gegessen. Neben Basilikum sind die Hauptzutaten Knoblauch, Pinienkerne, Olivenöl und natürlich Käse. Er ist letztlich dafür entscheidend, wie scharf die Sauce wird. Durch einen alten Pecorino wird sie herzhaft, mit einem Parmiggiano entsprechend milder. Im folgenden Rezept wurde mit halb/halb ein delikater Kompromiß gefunden. Beim provençalischen »le pistou« wird auf die Pinienkerne verzichtet. Dafür wird manchmal eine Tomate zugegeben, durch welche die Sauce eine angenehme, frische Komponente erhält. Beide Saucen sollten möglichst nur frisch verwendet werden, weil dadurch der Geschmack des Basilikums am besten zur Geltung kommt (die Sorte Fino verde ist am besten geeignet). Wer in der basilikumlosen Zeit nicht auf seinen Pesto verzichten möchte, kann ihn auch in Portionen einfrieren. Wichtig ist, daß der Pesto dann aber nur mit ganz wenig Olivenöl und ohne den Käse angerührt wird. Das restliche Öl und der Käse werden erst nach dem Auftauen hinzugefügt. Er schmeckt dann frischer.

PESTO ALLA GENOVESE

Ob es nun wirklich die Genueser waren, die diese Basilikumsauce »erfunden« haben, ist für die internationale Speisekarte nicht so gravierend. Einzig wichtig ist, daß es diese Sauce überhaupt gibt. Ihre Vielseitigkeit beweist sie überall an der Riviera, wo sie in nahezu der gleichen Zusammensetzung zu den verschiedensten Gerichten gereicht wird.

120 g frisches Basilikum
4 Knoblauchzehen
50 g Pinienkerne, 1/2 TL Salz
je 50 g frisch geriebener Pecorino und Parmesan
bis zu 150 ml Olivenöl extra vergine

Das Basilikum waschen, gründlich trockenschleudern und grob schneiden. Die Knoblauchzehen schälen und grob hacken. Wer möchte, kann die Pinienkerne in einer trockenen Pfanne oder im Ofen kurz anrösten, sie gewinnen dadurch an Aroma. Den Pesto, wie in der

Bildfolge beschrieben, zubereiten. Die Konsistenz der fertigen Sauce soll der einer Mayonnaise ähnlich sein. Wird der Pesto als Pasta-Sauce verwendet, werden noch 3 Eßlöffel Nudelkochwasser untergerührt.

Trenette col pesto alla genovese. Mit diesen Nudeln ist die Pesto-Sauce erst so richtig weltberühmt geworden: schmale, kantige Bandnudeln, die natürlich »al dente« gekocht werden müssen. Nun sollte man meinen, daß Spaghetti oder Tagliatelle dazu ebensogut schmecken, aber es ist nun einmal nicht so. Der Pesto paßt zur Trenette einfach am besten. Dafür 150 g Kartoffeln schälen und in kleine Würfel schneiden. 50 g grüne Bohnen putzen. Beides in Salzwasser knackig gar kochen, abgießen (das Wasser jedoch auffangen) und warm stellen. In dem Kochwasser nun 250 g Trenette »al dente« garen und abgießen. Kartoffeln, Bohnen und Trenette mit 1 Rezept Pesto und zusätzlich 2 EL geriebenem Pecorino vermischen und, mit Basilikumblättchen garniert, sofort servieren.

LE PISTOU

Die provençalische Basilikumsauce ist die klassische Beigabe zu der berühmten Gemüsesuppe dieser Region. In der Haute Provence wird sie noch zusätzlich mit Tomate zubereitet, die eine angenehme Säure mitbringt und die Suppe noch etwas frischer schmecken läßt.

3 Knoblauchzehen
40 g frisches Basilikum
2 Tomaten
1/2 TL Salz
100 g frisch geriebener Cantal oder Parmesan
4 bis 5 EL feines Olivenöl

Die Knoblauchzehen grob hacken. Das Basilikum waschen, trockenschleudern, die Stiele entfernen, die Blätter mit dem Messer oder einer Küchenschere in Streifen schneiden. Die Tomaten kräftig grillen, häuten, die Kerne herausdrücken und das trockene Fruchtfleisch in grobe Würfel schneiden. Zunächst den Knoblauch im Mörser fein stampfen, dann Basilikum und Salz zufügen und zu einer Paste zerstoßen. In mehreren Portionen den Käse und die Tomatenwürfel zugeben und gründlich einarbeiten. Nach und nach das Olivenöl zugießen und so lange rühren, bis eine gleichmäßige, pastenartige Creme entstanden ist. Sie wird im Mörser zur Soupe au pistou serviert.

Für die **Soupe au pistou** je 250 g frische rote und weiße Bohnen, 2 in Würfel geschnittene Kartoffeln, 2 gehäutete, entkernte feste Tomaten, 2 in Stücke geschnittene Lauchstangen und einige gehackte Sellerieblätter in 2 l kochendes Salzwasser geben, Pfeffer frisch hineinmahlen und das Gemüse im geschlossenen Topf etwa 2 Stunden leise simmern lassen. 500 g in kurze Stücke geschnittene grüne Bohnen, zusammen 500 g gelbe und grüne Zucchinischeiben und 100 g Rigatoni zufügen und in 15 Minuten gar kochen. Mit dem Pistou servieren. In diesem Fall einige Löffel der Suppenbrühe mit dem Pistou verrühren. Weil die Sauce keinesfalls kochen darf, wird sie erst in die bereits in Tellern angerichtete Suppe gerührt.

Pesto zubereiten:

Zuerst die festen Zutaten im Mörser kräftig zermahlen: die Pinienkerne, das Salz und die vorbereiteten Knoblauchzehen.

Die gewaschenen, gut getrockneten Basilikumblätter grob schneiden, zur Knoblauchmischung geben und fein zerkleinern.

Den möglichst fein geriebenen Käse nach und nach zugeben und sorgfältig unterrühren.

Das Olivenöl wie bei einer Mayonnaise einlaufen lassen und gut unterrühren.

Pesto, die klassische italienische Sauce, wird zur Aufbewahrung in Glasgefäße gefüllt und mit wenig Olivenöl bedeckt. Fest verschlossen hält sie sich im Kühlschrank über 1 Woche.

PETERSILIENPÜREE

Einfach, aber raffiniert – diese frische Sauce paßt gut zu allen Gerichten, die einen Petersiliengeschmack vertragen, vor allem Fleisch und Teigwaren.

100 g krause Petersilie, 100 g glatte Petersilie
30 g gehackte Schalotten
20 g Butter, 1/2 l Sahne
1/2 TL Salz, frisch gemahlener weißer Pfeffer
3 EL geschlagene Sahne

Die Petersilie waschen, die Blätter von den Stengeln zupfen, kurz blanchieren und sofort in Eiswasser abschrecken. Gut ausdrücken und fein hacken. Die Schalottenwürfel in der Butter andünsten, ohne daß sie Farbe annehmen. Die Petersilie zugeben, mit der Sahne aufgießen und zum Kochen bringen. Auf die Hälfte reduzieren und dann im Mixer fein pürieren. Mit Salz und Pfeffer abschmecken. Zum Schluß die geschlagene Sahne unter das Püree heben.

Nur der aromatische Französische Estragon eignet sich für die Salsa al Dragoncello, mit Russischem Estragon würde sie zu bitter.

PÜREE UND SAUCEN

aus jeweils nur einem Kraut lassen sich ob der Reinheit ihres Aromas ganz gezielt zum Würzen einsetzen.

SALSA AL DRAGONCELLO

Eine Estragonsauce aus Italien, die vor allem zu gekochtem Rindfleisch serviert wird. Zur Abwechslung kann man sie auch zu Bollito misto oder zu gebratenem Fisch reichen.

50 g Weißbrot, 1/8 l feines Olivenöl
3 Knoblauchzehen
2 EL gehackter Französischer Estragon
2 EL Rotweinessig, 1 TL Aceto Balsamico
Salz, frisch gemahlener weißer Pfeffer

Das Brot in dünne Scheiben schneiden und in einem entsprechend großen Gefäß mit dem Öl übergießen. Die Knoblauchzehen fein hacken und zusammen mit dem Estragon über das Brot streuen. Das Gefäß mit Folie verschließen und 1 bis 2 Stunden durchziehen lassen. Essig, Salz und Pfeffer dazugeben und mit dem Mixstab pürieren oder durch ein feinmaschiges Sieb streichen. Die Sauce kann bei Bedarf mit Fleisch- oder Fischbrühe verdünnt werden.

SCHARFE SELLERIESAUCE

Bei dieser Kräutersauce kommt die Schärfe vom frisch gemahlenen Pfeffer, den man aber ganz nach eigenem Gusto dosieren sollte. Die Sauce paßt besonders gut zu gekochtem Fleisch.

(ohne Abbildung)
60 g Rinderknochenmark
5 EL geriebenes Weißbrot (ohne Rinde)
1/4 l Kalbsfond
3 EL gehackter Schnittsellerie
frisch gemahlener weißer Pfeffer
1/2 TL Salz

Das Mark klein würfeln und in einer entsprechend großen Pfanne erhitzen. Das geriebene Brot zugeben und unter Wenden einige Minuten rösten. Mit dem Kalbsfond aufgließen und einige Male aufkochen lassen. Dann den Sellerie unterrühren, die Sauce entsprechend mit Pfeffer schärfen und mit Salz abschmecken.

KRESSESAUCE

Eine erfrischende, scharfe Sauce, die gut zu gebratenem Schweinefleisch paßt.

(ohne Abbildung)
4 EL feingehackte Brunnenkresse (nur Blätter, keine Stiele)
1 EL geriebenes Weißbrot ohne Rinde
100 g Joghurt
1 TL scharfer Senf
1 TL gehackte, gesalzene Kapern
1 ganz fein gehackte Chilischote
1/2 TL Salz
Außerdem:
2 bis 3 EL geschlagene Sahne

Die gehackte Kresse mit den Weißbrotbröseln vermischen und mit den übrigen Zutaten zu einer pastenartigen Sauce verrühren. Zum Schluß die geschlagene Sahne darunterrühren und kalt servieren.

BASILIKUMPÜREE

Im Süden Frankreichs gehört das »Purée de basilic« (in der Bildmitte, im Mörser) zum Küchenalltag, zumindest im Winter, wenn frisches Basilikum nicht auf dem Markt zu finden ist, denn damit kann man ganz erlesen würzen. Ein richtiges Rezept gibt es dafür eigentlich nicht, da die Zubereitung denkbar einfach ist. Die frisch geernteten Basilikumblätter werden gewaschen, sorgfältig trockengeschleudert, grob gehackt und im Mörser zu einem feinen Brei gestampft. Dann so viel Olivenöl (nur bester Qualität) in dünnem Strahl einlaufen lassen und unterrühren, bis die Mischung dickflüssig ist. Eventuell leicht salzen und in kleine Einmachgläser füllen, Öl darübergießen und gut verschließen. So hält sich das Püree Monate – aber es ist ebensogut frisch zu verwenden, denn damit läßt sich leichter würzen als mit frischen Basilikumblättern.

GARANTIERT OHNE KNOBLAUCH

Nicht allzu viele Kräutersaucen verzichten vollständig auf Knoblauch, weil es einfach eine ideale Kombination ist. Aber es geht auch anders!

WIENER SCHNITTLAUCHSAUCE

Die klassische Sauce zu gekochtem Rindfleisch. Aber in Österreich serviert man sie auch zu anderen Gerichten, besonders gut paßt sie zum Fondue bourguignon. Wichtig ist, daß der Schnittlauch möglichst frisch, am besten vom Balkon oder aus dem Garten, verwendet wird. Denn obwohl er im Kühlschrank sein frisches Aussehen sehr lange behält, verflüchtigt sich sein Aroma sehr schnell, und er schmeckt dann nur noch scharf.

100 g entrindetes Weißbrot, etwa 1/4 l Milch
2 gekochte Eigelbe, 2 rohe Eigelbe
1/2 TL Salz, frisch gemahlener weißer Pfeffer
1 Spritzer Essig, 1 Messerspitze Estragonsenf
1 Prise Zucker, 300 ml Sonnenblumenöl
3 EL feingeschnittener Schnittlauch

Das Weißbrot in der Milch einweichen, gut ausdrücken und mit den gekochten Eigelben durch ein Sieb streichen. Mit den rohen Eigelben und den Gewürzen im Mixer mischen. Das Öl wie bei einer Mayonnaise zuerst tropfenweise, dann in dünnem Strahl zugeben und alles zu einer sämigen Sauce verarbeiten. Den Schnittlauch erst kurz vor dem Servieren unterrühren.

GRÜNE SAUCE

Oder »Grieh Sooß«, wie die Frankfurter ihr Frühlingsleibgericht nennen. Und dieser Kräutersauce geht es wie den meisten berühmten Rezepten: Jeder kocht nach seinem eigenen »Original«. Aber so unterschiedlich sie auch sein mögen, die Grundzutaten sind immer gleich, und in der Kombination der mindestens 7 Kräuter spiegelt sich dann die Kreativität des Kochs oder das Angebot des Marktes wieder. Tatsächlich kann man bei der Kräutermischung nicht viel falsch machen, wenn man mengenmäßig mit Petersilie und Schnittlauch beginnt und zum Abschluß von den kräftig würzenden Kräutern wie Estragon und Liebstöckel entsprechend weniger nimmt. Empfehlenswert ist, wie im folgenden Rezept, die Hälfte der Sahne durch Joghurt zu ersetzen. Die Sauce wird dadurch leichter, frischer.

1 gute Handvoll Kräuter (Petersilie, Schnittlauch, Dill, Kerbel, Sauerampfer, Pimpinelle, Boretsch, Estragon, Liebstöckel)
2 EL ganz fein gehackte Zwiebel
4 EL milder Weinessig, 4 hartgekochte Eier
1/8 l Sahne, 1/8 l Joghurt
1/2 TL Salz, frisch gemahlener weißer Pfeffer
1 TL scharfer Senf, 4 EL Sonnenblumenöl

Die Kräuter waschen und sehr fein hacken. Zusammen mit den Zwiebeln in eine Schüssel geben und mit dem Essig übergießen. Zugedeckt 1/2 Stunde stehen lassen. Die Eier schälen und fein hacken. Die Sahne und den Joghurt mit den Eiern, Salz, Pfeffer und dem Senf verrühren und nach und nach unter ständigem Weiterrühren das Öl hinzufügen. Zum Schluß die Sahnesauce gründlich mit den in Essig eingelegten Kräutern vermischen und nochmals 1/2 Stunde zugedeckt in den Kühlschrank stellen. Die Sauce vor dem Servieren gut durchrühren.

KING EDWARD´S SAUCE

Dies ist die englische, aber höchst pikante Variante der Frankfurter Grünen Sauce.

30 g Kräuter (zu gleichen Teilen Estragon, Kerbel, Pimpinelle und Schnittlauch)
4 gesalzene Sardellen, 4 hartgekochte Eier
1 EL Kapern, 1 EL Dijon-Senf
400 ml Olivenöl, 5 EL Estragonessig

Die Kräuter blanchieren und gut trockentupfen. Die Sardellen wässern, filetieren, abspülen und ebenfalls trockentupfen. Die Eier, die Kräuter, die Sardellen, die Kapern und den Senf in einem Mörser zu einer Paste verarbeiten. Zuerst das Olivenöl und dann den Essig nach und nach unter ständigem Rühren hinzufügen. Die Sauce durch ein sehr feines Sieb passieren.

Nicht nur zum Lammfleisch kann die Mintsauce eingesetzt werden. Abgeseiht, gibt sie auch Salaten, bei denen ein süßlicher Geschmack gewünscht wird, ein frisches Aroma. Dafür einfach die Essigmenge der Salatsauce reduzieren und durch Mintsauce ersetzen.

ENGLISCHE MINTSAUCE

Sie gehört einfach zur englischen Küche und paßt wirklich gut zu gekochtem Lammfleisch; ein Grund, sie auszuprobieren. Wer die Mintsauce lieber etwas süßer haben möchte, der sollte erst einmal die Hälfte des Essigs zugeben und bei Bedarf nachgießen.

100 g frisch gepflückte Minze
90 g Farinzucker (brauner Zucker)
1/8 l feiner Weinessig
6 EL Wasser
2 TL Zitronensaft
1 Messerspitze Salz

Die Minzeblätter waschen, trockentupfen, grob hacken und mit der Hälfte des Zuckers in einem Mörser fein zerreiben. Den restlichen Zucker mit dem Essig, Wasser und Zitronensaft kochen, bis die Flüssigkeit klar ist. Die zerriebene Minze dazugeben, salzen und erkalten lassen. Die Sauce kann man je nach Gusto durch ein Sieb passieren oder mit den Blättern servieren.

Sie sind beide ideal zu gekochten Fleischgerichten, aber auch zu Gemüse und hartgekochten Eiern: die Frankfurter Grüne Sauce in der oberen Sauciere und die englische King Edward´s in der unteren.

KNOBLAUCHSAUCEN

Davon gibt es eine ganze Reihe, doch die Aïoli und die Rouille aus der Provence sind wohl die bekanntesten und vielleicht auch die besten. Eine Bouillabaisse wäre jedenfalls ohne eine der beiden Saucen kaum denkbar. Aber sie passen auch zu gekochtem Lammfleisch oder ganz einfach zu Pellkartoffeln, mit einem Glas Rotwein versteht sich. Während die Aïoli ihre Würze ausschließlich vom Knoblauch und vom Salz hat – sie ist eher mild –, erhält die Rouille ihre Schäfe und ihr spezifisches Aroma durch die roten Chillies und den Safran.

AIOLI

Vor allem Knoblauchliebhaber können der mild-würzigen Aïoli nicht widerstehen!

(für 6 bis 8 Portionen)
6 bis 8 Knoblauchzehen
1/2 TL grobes Meersalz
2 Scheiben Weißbrot ohne Rinde
1/8 l Milch
1 Eigelb
1/4 l feines Olivenöl
Zitronensaft

Die Knoblauchzehen schälen und halbieren. Mit dem Meersalz in einen Mörser geben und beides sehr fein zerreiben. Das Weißbrot in der Milch einweichen, gut ausdrücken und zusammen mit dem Eigelb in den Mörser geben. Untermischen und so lange mit der Knoblauch-Salz-Mischung verrühren, bis eine glatte Paste entstanden ist. Falls die Paste zu dick wird, kann sie mit etwas warmem Wasser sämig gerührt werden. Die Mischung etwas ruhen lassen. Nochmals kräftig durchrühren und in eine Schüssel umfüllen. Das Olivenöl wie für eine Mayonnaise zunächst tropfenweise, dann in einem dünnen Strahl zugeben und mit dem Schneebesen gut unterrühren. Variante: Diese klassische Aïoli läßt sich sehr einfach zu einer pikanten Kräutersauce verwandeln, natürlich mit starkem Knoblauch-Unterton. Es werden 2 EL gehackte frische Kräuter mit kräftigem Aroma zugesetzt, wie etwa Basilikum, Kapuzinerkresse, Thymian, Rosmarin, Bohnenkraut oder Liebstöckel.

Aïoli zubereiten:

Das eingeweichte Weißbrot und das Eigelb unter die Knoblauch-Salz-Mischung rühren. Die Paste unbedingt ruhen lassen, damit sich das Salz lösen kann.

Die Mischung in eine größere Schüssel umfüllen und unter ständigem Rühren das Öl unterrühren, bis eine dicke Sauce entsteht. Mit etwas Zitronensaft abschmecken.

ROUILLE

Diese pikante und aromatische Paste verleiht vor allem Fischsuppen eine besondere Würze.

1 rote Paprikaschote
2 rote scharfe Chillies
5 bis 6 Knoblauchzehen
1 mittelgroße mehligkochende Kartoffel
1/2 TL grobes Meersalz
5 bis 6 Safranfäden
1 Eigelb
150 ml feines Olivenöl

Die Paprikaschote vierteln und die Samen sowie die Scheidewände entfernen. Die Chillies halbieren und sehr sorgfältig von Samen und Scheidewänden befreien. Es empfiehlt sich, bei der Arbeit mit diesen scharfen Früchten Handschuhe zu tragen, um Reizungen der Haut oder Augen durch unbedachtes Berühren auszuschließen. Die Knoblauchzehen schälen und halbieren. Die Kartoffel kochen. Die Rouille, wie in der Bildfolge beschrieben, zubereiten.

Das Eigelb zugeben, unterrühren und die Paste für die weitere Zubereitung in eine größere Rührschüssel umfüllen.

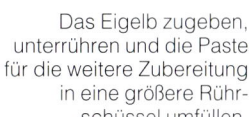

Das Öl – wie bei einer Mayonnaise erst tropfenweise, dann in dünnem Strahl – zugeben und gut unterrühren

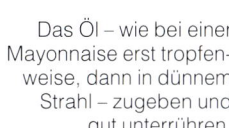

Weiterrühren, bis sie die Konsistenz einer Mayonnaise hat. Nur feinstes Olivenöl garantiert den Erfolg!

Rouille zubereiten:
Die Paprikaschote blanchieren, häuten und klein schneiden. Mit den vorbereiteten Chillies, dem Salz, dem Knoblauch und den Safranfäden im Mörser fein zerreiben. Die gekochte Kartoffel schälen, zugeben und mit dem Stößel sorgfältig unterarbeiten.

▼ **Kräuterbutter**
Eine feine Mischung zu
dunklem Fleisch.
3 EL Petersilie
1 EL Schnittlauch
1 EL Basilikum
1 TL Liebstöckel
1 TL Thymian
1 TL Oregano
250 g weiche Butter
1 EL gehackte
Schalotten
2 zerdrückte
Knoblauchzehen
2 TL Limettensaft
1/4 TL weißer Pfeffer
1 TL Salz

**Klassische
Kräuterbutter-Mischungen**
sind (von links nach rechts):
Maître d'hotel, Schnittlauchbutter
als Rolle und Montpellier-Butter.
Werden sie auf Vorrat zubereitet
und aus dem Kühlschrank heraus
verwendet, müssen sie zum Anrichten Zimmertemperatur haben.
Nur dann kann das feine Kräuteraroma sich wieder voll entwickeln.

**Kräuterbutter
zubereiten:**
Die Kräuter mit kaltem
Wasser abbrausen,
gründlich schütteln
oder schleudern, damit
das Wasser abläuft. Auf
ein Leintuch legen und
damit völlig trockentup-
fen, selbst wenn sie
dabei etwas zusam-
menfallen. Mit einem
Wiegemesser fein zer-
kleinern oder mit einem
scharfen Messer sehr
fein schneiden.

KRÄUTERBUTTER
Die klassischen Mischungen

Mit Butter vermengt, sind Kräuter zum Verfeinern von
Suppen und Saucen und als aromatische Zugabe zu
allem Gegrillten sowie frisch getoastetem oder ofenfri-
schem Brot sehr beliebt. Ihre Zusammensetzung und
damit ihr Geschmack bestimmen die jeweilige Verwendung. Zu Rollen geformt, kann Kräuterbutter gut portioniert werden. Mit einem Bundmesser abgetrennte
Scheiben ergeben zudem eine hübsche Garnitur. In
Eiswürfelbehältern lassen sich verschiedene Sorten
von Kräuterbutter gleichzeitig bevorraten. Fertige Butter sollte maximal eine Woche im Kühlschrank lagern.

Die weiche Butter glatt,
aber nicht schaumig rühren.
Mit den Schalotten, dem
Knoblauch und den Gewür-
zen verrühren.

Als letztes die Kräuter zugeben und unterrühren. Nicht zu
lange rühren, da sich sonst
die Butter durch den Kräuter-
saft verfärbt.

Die Kräuterbutter etwas
fest werden lassen, auf ein
Pergamentpapier geben und
vorsichtig zu einer Rolle
formen. Kalt stellen.

MAITRE D'HOTEL

6 EL Petersilie, 150 g weiche Butter
2 zerdrückte Knoblauchzehen
2 EL Zitronensaft
Salz, frisch gemahlener weißer Pfeffer

Die Zubereitung erfolgt, wie links beschrieben. In
Scheiben geschnitten, wird diese Kräuterbutter zu
gegrillten Steaks, Seezunge und Scholle serviert. Varianten zu Petersilie sind Dill zu gebratenem Fisch, Minze
zu Lamm und Kaninchen, Salbei zu gebratener Leber.

SCHNITTLAUCHBUTTER

4 EL Schnittlauch, 150 g weiche Butter
1 TL Zitronensaft
1 TL Abgeriebenes von einer Zitrone
Salz, frisch gemahlener weißer Pfeffer
4 EL feingeschnittener Schnittlauch zum Rollen

Die Butter zubereiten, wie links beschrieben, zuletzt in
Schnittlauch rollen, der die Butter vollständig einhüllen
soll. Diese Butter kann das ganze Jahr über problemlos
frisch zubereitet werden. Sie paßt zu allem, wozu auch
Schnittlauch paßt: Fleisch, Fisch, Gemüse und Brot.

MONTPELLIER-BUTTER

je 20 g Brunnenkresse, Spinatblätter, Petersilie, Kerbel
3 Sardellenfilets, in Wasser oder Milch eingelegt
35 g Essiggurke, 20 g Kapern
1 Knoblauchzehe, 150 g weiche Butter
1 1/2 TL Dijon-Senf, 4 EL Olivenöl
1 TL Zitronensaft
Salz, frisch gemahlener weißer Pfeffer

Die Kräuter vorbereiten, wie links beschrieben. Die
anderen Zutaten fein hacken und zusammen mit den
Kräutern und dem Senf in die Butter einrühren. Zuletzt
nach und nach das Öl unterrühren. Abschmecken. Diese Mischung ist ein Klassiker zu gegrilltem Fisch.

Weich und schaumig

So muß die Kräuterbutter bei Eckart Witzigmann sein. Sie wird mit zimmerwarmer Butter zubereitet und vor allem auch zimmerwarm serviert. Er empfiehlt sogar, sie gar nicht zu kühlen, was gleichzeitig bedeutet, daß sie immer frisch zubereitet wird. Eckart Witzigmann legt allergrößten Wert darauf, daß seine Zubereitungen den frischen, unmittelbaren Geschmack von Kräutern aufnehmen. Da Fett ein guter Aromaträger ist, für diese Verwendungmöglichkeit aber nicht zu kalt sein darf, heißt seine Grundregel: Nur in zimmerwarmer Butter können die Kräuter ihr frisches Aroma optimal entfalten.

Eckart Witzigmann verlangt feinste Qualität. Mit »sicherer Nase« findet er sie hier auf dem Münchner Viktualienmarkt.

Je 1 Messerspitze frisch gehackten Majoran, Dill, Thymian und Rosmarin, Paprikapulver edelsüß, Curry und Cayennepfeffer, je 10 g kleingeschnittene Petersilie, Schnittlauch, Estragon, Senf und Kapern, 15 g Ketchup, 30 g feingeschnittene Schalotten, 2 1/2 sehr fein gehackte Lorbeerblätter, 1/2 zerdrückte Knoblauchzehe, 2 feingehackte Sardellenfilets, je 1 TL Cognac und Madeira, 1/2 TL Worcestersauce, Saft von 1/2 Zitrone, etwas Abgeriebenes von Zitrone und Orange und Salz sehr fein miteinander mixen und über Nacht bei Zimmertemperatur durchziehen lassen. 250 g Butter schaumig rühren und die Mischung einarbeiten.

Kräuterbutter de Luxe ist auch unter dem Namen »Beurre Café de Paris« bekannt. Sie paßt gut zu Rinderlende, Hüfte, Filet und Paillard.

Für diese farblich attraktive Kräuterbutter werden 250 g zimmerwarme Butter schaumig gerührt. 3 Schalotten und 1 Knoblauchzehe schälen, grob hacken und zusammen mit 4 großen Sardellenfilets sowie je 15 g Petersilie und Estragon fein mixen. Die Mischung zusammen mit 4 EL stark eingekochtem Tomatenmus, Salz, frisch gemahlenem weißem Pfeffer und 1 EL Cognac in die weiche Butter einrühren. Mit Salz, Pfeffer und Cognac abschmecken.

Beurre Côte d'Azur harmoniert mit gefülltem Geflügel, Poulardenbrust, Kalbskotelett und Kalbsmedaillon.

250 g Butter schaumig rühren. Je 1 Bund Schnittlauch und glatte Petersilie waschen, grob schneiden, in kochendes Salzwasser geben, einmal aufwallen lassen, in Eiswasser abschrecken, abgießen, ausdrücken und zusammen mit 2 zerdrückten Knoblauchzehen, 50 g feingeriebenen Mandeln und 2 feingeschnittenen Sardellenfilets fein mixen. Unter die Butter mischen und mit Salz, Pfeffer und Zitronensaft abschmecken.
Variante als Beigabe für Schnecken: Die Kräuter durch Schnittlauch ersetzen und der Butter etwas Schneckensud zufügen. Auch Sauerampfer und Kresse eignen sich als geschmackliche Alternative.

Grüne Kräuterbutter ist eine sehr wichtige Beigabe, die besonders zu Fisch und weißem Fleisch von Geflügel und Kalb paßt.

SALATE UND VINAIGRETTES

Wer seinen Salat liebt, der labt sich auch an seinem Anblick, gönnt ihm Raum und vermengt ihn nicht in engen Schüsseln, sondern bereitet ihm lieber auf einer großen Platte sein vergängliches Bett.

Im Rom der Kaiserzeit war es Mode, die Mahlzeit mit einem Teller knackigem Salat zu beginnen, würzig mit Essig und Salz versehen und reichlich mit grünen Kräutern bestreut. Das nannten die Feinschmecker ihren »grünen Kuchen«, der ihnen die Zunge auf die feinen Aromen einstimmte und den Magen für alles bereit und aufgeschlossen machte, was nach dem Salat an erlesenen und extremen Genüssen folgen sollte. Rom ging unter und mit ihm der Kräutersalat. Erst anderthalb Jahrtausend später, im 16. Jahrhundert, kam er abermals aus Italien auf die Tafeln der Herrscher, angeblich mit den Köchen der Maria von Medici, der Braut des französischen Königs Henri Quatre. Sie kannte sicher die »Briefe« des Dichters Pietro Aretino, der in Venedig lebte und über den Salat schrieb, daß man »die Säure der Kräuter« mit »seiner Süße mildern« müsse. »Es liegt nicht wenig Gelehrsamkeit darin zu wissen, wie man das Bittere und Scharfe einiger Blätter mit dem weder bitteren noch scharfen Geschmack einiger anderer abschwächt und dabei aus allen zusammen eine so zarte Zusammenstellung macht, daß man sich daran satt essen möchte. Die Blumen, die im zarten Grün so schöner und guter Appetitanreger verstreut sind, verführen meine Nase, sie zu beschnuppern, und meine Hand, davon zu pflücken... eine Handvoll nicht herkömmlicher Kräuter, sondern von wilder Zichorie zusammen mit Bergminze ist wertvoller als noch so viel Lattich und Endivie.« Dem ist nicht viel hinzuzufügen, und seit damals bleibt der Lattich in wechselnder Form, aber beständig im europäischen Menü. Seine interessanteste Abart ist der Kopfsalat, wie er noch in unserer Zeit in der Hansestadt Hamburg und Schleswig-Holstein gegessen wurde. Je weiter der Mensch in den Norden geraten ist, desto mehr scheint er das Süße zu schätzen, vielleicht als Gegengewicht zum härteren Klima und dem herben Korn und Gemüse. Zum süßen Schwarzbrot der Schweden und der gebrochenen Süße der schleswig-holsteinischen Küche gehört der Zuckersalat. Die Salatblätter mußten knirschen, vor Frische und wegen des Zuckers, und ihr helles Grün war weiß überflockt von der sauren oder leicht aufgeschlagenen frischen Sahne und grün gesprenkelt von grobgehackten Kräutern, vor allem dem pelzigen Boretsch, dazu auf jeden Fall Dill, Kerbel und Schnittlauch, eventuell ein Zweiglein Petersilie. Das ist der frischeste Salat, den man sich vorstellen kann.

BUNTE SALATE MIT KRÄUTERN

Gemeint sind zum einen die diversen Blattsalate, die mit frischen Kräutern wie Pimpinelle, Boretsch oder Zitronenmelisse so gut harmonieren, und zum anderen »Salatkräuter« wie Sauerampfer, Kresse oder Rauke, die Kräutlein und Blattsalat in einem sind und ihrerseits mit gehackten Küchenkräutern gewürzt werden können. Gleichgültig, ob die Blätter nun Salat oder Kräuter genannt werden, mit ihnen läßt sich hervorragend kombinieren, und der Fantasie des Salatmischers sind tatsächlich keine Grenzen gesetzt. Aber diese »kreative Freiheit« besagt auch, daß die Rezepte für solche »bunten Salate« nicht sehr konkret sein können. Einmal, weil sich eine Salatküche am aktuellen Marktangebot orientieren muß, und zum anderen, weil bei Mischungen aus vielen Blattsalaten und Kräutern ein genaues Messen oder Wiegen ganz unmöglich ist, einmal abgesehen von den Zutaten für die Marinade. Denn selbst da greift der ganz persönliche Geschmack je nach Vorliebe noch korrigierend ein.

BLATTSALAT MIT FRISCHEM SCHAFKÄSE

Je nach Menge kann dieser Salat als kleine Vorspeise oder als sättigendes Gericht an einem warmen Sommerabend serviert werden. Die Zutaten dieses Rezepts sind für 1 Portion berechnet.

je 1 Handvoll Blattsalate der Saison *(zum Beispiel Sauerampfer, Frisée, Lollo rosso)*
2 Cocktailtomaten
einige Zwiebelringe, 1/2 Knoblauchzehe
2 EL Vinaigrette (siehe Seite 88/89)
3 Scheiben Schaffrischkäse, *in gehackter Petersilie gerollt*
1 Blüte der Kapuzinerkresse

Den gewaschenen und geputzten Salat trockenschleudern und zusammen mit den Tomaten und Zwiebeln in einer großen Schüssel, die mit einer halbierten Knoblauchzehe ausgerieben wurde, mit der Vinaigrette mischen. Die Käsescheiben auf einem Teller anrichten, mit etwas Vinaigrette beträufeln, den Salat darübergeben und mit der Blüte garnieren. Dazu paßt frisches Knoblauchbrot, wie auf Seite 93 beschrieben.

SALATSAUCEN

Ob es die klassische Vinaigrette, eine andere klare Marinade, eine kräftige Mayonnaisensauce oder eine leichte aus Joghurt ist, mit frischen Kräutern und Knoblauch vertragen sie sich aufs beste.

Akazienblüten
kombiniert Walter Eselböck gern mit bitteren Salatkräutern wie Löwenzahn und Rauke und auch mit dem säuerlichen Sauerampfer. Dabei kommt der kräftig süße, parfümierte Geschmack dieser Frühlingsblüten gut zur Geltung.

Je einfacher ein Rezept ist und je weniger Zutaten es hat, desto wichtiger ist deren Qualität. Das trifft auch für die Vinaigrette zu. Nur bestes Öl und bester Essig und – vor allem bei der Kräuter-Vinaigrette – ganz einwandfreie, frisch geerntete Kräuter führen zu einem befriedigenden Resultat.

DIE VINAIGRETTE

Je nach dem verwendeten Essig beziehungsweise Öl wird schon eine geschmackliche Richtung der Vinaigrette festgelegt, zum Beispiel mit gewürztem Essig oder mit dem streng schmeckenden Kürbiskernöl, Olivenöl oder dem neutralen Sonnenblumenöl. Doch auch die Qualität von Senf – als Faustregel gilt etwa 1 TL Senf auf 6 bis 8 EL Salatsauce – verändert das Aroma. Wer die frische Säure der Zitrone dem Essig vorzieht, sollte etwa 1 Teil Zitronensaft mit 5 Teilen Öl mischen. Allgemein gilt als Mengenverhältnis: 1 Teil Essig auf 4 Teile Öl. Die Zutaten für die klassische Vinaigrette sind hier für etwa 1/8 l berechnet.

2 EL Weinessig
Salz
frisch gemahlener weißer Pfeffer
1 TL Dijon-Senf
6 EL Öl

In einer Schüssel den Essig mit Salz, Pfeffer und dem Senf verrühren. Das Öl nach und nach einlaufen lassen und mit dem Schneebesen unterrühren, bis sich die Zutaten zu einer Emulsion verbunden haben.

DIE KRÄUTER-VINAIGRETTES

Der Vinaigrettebasis werden die frisch gehackten Kräuter zugegeben. Welche Kräuter mit welchem Öl, Essig oder auch Zitronensaft kombiniert werden, sollte jeder ganz nach eigenem Gusto entscheiden, denn letztlich hängt es vom Angebot im Garten oder auf dem Markt ab. Und die Frage, welcher Salat damit angemacht werden kann, wird mit folgenden Beispielen beantwortet.

ZU BLATTSALATEN MIT BITTERER NOTE

1/8 l Vinaigrette mit Himberessig und Haselnußöl
2 EL feingehackte Schalotten
4 EL frisch gehackte Kräuter (Petersilie, Estragon, Pimpinelle, Dill und Basilikum)

ZU KOPF- UND RÖMISCHEM SALAT

1/8 l Vinaigrette mit Obstessig
1/2 TL Zucker
1 TL gehackte Kapern
3 EL frisch gehackte Kräuter (Dill, Estragon, Ysop und Minze)

ZU SALAT VON KALTEM ODER LAUWARMEM FISCH UND MEERESFRÜCHTEN

1/8 l Vinaigrette mit Estragonessig
1 EL feingehackte Zwiebel
2 gut zerdrückte (gehackte) Sardellen
2 hartgekochte, gehackte Eier
1 EL frisch gehackter Dill
1 EL frisch geschnittener Schnittlauch
1/2 EL frisch gehacktes Basilikum

ZU SALAT MIT FLEISCH

1/8 l Vinaigrette mit Rotweinessig
2 TL gehackte Kapern
1 kleine Chilischote, ohne Samen fein gehackt
1/2 feingehackte Knoblauchzehe
1 EL feingehackte Zwiebel
2 EL frisch gehackte Petersilie
1 EL frisch gehackte Kräuter (Kerbel, Basilikum, Thymian, Myrte)

Einen Frühlingssalat mit gebratenem Wels serviert Walter Eselböck in seinem Restaurant »Taubenkobel« in Schützen, im Burgenland. Er nimmt, was gerade an frischen Blättern am Markt oder auf der Wiese ist: Sauerampfer, Löwenzahn und vor allem Rauke, die immer dabei sein sollte. Dann mischt er rohen Spargel – die ganz dünnen Stangen – unter und richtet alles mit jeweils 2 kleinen, nur auf der Hautseite kroß gebratenen Filetstücken vom Wels an. Die kräftige Salatsauce mischt er aus Kürbiskernöl und Apfelessig aus der Steiermark und würzt neben Salz und Pfeffer mit reichlich Französischem Estragon und Petersilie. Garniert wird alles mit Akazienblüten.

KRÄUTER-JOGHURTSAUCEN

Mit Joghurt lassen sich frische und leichte Salatsaucen für Blattsalate komponieren, aber auch für sättigende Salate mit Nudeln, Kartoffeln, Fisch oder Fleisch. Die Zutaten vermischen, zuletzt die Kräuter zugeben.

MELISSEN-JOGHURTSAUCE
FÜR BLATTSALATE

1/2 Becher Joghurt

2 EL Orangensaft, 2 TL Zitronensaft

1/2 TL Salz, frisch gemahlener weißer Pfeffer

2 EL frisch gehackte Zitronenmelisse

KRÄUTER-JOGHURTSAUCE
FÜR FLEISCH- ODER NUDELSALAT

1/2 Becher Joghurt, 1/2 EL Aceto Balsamico

1/2 TL Salz, frisch gemahlener weißer Pfeffer

1/2 EL gehackte Kapern, 1 EL feingehackte Schalotten

1/2 feingehackte Knoblauchzehe

1 EL gehackter Schnittsellerie

2 EL frisch gehackte Kräuter
(Petersilie, Ysop, Pimpinelle, Thymian und Rosmarin)

Zur Wiesen-mischung aus kräftig schmeckenden Salaten paßt besonders gut eine Vinaigrette mit Rotweinessig.

Wilder Fenchel ist ein Küchenkraut mit viel Geschmack, das aber nur in den Mittelmeer-ländern im Frühling auf dem Markt zu finden ist. Verwendet werden die nicht sehr stark aus-geprägte Knolle und das Blattgrün.

SALAT VON HUMMER, FELDSALAT UND KRESSE

2 Hummer (je 700 g)

Salzwasser oder Court-Bouillon mit Kräutern

Für die Vinaigrette:

2 EL frisch gehackte Kräuter (Zitronenbasilikum, Petersilie, Pimpinelle, Französischer Estragon, Liebstöckel)

1 EL Zitronensaft, 2 EL trockener Weißwein, Salz

frisch gemahlener weißer Pfeffer, 2 EL Walnußöl, 2 EL Olivenöl

Für den Salat:

je 1 Handvoll Feldsalat und junge Kapuzinerkresse

8 Blüten der Kapuzinerkresse

Die Hummer im Salzwasser etwa 12 Minuten kochen. In Eiswasser abschrecken, aber nicht erkalten lassen. Für die Vinaigrette die Zutaten vermengen, das Öl unter-rühren und, wenn nötig, mit Geflügelfond verlängern. Den Salat waschen, trocknen und auf 4 Teller verteilen. Die Hummerschwänze mit einem Messer in Scheiben schneiden, die Scheren anknacken und beides auf dem Salat anrichten. Mit Blüten dekorieren und mit der Vinaigrette übergießen.

MINZESALAT MIT LAUWARMEM ZIEGENKÄSE

250 g Ziegenkäse (Sorte mit Rotschmierrinde), etwas Mehl

Salz, frisch gemahlener weißer Pfeffer

etwas frisch geriebene Muskatnuß, 1 TL Thymianblätter

1 TL gehackte Pfefferminze, 1 Ei, 2 EL Olivenöl

1 kleiner Eichblattsalat, 1 Handvoll frische Pfefferminzblätter

Für die Vinaigrette:

2 EL feingehackte Schalotten, 2 EL gehackter wilder Fenchel

1 feingehackte Knoblauchzehe, einige Tropfen Tabascosauce

Salz, 1 EL Weinessig, 3 EL Olivenöl

Den Käse in 1/2 cm dicke Scheiben schneiden und in Mehl wenden. Durch das mit Salz, Pfeffer, Muskat, Thy-mian und Minze gewürzte Ei ziehen und nochmals in Mehl wenden. Das Öl erhitzen und die Käsescheiben von beiden Seiten knusprig braten. Die Zu-taten für die Vinaigrette mit dem Essig vermengen, zuletzt das Öl unterrühren.

SALAT »MESCLUN«
MIT LAUWARMEM KALBSBRIES

Im Süden Frankreichs ist es üblich, »mesclun« zu verlangen, wenn man einen gemischten Salat möchte, was
nichts anderes bedeutet als »Mischung«.

4 Handvoll gemischter Salat (Eissalat, Radicchio, Frisée, Schnittsellerie und Petersilienblätter)
8 Cocktailtomaten
Für die Vinaigrette:
1 EL gehackte Kräuter (Kerbel, Zitronenverbene, Goldmelisse)
1 TL gehackte grüne Pfefferkörner
1 EL gehackte Frühlingszwiebeln, Salz
1 Messerspitze Zucker, 2 EL entfettete Fleischbrühe
3 EL Sherryessig, 4 EL Olivenöl
Für das Kalbsbries:
250 g Kalbsbries
Salz, frisch gemahlener weißer Pfeffer
30 g Butter, 1 EL Kalbsglace
Außerdem:
4 Wachteleier, 1 TL gehackte grüne Pfefferkörner

Den Salat waschen und trockenschleudern, die Tomaten halbieren. Für die Vinaigrette die Zutaten mit dem
Essig vermischen und zum Schluß das Öl unterrühren.
Das Kalbsbries putzen, kurz blanchieren, würzen und in
der heißen Butter von beiden Seiten braten. Nach etwa
3 Minuten die Glace zugeben und etwas abkühlen lassen. Mit dem Salat auf Teller anrichten und mit Vinaigrette beträufeln. Mit jeweils einem Wachtelspiegelei
garnieren und mit dem gehackten Pfeffer bestreuen.

SALAT VON WILDKRÄUTERN
MIT KANINCHENFILETS

Bei diesem Rezept können die Salatblätter je nach dem
saisonalen Angebot ganz unterschiedlich zusammengestellt werden. Ein Rezept für Kräutersammler.

4 Handvoll Wildkräuter
(Rauke, Brennessel, Löwenzahn, Sauerampfer oder Portulak)
Für die Vinaigrette:
1 Chilischote
1 EL sehr fein gehackte Schalotte
1/2 TL Salz, 1 Prise Zucker, 1 TL Thymian
je 1 EL Rotweinessig und Estragonessig
4 EL Olivenöl
Für die Kaninchenfilets:
300 g ausgelöste Kaninchenfilets
Salz, frisch gemahlener weißer Pfeffer
20 g Butter, 8 Kaninchennieren
1 EL Kalbsglace
Begonienblüten zum Garnieren

Die Kräuter waschen und trocknen. Die Chilischote von
Samen befreien und in dünne Ringe schneiden. Mit der
Schalotte, Salz, Zucker, Thymian und Essig vermengen
und das Öl unterrühren. Die Filets würzen und in der
Butter rundum in 3 bis 4 Minuten saftig braten. Nach der
halben Garzeit die Nierchen und zum Schluß die Kalbs-
glace zugeben. Filets und Nierchen darin etwas
abkühlen lassen. Die Filets noch warm in Scheiben
schneiden und mit dem Salat anrichten. Mit Vinaigrette
beträufeln und mit den Blüten garnieren.

SNACKS UND SUPPEN

Ein Snack ist ein Happen, eine Mini-Mahlzeit – wie der Becher Suppe, der manchem mittags ausreicht. Je kleiner eine Portion jedoch ist, desto schmackhafter und nahrhafter soll sie sein, desto köstlicher mit Kräutern verlocken.

»Petersilie, Suppenkraut / wächst in meinem Garten...« heißt das Kinderlied. Suppenkraut wächst wirklich in jedem Garten, aber es heißt überall anders. Im Norden werden eine Möhre, ein Stück Sellerie und Selleriekraut mit einer Stange Lauch zusammengebunden. In Österreich gibt man die Petersilwurzel dazu. In Frankreich gehören zum Suppen»strauß« je ein Zweig Thymian, Lorbeerblatt und ein grünes Kraut, das zur jeweiligen Suppe paßt. In Ostasien ist es das Zitronengras, und in Italien kann man kaum zwischen Kraut und Kräutern unterscheiden, so üppig fügt sich eins zum anderen. Jede Suppe sollte im Sommer nach dem Schiersten und Schönsten aus dem Kräutergarten duften, sollte ein Saisonkalender der Küche sein. Je feiner der Sud schmecken soll, desto liebevoller wurde einst sein Grün gezogen und mit dem besten Wasser gespeist. Die alten, strengen Brunnenregeln sind im Zeitalter des Wasserhahns fast vergessen, aber wer seinen Garten ummauert, kann das Regenwasser wie in den Klöstern gewinnen: Aus der Regenrinne muß es mit schwachem Gefälle auf den Mauertraufen weiterplätschern, damit es sich üppig mit Sauerstoff anreichern kann; es soll dann im Filter aus Kieselsteinen die letzte Reinigung erfahren und ins Brunnenbecken rinnen, aus dem es geschöpft und morgens aufs Kräuterbeet gebraust wird, auf die Scholle und nicht aufs Blattgrün, damit es keine Flecken gibt. Stehen die Kräuter dazu noch in der ihnen angemessenen Erde, so müßten sie so lieblich süß oder gaumenfrisch bitter schmecken, daß ihnen nur eine Unterlage fehlt. Sie sind selber der Snack. Und weil es gerade bei diesen Appetitbissen auf das Aroma ankommt, wird die Regel der großen Köche eine Selbstverständlichkeit sein: ein einziges Kräuterblatt, ein Zweiglein, kein Gemisch. Vielleicht als Geselle die brave Zwiebel oder eine Knofelzehe, die einem mit ihrer ätherisch warmen Schärfe die Geschmacksknospen aufspringen läßt, so daß ein so starkes Kraut, wie zum Beispiel der Salbei, erst wahrhaft empfunden werden kann. In Wien bäht man sich während der Küchenarbeit ein paar Stückchen Graubrot im sich aufheizenden Rohr, reibt sie dann kräftig mit einer halben Knofelzehe ein, salzt leicht und streut etwas von den Kräutern darauf, die man gleich für die Suppe fein wiegen wird. Dieser Snack ist wohlverdient. In der Schweiz macht man sich happengroße Kräuterbutter-Stüllchen, friert sie ein, backt sie, wenn es einen danach gelüstet, von beiden Seiten in heißer Butter so rasch kroß, daß die Kräuterbutter erst im Munde schmilzt und einen bis unter den Schädel mit Kräuterduft erfüllt.

KNOBLAUCHBROT

Verschiedene Brotsorten mit Butter oder Schmalz dem Gast in einem Restaurant zu servieren, der auf sein Essen wartet, ist ein verbreiteter Brauch. Pikante Varianten als Snack, kleine Vorspeise oder als Beigabe zur Suppe haben die Mittelmeerländer, allen voran die italienische Küche, mit vielzähligen gerösteten würzigen Brotscheiben zu bieten. Geröstetes Knoblauchbrot ist zu einem der bekanntesten »appetizer« geworden. Original wird Landbrot dafür verwendet, doch hat sich heute geröstetes Weißbrot durchgesetzt. Die folgenden Zutaten sind für 1 Portion berechnet.

2 bis 4 Scheiben Weißbrot, je nach Größe
1 Knoblauchzehe, 2 EL Olivenöl extra vergine
Salz, frisch gemahlener weißer Pfeffer

Das Brot grillen und toasten, noch heiß mit der Knoblauchzehe einreiben und mit dem Öl beträufeln. Salzen, pfeffern und sofort servieren. Diese Zubereitung hat zahlreiche Abwandlungen erfahren. Ganz hervorragend schmeckt es so: Pro Portion 2 Knoblauchzehen fein hacken oder durch die Presse drücken, mit 1 TL gehackter Petersilie mischen und auf das frisch getoastete Brot streichen. Mit dem Öl beträufeln, salzen und möglichst heiß servieren. Statt der Petersilie können auch andere Kräuter zugegeben werden, zum Beispiel eine Mischung aus Petersilie, Salbei, Oregano und Thymian.

RAHMSUPPE VON BRUNNENKRESSE

Geröstetes, ofenwarmes Knoblauchbrot paßt auch vorzüglich zu einer frischen Kräutersuppe, wie etwa dieser Rahmsuppe aus Brunnenkresse.

40 g feingehackte Schalotten
60 g Brunnenkresse (ohne Stiele)
30 g Butter
1/2 l Kalbsfond
1/4 l Sahne
2 Eigelbe
1/2 TL Salz
frisch gemahlener weißer Pfeffer
1 Messerspitze Muskat
4 EL geschlagene Sahne

Die Schalotten und die Hälfte der Brunnenkresse in der heißen Butter andünsten. Mit dem Kalbsfond auffüllen und etwa 15 Minuten kochen. Mit einem Pürierstab zerkleinern und durch ein Sieb passieren. Die restliche Kresse mit der Sahne im Mixer fein pürieren und zu der Kräuterbrühe geben. Die Eigelbe verquirlen und die Suppe damit binden, sie darf dann nicht mehr kochen. Mit Salz, Pfeffer und Muskat abschmecken. Zum Schluß die steifgeschlagene Sahne vorsichtig unterziehen, damit die Suppe schön luftig wird. Mit Kresseblättchen garnieren und sofort servieren.

Ohne Antipasti
ist ein italienisches
Essen einfach nicht
komplett. Und die gibt
es in reicher Auswahl,
wobei Kräuter und
Knoblauch eine bedeu-
tende Rolle spielen.

DELIKATE KLEINIGKEITEN

Von gebratenen Kräuter-Oliven bis zu ausgebackenen Salbeiblättern, mit frischen
Kräutern lassen sich auf einfachste Art pikante Häppchen und Snacks zubereiten.

OLIVE FRITTE

Die gebratenen Oliven gehören im Süden Italiens und
Griechenlands zu den beliebtesten Antipasti. Sie werden auch gerne einfach zwischendurch mit frischem
Weißbrot zu einem Glas Wein verzehrt. In Italien werden
die Oliven mit blühendem Oregano (frisch oder
getrocknet) gewürzt, in Griechenland verwendet man
die heimische Oreganoart und gibt meist noch einen
Zweig Rosmarin dazu.

400 g schwarze oder grüne Oliven, 3 Knoblauchzehen

3 EL Olivenöl, 2 bis 3 Zweige blühender Oregano

2 EL Zitronensaft, 6 EL Weißwein

grobgemahlener weißer Pfeffer, 1 TL grobes Meersalz

Die Oliven kurz mit warmem Wasser abbrausen und
sorgfältig trocknen. Die Knoblauchzehen schälen und
in Scheiben schneiden. Das Öl in einer Pfanne erhitzen,
den Knoblauch hell anschwitzen, die Oliven zugeben

und bei reduzierter Hitze unter Bewegung braten. Die
Hälfte des Oregano (Blätter und Blüten) zugeben, mit
dem Zitronensaft und Weißwein aufgießen, mit Pfeffer
würzen und weitergaren, bis die Flüssigkeit zur Hälfte
reduziert ist. Den restlichen Oregano zugeben und vor
dem Servieren das grobe Salz darüberstreuen.

BLÄTTER UND BLÜTEN
IN TEIG GEBACKEN

Die großen Blätter und die Blüten sind es, die man hervorragend in Teig tauchen und ausbacken kann. Sie
lassen sich sowohl zu einem Glas Bier oder Wein servieren als auch zu Fruchtsaft oder Tee, und das natürlich zu jeder Tageszeit. Aber man sollte zu den jeweiligen Getränken auch die passenden Kräuter wählen.
Zu den alkoholfreien können es erfrischende, süßliche
Kräuter sein, zum Beispiel Pfefferminze, Ananassalbei,
Goldmelisse oder Zitronenmelisse. Kräuter mit kräftigem Aroma wie Salbei, Boretsch, Beinwell oder Kapuzi-

nerkresse reicht man schon eher zu Wein oder Bier. Pikante Dips ergänzen die knusprigen Kräuter aufs beste. Gehackte Minze und auch Ananassalbei schmekken übrigens besonders gut, wenn man sie dick mit Puderzucker besiebt.

GRUNDREZEPT AUSBACKTEIG

Leichter wird der Teig, wenn das Eiweiß – halbsteif geschlagen – getrennt vom Eigelb untergerührt wird.

40 g Mehl , 30 g Speisestärke
1/2 TL Salz, 2 EL Wasser, 1 Ei
Außerdem:
Öl zum Ausbacken

Die Zutaten wie in der Bildfolge verarbeiten. Das Öl zum Ausbacken auf 180 °C erhitzen.

INVOLTINI DI SALVIA

Eine besonders delikate Variante der ausgebackenen Kräuter ist diese toskanische Spezialität. Mit ihrer pikanten Füllung passen die Salbeiblätter besonders gut zu einem Glas kräftigem Chianti.

24 Anchovis (gesalzene Sardellen)
24 große Salbeiblätter, Mehl, 1 Ei
Außerdem:
Zahnstocher zum Fixieren, Öl zum Ausbacken

Die Anchovis 1/2 Stunde lang wässern, damit sie nicht zu salzig sind, anschließend zum Trocknen auslegen. Die Salbeiblätter unter fließendem Wasser waschen, trockentupfen, in jedes Blatt eine Sardelle einrollen. Mit einem Zahnstocher durchstechen, in Mehl wälzen, durch das verquirlte Ei ziehen, nochmals in Mehl wälzen und im heißen Öl ausbacken.

Pikanter Dip. Fritierte Delikatessen vertragen sich gut mit dick gehaltenen Saucen, die am besten mit dem amerikanischen Ausdruck »Dip« umschrieben werden. Dafür 70 g Tomaten und 150 g rote Paprikaschoten häuten, die Samen – beziehungsweise auch die Scheidewände – entfernen und das Fruchtfleisch fein pürieren. In einer Schüssel mit 25 g feingehackten Schalotten und mit 10 g feingehackten grünen Peperoni vermengen. Pikant mit 1 Messerspitze gemahlener Chilischote und 1/4 TL Salz abschmecken. Zum Schluß 2 in feine Streifen geschnittene Basilikumblätter zufügen.

Ausbackteig zubereiten und fritieren:

Mehl und Speisestärke mit Salz, Wasser und dem Ei mit einem Schneebesen zu einem glatten Teig schlagen.

Die gewaschenen und gut getrockneten Blätter oder Blüten am Stiel fassen und vorsichtig durch den Teig ziehen.

In dem Öl rundum knusprig braun backen. Herausnehmen und das Fett auf Küchenpapier ablaufen lassen.

LACHS MIT DILLSAUCE
UND KARTOFFELCREPES

Wer möchte, kann dieses ohnehin schon exklusive Gericht noch zusätzlich mit Lachskaviar anreichern.

70 g frischer Lachs, leicht angeräuchert
Für die Kartoffelcrêpes:
2 mittelgroße Kartoffeln, 2 Eier, 40 ml Sahne, 20 ml Milch
Salz, frisch geriebene Muskatnuß, 25 g Butter
Für die Dillsauce:
1/4 l Fischfond, 2 Schalotten
1/8 l Crème fraîche, Saft von 1/2 Zitrone
Salz, Cayennepfeffer, 2 EL gehackter Dill

Den Lachs sehr fein würfeln. Für die Crêpes die Kartoffeln schälen, vierteln und in Salzwasser kochen. Noch heiß durch ein feines Sieb streichen, mit den Eiern, der Sahne und der Milch vermengen sowie mit Salz und Muskat abschmecken. 1 Stunde ruhen lassen. Die Butter in einer flachen Pfanne erhitzen, je etwa 1 EL Kartoffelteig hineingeben und mit dem Löffel zu Crêpes von 5 cm Durchmesser verstreichen. In den auf 200 °C vorgeheizten Ofen schieben und unter Wenden goldgelb ausbacken. Für die Dillsauce den Fischfond auf die Hälfte reduzieren. Die Schalotten schälen, fein schneiden, kurz blanchieren, abtropfen lassen und zum reduzierten Fond geben. Crème fraîche einrühren und mit Zitronensaft, Salz und Cayennepfeffer abschmecken. Zuletzt die Dillspitzen zufügen. Die Dillsauce auf vorgewärmte Teller geben, die Crêpes und den Lachs darauf anrichten und mit einer Dillspitze ausgarnieren.

GALETTE VOM KALBSKOPF
MIT KRÄUTER-PILZ-FÜLLUNG

Der Kalbskopf ist recht »fade« – die Füllung jedoch hat Säure und verlangt kräftiges Würzen.

4 Scheiben Kalbskopf, im Ring gepreßt
Salz, frisch gemahlener weißer Pfeffer
Saft von 1 Zitrone, 1 TL Senf
je 4 TL gehackte Petersilie und Estragon
4 Steinpilze, Brunnenkresse zum Belegen der Galetten
1 Schweinenetz, 2 EL Butter
Für die Petersilien-Vinaigrette:
50 ml Champagneressig, Salz
frisch gemahlener weißer Pfeffer, 300 ml Pflanzenöl
50 g Petersilienpüree (siehe Seite 78)

Die Kalbskopfscheiben salzen, pfeffern, mit wenig Zitronensaft beträufeln, hauchdünn mit Senf bestreichen und mit den Kräutern würzen. Die Steinpilze putzen und – am besten mit einer Aufschnittmaschine – hauchdünn aufschneiden. Die Fleischscheiben auf einer Seite schuppenförmig mit den Pilzscheiben und den Brunnenkresseblättern belegen. Das Schweinenetz gründlich wässern, in vier Teile teilen und die Scheiben darin einwickeln. Die Butter in einer Pfanne erhitzen, die Scheiben einlegen und in den auf 220 °C vorgeheizten Ofen schieben. Unter mehrmaligem Wenden auf beiden Seiten knusprig braun braten. Für die Vinaigrette alle Zutaten verrühren. Die Galetten auf die Teller setzen, mit Brunnenkresse und Radieschenstiften garnieren und mit der Vinaigrette nappieren.

LACHSWÜRFEL MIT KROSSER HAUT AUF BRUNNENKRESSEPÜREE

Brunnenkresse harmoniert bestens mit Lachs, Rotwein bringt einen Farbkontrast auf den Teller.

8 Lachswürfel mit Haut (etwa 3 x 4 cm), Salz
Für das Brunnenkressepüree:
1 kg Brunnenkresse
6 Schalotten, 1 junge Zwiebel
2 EL Butter, 1/4 l Geflügelfond
Salz, frisch gemahlener weißer Pfeffer
Für die Rotweinsauce:
1 Schalotte, 10 ml Rotwein, 50 g kalte Butterwürfel
Für die Garnitur:
16 Kapuzinerkresseblätter, Kapuzinerkresseblüten

Die Lachswürfel auf der Hautseite gitterförmig einschneiden, salzen und auf der Hautseite ohne Fett in einer Pfanne 3 bis 5 Minuten braten. In der Zwischenzeit die Brunnenkresse sorgfältig waschen, blanchieren, in Eiswasser abschrecken und gut ausdrücken. Die Schalotten und die Zwiebel schälen und in feine Würfel schneiden in der Butter ganz leicht angehen lassen. Die Brunnenkresse und den Geflügelfond zugeben und 10 Minuten leicht köcheln lassen. Im Mixer pürieren, salzen und pfeffern. Für die Rotweinsauce die Schalotte klein schneiden, mit dem Rotwein in einen Topf geben, auf etwa 1/3 einkochen lassen und mit der Butter binden. Die Kresseblätter und -blüten auf Teller anrichten, je 2 EL Brunnenkressepüree dazugeben, die Lachswürfel daraufsetzen und mit je 1 EL Sauce garnieren.

KARTOFFELSOUFFLE AUF EINEM SALATBETT VON GLATTER PETERSILIE

Dies ist ein einfaches, bodenständiges Gericht, das als Vorspeise oder Zwischengericht serviert werden kann.

Für das Kartoffelsoufflé:
4 mehligkochende Kartoffeln, 4 Eigelbe, 4 EL Quark
12 EL Sahne, 8 Eiweiße, Salz, frisch geriebene Muskatnuß
Für den Petersilienkranz:
1 Bund glatte Petersilie, 2 Frühlingszwiebeln
250 g Pfifferlinge, 1 EL Butter
16 Scheiben durchwachsener Räucherspeck
Für die Vinaigrette:
1 TL Aceto Balsamico
Salz, frisch gemahlener weißer Pfeffer, 4 EL Olivenöl

Die Kartoffeln kochen, pellen und durch ein Sieb streichen. Die Eigelbe, den abgetropften Quark, die Sahne und die steifgeschlagenen Eiweiße vorsichtig unterheben. Mit Salz und Muskat abschmecken. In gebutterte Souffléförmchen bis daumenbreit unter den Rand einfüllen. Die Förmchen bis zu 2/3 ihrer Höhe in ein 80 °C heißes Wasserbad setzen und 12 bis 15 Minuten bei 180 °C im vorgeheizten Ofen garen. Die Petersilienblätter abzupfen. Die Frühlingszwiebeln fein würfeln. Die Pfifferlinge in der Butter anbraten. Den Speck knusprig braten. Für die Vinaigrette Essig, Salz und Pfeffer vermengen und mit dem Öl verrühren. Petersilie und Zwiebeln anrichten, mit der Vinaigrette beträufeln, Pfifferlinge und je 4 Speckstreifen daraufgeben. Die Soufflés in die Mitte stürzen und sofort servieren.

KERBEL, KRESSE UND SAUERAMPFER

Dies sind die traditionellen Suppenkräuter, die mit möglichst viel Rahm am besten schmecken. Aber man sollte durchaus auch mit anderen Kräutern experimentieren. Zum Beispiel entwickelt der Anisysop oder das Zitronenbasilikum in einer Rahmsuppe einen ganz aparten Geschmack.

KERBEL-RAHMSUPPE MIT KALBSBRIES UND BEINWELL

Eine typische Frühjahrssuppe, da Kerbel und Beinwell im Frühling ihr feinstes Aroma entfalten.

150 g Kalbsbries
1/2 l Salzwasser
Für die Suppe:
1 Handvoll frischer Kerbel
1 Kartoffel
1 l Geflügelfond
Salz, 1/2 TL frisch gemahlener weißer Pfeffer
frisch gemahlene Muskatnuß
200 ml flüssige Sahne
2 Toastbrotscheiben
30 g Butter
2 Beinwellblätter
1 EL Kerbelblätter
50 ml geschlagene Sahne

Das gewässerte Kalbsbries in Salzwasser 10 Minuten pochieren, herausnehmen und abkühlen lassen. Die Haut lösen und die einzelnen Fleischstückchen abzupfen. Den Kerbel waschen, trockentupfen, die Blätter von den Stielen abzupfen – diese zur Seite legen – und fein schneiden. Die Kartoffel schälen und fein würfeln. Den Fond erhitzen, Kerbelstiele und Kartoffelwürfel zugeben und zusammen etwa 20 Minuten köcheln lassen. Die Suppe im Mixer fein pürieren und nach Belieben noch durch ein Sieb passieren. In einen Topf gießen, die gehackten Kerbelblättchen zugeben und erneut aufkochen. Mit Salz, Pfeffer und Muskat kräftig abschmecken. Die Sahne zugießen und die Suppe unter ständigem Rühren aufkochen. Sie sollte danach nicht mehr längere Zeit kochen, da sie sonst ihre Leichtigkeit verliert. Das Toastbrot entrinden, würfeln und in der heißen Butter knusprig braten. Das abgezupfte Kalbsbries zugeben und goldbraun braten. Abschließend die in Streifen geschnittenen Beinwellblätter hinzufügen und zusammenfallen lassen. Die geschlagene Sahne kurz in die Suppe einrühren, sofort in Teller füllen und mit der Briesmischung sowie den Kerbelblättern bestreuen.

Bodenständige Küche verlangt nach den Weinen der Region, und Walter Eselböck offeriert zu seiner Kräuterküche nur die besten Weine seiner burgenländischen Heimat.

BÄRLAUCHCREME
MIT SEESAIBLING UND WILDEM SPARGEL

Eine Kombination von Walter Eselböck mit Kontrapunkten: die kräftige Bärlauchsuppe und die zarten Saiblingsfilets, deren Würzung die Gegensätze gut zusammenbringt.

Für die Bärlauchcreme:
1 Handvoll zusammengedrückte Bärlauchblätter
2 l Salzwasser, 1 l Fisch- oder Kalbsfond
2 bis 3 EL trockener Weißwein
1/2 TL Salz, frisch gemahlener weißer Pfeffer
40 g Butterwürfel
Für die Einlage:
1/2 TL Korianderkörner, 2 Saiblingsfilets
Salz, frisch gemahlener weißer Pfeffer
2 TL Limettensaft
8 kleine Spargelstangen (möglichst wilder Spargel)
40 g Butter zum Braten
Selleriestroh (geraffelter Sellerie, kurz fritiert)

Den Bärlauch waschen, die Stiele abzupfen und die Blätter in kochendem Salzwasser kurz blanchieren. Trockentupfen und im Mixer fein pürieren (wenn nötig, etwas Fond aufgießen). Das Bärlauchpüree mit dem Fond und dem Wein zum Kochen bringen und mit Salz und Pfeffer pikant würzen. Zum Schluß mit den kalten Butterwürfeln aufmontieren, eventuell einen Schuß Sahne zugeben. Für die Einlage die Korianderkörner grob stoßen und ohne Fett in einer Pfanne anrösten. Die Saiblingsfilets von beiden Seiten mit Salz, Pfeffer und dem Koriander würzen und mit Limettensaft beträufeln. Die Filets jeweils zu einer Schlinge formen und zusammen

mit den geputzten Spargelstangen in der heißen Butter braten, wenn nötig nachwürzen. Die Filets mit dem Spargel in die Mitte der Suppenteller setzen und mit der Bärlauchcreme umgießen. Mit Selleriestroh garnieren.

SAUERAMPFER-RAHMSUPPE

Eine echte Frühlingssuppe, für die man aber wirklich nur den wilden Sauerampfer mit seinem kräftigen Geschmack verwenden sollte. Eine delikate Variante gelingt übrigens bestens mit Brunnenkresse.

(ohne Abbildung)
150 g Sauerampfer
1/2 ungeschälte Knoblauchzehe
30 g Butter, 100 g altbackenes Weißbrot
1 l Kalbsfond, 1 EL Noilly Prat
200 ml flüssige Sahne
Salz, frisch gemahlener weißer Pfeffer
100 ml geschlagene Sahne

Den Sauerampfer waschen, trockentupfen und von den Stielen abzupfen. Die Knoblauchzehe andrücken und in der Butter angehen lassen. Das Weißbrot fein schneiden, ebenfalls in den Topf geben und knusprig braten. Herausnehmen und auf Küchenpapier abtropfen lassen. Den Fond, den Noilly Prat und die Sahne zugießen, die Sauerampferblätter zugeben und die Flüssigkeit um 1/3 reduzieren. In einen Mixer gießen, pürieren und durch ein feines Sieb in einen Topf laufen lassen. Mit Salz und Pfeffer abschmecken und erhitzen. Die Sahne unterheben, nochmals erhitzen und mit den separat gereichten Brotwürfelchen servieren.

Für Eckart Witzig-mann beginnt die Qualität einer Suppe schon bei einem guten Grundfond. Natürlich akzeptiert er dafür nur beste, frische Zutaten – vom Fleisch bis zu den Kräutern.

MIT UND OHNE EINLAGE

Mit Kräutern kann man sowohl die Suppe selbst als auch die Einlage würzen, das zeigen die drei Beispiele auf dieser Seite: die cremige Suppe nur aus Petersilie, die Samtsuppe aus einer Kräutermischung und die raffinierten Kräuterschnitten in der Bouillon.

Die Petersilienwurzeln waschen, schälen und klein schneiden. Die Butter in einem entsprechend großen Topf schmelzen, die Petersilienwurzeln zugeben und andünsten. Den Geflügelfond aufgießen und köcheln lassen, bis die Petersilienwurzeln weich sind. Die flüssige Sahne zugießen und unterrühren. Die Suppe im Mixer pürieren und anschließend durch ein Sieb passieren. Die Hälfte der Suppe beiseite stellen. Die Petersilie blanchieren, in Eiswasser abschrecken, ausdrücken und im Mixer sehr fein mixen. Das Petersilienpüree unter die eine Hälfte der Suppe mischen, so daß sie eine schöne grüne Farbe erhält. Die weiße und grüne Suppe nochmals erhitzen und gleichzeitig in Teller gießen. Da sie die gleiche Konsistenz haben, laufen sie nicht ineinander. Der Phantasie sind hinsichtlich der Verzierungen keine Grenzen gesetzt.

ZWEIFARBIGE PETERSILIENSAMTSUPPE

»Dialog von Farbe und Geschmack«, so interpretiert Eckart Witzigmann dieses Rezept. Farb- und Geschmackskontrast sind seine Merkmale. Eine einfache Variante – ebenfalls grün/weiß – ist die Zubereitung mit Blumenkohl und Brokkoli.

600 g Petersilienwurzeln
50 g Butter
1 l Geflügelfond
200 g Sahne
200 g glatte Petersilie

CONSOMME MIT KRÄUTERSCHNITTEN

Consommé ist eine Essenz von der Rinderhesse. Das anfallende Fleisch kann später sehr gut für Salate der Saison – mit Kräutervinaigrette angemacht – verwendet werden. Dazu Kartoffeln servieren.

1 l Rinderconsommé
Für die Milzfarce:
200 g Rindermilz
2 Eigelbe
1/2 Bund feingeschnittene Petersilie
1 Majoranzweig

Salz, frisch gemahlener weißer Pfeffer
1 Prise frisch abgeriebene Zitronenschale
Für die Briesfarce:
250 g Kalbsbries
je 2 EL feingeschnittene Petersilie und Kerbel
Salz, frisch gemahlener weißer Pfeffer
frisch geriebene Muskatnuß
Außerdem:
2 dünne Toastbrotscheiben
2 EL Butter zum Braten

Für die Milzfarce die Milz mit dem Plattiereisen klopfen. Dadurch wird ihre Struktur aufgelockert, so daß sie sich leicht ausschaben läßt. Die Milz am spitzen Ende einschneiden und mit dem Messerrücken ausschaben. In einer großen Schüssel mit den Eigelben, den Kräutern und Gewürzen zu einer glatten Masse rühren. Für die Briesfarce das Kalbsbries mit den Kräutern fein mixen und mit den Gewürzen abschmecken. Die Toastbrotscheiben in der Höhe halbieren, so daß daraus je 2 Hälften entstehen. Jede Hälfte auf der einen Seite mit Milz-, auf der anderen mit Briesfarce bestreichen. Zwei Hälften so übereinanderlegen, daß Milz- und Briesfarce aufeinandertreffen. In einer Pfanne die Butter aufschäumen lassen, die Scheiben einlegen, in den auf 180 °C vorgeheizten Ofen schieben und so lange auf beiden Seiten braten, bis sie eine gute Farbe angenommen haben. In Streifen schneiden, auf Tellern anrichten und mit der heißen Consommé übergießen.

KRÄUTERSAMTSUPPE MIT KALBSBRIES UND PFIFFERLINGEN

Eckart Witzigmann gibt seinen Suppen mit leicht eingekochter und geschlagener Sahne die cremige Bindung.

120 g Kräuter (Kerbel, Estragon, Sauerampfer, Schnittlauch)
300 ml Geflügelkraftbrühe
Salz, Pfeffer, Muskatnuß, 200 g flüssige Sahne
60 g kalte Butter, 100 g geschlagene Sahne
Außerdem:
250 g Kalbsbries, 1 TL Pflanzenöl , 2 TL Butter
120 g geputzte Pfifferlinge, Salz

Die Kräuter waschen und trocknen. Die Blättchen von Kerbel und Estragon abzupfen, die Stiele der Sauerampferblätter entfernen und mit dem Schnittlauch und etwas Brühe im Mixer pürieren. Die restliche Brühe zum Kochen bringen und kräftig abschmecken. Die flüssige Sahne unter ständigem Rühren in die kochendheiße Brühe einlaufen und leicht einkochen lassen. Das Kräuterpüree zugeben und 1 bis 2 Minuten mitkochen. Die leicht cremige Suppe mit der gewürfelten kalten Butter aufmontieren, zuletzt die geschlagene Sahne unterheben. Das Bries in 12 Stücke teilen und im heißen Öl rundum anbraten. 1 TL Butter dazugeben, aufschäumen lassen und die Briesstücke damit nappieren. In einer zweiten Pfanne die restliche Butter schmelzen, die Pfifferlinge darin braten und abschmecken. Kalbsbries und Pfifferlinge in Tellern anrichten und die Suppe einfüllen.

EIER UND KÄSE

Eier und Käse sind kulinarische Geschwister. Die Bindekraft des einen und der cremige Schmelz des anderen erlauben zur Freude der Köche und der Schlemmer fast ungezählte Variationen, denen das richtige Kraut wahrhaften Adel verleihen kann.

Eier und Kräuter gehören zum Frühling. »Im Mayen sollst Du sie schneiden« lautet ein Rat, und in der abendländischen Tradition gehören die Kräuter zum Gründonnerstag und das Ei zur Auferstehung zu Ostern. In den Fastengerichten spielten beide eine große Rolle, und heute sind sie die Stars der leichten Küche, der Küche der Berufstätigen, die weder viel Zeit noch viel Lust zum ausschweifenden Kochen am Abend haben. Ob man nun ein Rührei oder ein Omelett mit Kräutern versieht, man ist gesättigt und zufrieden. Die Kombination von Käse und Kräutern muß ebenso altehrwürdig sein, denn Cornelius Tacitus, der römische Geschichtsschreiber, schrieb von den gerade eroberten Germanen: »Ihre Speisen sind einfach. Baumfrüchte, Wildbret oder geronnene Milch. Ohne Leckerei, ohne Gewürz stillt der Germane seinen Hunger.« Ohne Gewürz jedoch nur im Sinne eines Konsuls, der wie Tacitus an die aberwitzige Verschwendung der Römer im ersten Jahrhundert unserer Zeitrechnung gewöhnt war: Nachtigallenzungen für den Cäsar, Pfauenbrüste für die schlichten Bürger. Unsere Urväter dagegen wohnten im dichten, tiefen Wald, und der war mit all seinen verborgenen Schätzen der Weide- und Erntegrund. Ihr Gewürz waren die Kräuter, die man nicht anbauen oder in Handelsschiffen aus Ägypten oder Mauretanien herbeiholen mußte. Die Frauen und Kinder durchstreiften die Lichtungen und Bachtäler mit Grabstöcken wie eh und je. Und Bärlauch rochen sie sicher so wie wir heute schon von weitem. Ob das, was Tacitus »geronnene Milch« nannte, mehr dem Topfen, also dem Quark entsprach oder der Dickmilch: Minze vom Bach, Nessel vom Waldrand und Kräuter mit längst vergessenen Namen machten sie würzig und gaben eine nahrhafte Speise. Doch die Kräuter passen nicht nur gut zum Käse in fast jeglicher Form. Sie tun ihm schon gut, wenn sie den Kühen oder den Geißen schmecken. Denn nichts macht die Milch so würzig wie die wilden Kräuter des Hochgebirges, die sich das Almvieh den lieben langen Sommer in immer wechselnden Arten und Kombinationen einverleibt.

PETERSILIENRÜHREI MIT FRISCHEN STEINPILZEN UND KRÄUTERN

Eine delikate Kombination, da frische Kräuter sowohl zum Ei als auch zu den Pilzen hervorragend passen.

Für die Steinpilze:
500 g geputzte frische Steinpilze, 30 g Butter
1/2 TL Salz, frisch gemahlener weißer Pfeffer
2 EL gehackte Petersilie
1 EL gemischte gehackte Kräuter (Schnittlauch, Basilikum, Ysop und Thymian)
Für das Rührei:
8 Eier, 4 EL Sahne
1 TL Salz, frisch gemahlener weißer Pfeffer
1 EL gehackte Petersilie, 30 g Butter

Die Steinpilze putzen und in Scheiben schneiden. In einer Pfanne die Butter erhitzen und die Pilze darin 4 bis 5 Minuten dünsten. Salzen, pfeffern und mit den feingehackten Kräutern mischen. Aus der Pfanne nehmen und warm stellen. Für das Rührei die Eier in eine Schüssel schlagen und mit der Sahne, Salz, Pfeffer und Petersilie gut verrühren. Die Butter in einer Pfanne erhitzen und die Eier-Petersilien-Mischung hineingießen. Sobald das Ei zu stocken beginnt, mit der Bratschaufel ständig rühren und zur Mitte schieben, bis es gleichmäßig cremig aussieht und noch feucht glänzt. Wer möchte, kann die Eier auch zu einem Omelett stocken lassen. Die warmen Steinpilze unter das Rührei mischen beziehungsweise das Omelett damit füllen. Sofort servieren. Dazu passen frisches, knuspriges Grau- oder Weißbrot und Feldsalat mit Speck und Schnittlauch.

PETERSILIENRÜHREI MIT WARMEM BÜCKLINGSFILET UND KRÄUTERN

Bei diesem Rezept harmoniert der Rauchgeschmack des Fisches aufs beste mit den Eiern und den Kräutern.

(ohne Abbildung)
1 Rezept Petersilienrührei (siehe links)
2 Bücklinge, 20 g Butter
1 Handvoll Kräuter (Petersilie, Basilikum und Thymian)
Für die Petersilienchips:
1 Petersilienwurzel, Öl zum Fritieren

Die Bücklinge wegen der dünnen Gräten sorgfältig filetieren und in der Butter anbraten. Die frisch gehackten Kräuter darüberstreuen und die Filets darin wenden. Für die Petersilienchips die Petersilienwurzel putzen, in hauchdünne Scheiben schneiden und im heißen Öl knusprig braun fritieren. Die Filets mit den Chips auf Tellern anrichten und mit dem Petersilienrührei servieren.

KRÄUTER-KÄSE-SOUFFLE

Leichter und luftiger kann man Kräuter und Käse eigentlich nicht genießen! Und wer sich an die nebenstehende Bildfolge hält, muß auch nicht befürchten, daß das Soufflé mißlingt. Kräuter und Eier (und Käse) werden unter eine Béchamelsauce gehoben und alles zusammen gebacken. Wie bei allen Teigen, die Eischnee zur Lockerung enthalten, muß man nur das richtige »timing« finden, um den hochempfindlichen Eischnee so unter die Kräuter-Käse-Sauce zu heben, daß er möglichst wenig an Volumen verliert. Am besten wird er, sobald er steif und geschmeidig ist, ohne Verzögerung unter die Masse gehoben.

60 g Butter
30 g Mehl
1/4 l Milch
1/2 TL Salz, frisch gemahlener weißer Pfeffer
etwas geriebene Muskatnuß
4 EL Sahne
5 Eigelbe
je 2 EL gehackte Petersilie und Schnittlauch
je 1/2 EL gehackter Thymian und Majoran
150 g geriebener alter Gouda oder Gruyère
5 steifgeschlagene Eiweiße
Butter zum Fetten der Form

Das Kräuter-Käse-Soufflé, wie rechts beschrieben, zubereiten. Für die angegebenen Mengen benötigt man eine Souffléform von 1 l Inhalt. Bei 180 °C wird das Soufflé 20 Minuten auf der unteren Schiene gebacken, dann 20 bis 25 Minuten bei 200 °C. Es ist fertig, wenn es kräftig gebräunt und hoch aufgegangen ist.

Kräuter-Käse-Soufflé zubereiten:

Die Butter in einer Kasserolle zerlaufen lassen und anschließend das Mehl auf einmal zufügen.

Die Hitze reduzieren und wie bei einer Mehlschwitze mit dem Schneebesen 2 bis 3 Minuten kräftig rühren.

Die Milch nach und nach unterrühren. Würzen, zum Kochen bringen und 15 Minuten köcheln lassen.

Ständig am Topfboden rühren, um ein Ansetzen zu verhindern. Die Sahne zugießen. Vom Herd nehmen.

Die Eigelbe nacheinander unterrühren. Erst wenn ein Eigelb ganz untergemischt ist, das nächste zugeben.

Die Kräuter und den Käse zugeben. Die Masse in eine Rührschüssel umfüllen und etwas abkühlen lassen.

Die steifgeschlagenen Eiweiße mit einem Spatel unter die lauwarme Kräuter-Käse-Masse heben.

Die fertige Masse in die gut gefettete Souffléform füllen und sofort in den vorgeheizten Ofen schieben.

OMELETT MIT BASILIKUM UND ZIEGENKÄSE

Dafür darf der Ziegenkäse schon etwas gereift sein und eine kräftige Rotschmiere haben, damit das Omelett auch entsprechend pikant schmeckt. Auch andere würzige Käsesorten wie Edelpilzkäse, Appenzeller oder einen reifen Camembert kann man dafür verwenden, die dann mit kräftig schmeckenden Kräutern wie Thymian oder Liebstöckel kombiniert werden.

(für 1 Portion)
2 Eier
1/4 TL Salz, frisch gemahlener weißer Pfeffer
100 g Ziegenkäse
1 EL grobgeschnittenes Basilikum
30 g Butter

Die Eier in eine Schüssel schlagen, salzen und pfeffern und gut verquirlen. Den Ziegenkäse in Würfel schneiden und zusammen mit dem Basilikum unter die Eier mischen. Die Butter in einer Pfanne erhitzen, die Mischung hineingießen und die Hitze etwas reduzieren. Das Omelett langsam fest werden lassen, eventuell noch wenden und auf dieser Seite ebenfalls kurz braten. Mit einem frischen Salat servieren.

SCHAFKÄSE IN KRÄUTER-OLIVENÖL

Die Kräuter in Kombination mit einem würzigen Olivenöl verleihen dem Schafkäse einen besonders kräftigen Geschmack und machen ihn zudem einige Zeit haltbar.

(im großen Bild hinten)
4 frische Schafkäse (je 120 g)
1/2 TL schwarze Pfefferkörner
1/2 TL weiße Pfefferkörner
1/2 TL Koriandersamen
2 Zweige Thymian
4 Lorbeerblätter
4 Stiele Fenchelgrün
2 Zweige Rosmarin
2 Zweige Sommerbohnenkraut
1 bis 2 l Olivenöl

Die Schafkäsestücke, Gewürze und Kräuter abwechselnd in ein verschließbares Glas schichten und mit dem Olivenöl übergießen. Das Glas verschließen und den Käse 3 bis 4 Wochen im Öl ziehen lassen, damit er den Geschmack der Gewürze und Kräuter annimmt.

Mit Kräutern in Öl eingelegt – so läßt sich nicht nur der nebenstehende Schafkäse, sondern auch Ziegenkäse verfeinern und konservieren.

PIKANT GEBACKEN MIT KRÄUTERN

Sie sind ein ideales Würzmittel für Quiches, und der Duft von Oregano ist geradezu das Erkennungsmerkmal für frisch gebackene Pizzen.

KLEINE KRÄUTERQUICHES

Der aromatische Kreta-Majoran schmeckt zusammen mit Basilikum und dem scharfen Sommerbohnenkraut besonders gut in diesen Quiches.

(für 8 Quiches, à 12 cm Durchmesser)
Für den Teig:
200 g Grahammehl
100 g gewürfelte Butter
1/4 TL Salz
4 EL Wasser
Für die Füllung:
200 g durchwachsener Räucherspeck
150 g frisch geraspelter Emmentaler
4 Eier
1/4 TL Salz
frisch gemahlener Pfeffer
4 EL gehackte frische Kräuter (Kreta-Majoran, Basilikum, Sommerbohnenkraut)
1/4 l Sahne

Aus den angegebenen Zutaten einen Mürbeteig kneten und im Kühlschrank 1 Stunde ruhen lassen. Den Teig etwa 3 mm dick ausrollen, die Förmchen damit auslegen – ohne diese vorher zu fetten; der Teig enthält genug Fett – und dabei den Rand gut andrücken. Die Füllung wie in der Bildfolge zubereiten und einfüllen.

Quichefüllung zubereiten:
Den in kleine Würfel geschnittenen Räucherspeck in eine Schüssel geben und den Käse sowie die Eier zugeben.

Würzen, die gehackten Kräuter gleichmäßig untermischen und zum Schluß die Sahne zugeben.

Mit einem Schneebesen alle Zutaten kurz verrühren, aber nicht schlagen, damit sich die Masse nicht grün verfärbt.

In die Förmchen füllen, die Oberfläche glattstreichen. Bei 200 °C im vorgeheizten Ofen 20 bis 25 Minuten goldbraun backen.

Die sizilianische Sfincione ist eine Pizza, deren Geschmack vom unvergleichlichen Aroma des Oregano dominiert wird, der in den Bergen Siziliens gedeiht. Traditionsgemäß wird sie in einem alten Steinbackofen gebacken. Das knusprige Gebäck ist ein »Arme-Leute-Essen«, das unzählige Varianten des Belags und vor allem der Würzung zuläßt. Die Grundzutaten bleiben aber immer die gleichen.

GRUNDREZEPT PIZZATEIG

300 g Mehl, 20 g Hefe
1/8 l lauwarmes Wasser
1/2 TL Salz
2 EL Olivenöl

Das Mehl in eine Schüssel geben und in die Mitte eine Mulde drücken. Die Hefe mit lauwarmem Wasser auflösen, in die Mehlmulde gießen und mit wenig Mehl bestauben. Die Schüssel mit einem Tuch bedecken und den Ansatz an einem warmen Ort gehen lassen, bis die Oberfläche Risse zeigt. Das Salz mit dem Öl zugeben und verrühren. Die Zutaten auf einer bemehlten Arbeitsfläche zu einem glatten Teig kneten und nochmals zugedeckt aufgehen lassen. Den Teig ausrollen – egal, ob rund oder im ganzen auf dem Backblech, der Rand muß immer etwas dicker sein –, die Fläche mit einer Gabel mehrmals einstechen und belegen. Je einfacher der Belag einer Pizza ist, desto stärker kommt das Aroma zur Geltung. Deswegen sind es auch die ganz simplen Pizzen, mit nur 2 bis 3 verschiedenen Zutaten als Belag, die besonders gut schmecken. Die fertig belegte Pizza im vorgeheizten Ofen bei 220 °C in etwa 25 Minuten knusprig braun backen.

PIZZA AGLIO E OLIO

Der Knoblauch bestimmt hier eindeutig das Aroma. Für 2 Pizzen – von je 30 cm Durchmesser nach dem obigen Grundrezept – mindestens 4 gehackte Knoblauchzehen auf dem Teig verteilen, mit Salz und Pfeffer würzen, eventuell einen Hauch gerebelten Oregano darüberstreuen und mit reichlich Olivenöl beträufeln.

PIZZA MARGHERITA

Die inzwischen berühmte Kombination von Tomaten, Käse und Basilikum ist einfach, aber raffiniert. Für das obige Grundrezept braucht man 800 g Tomaten, 250 g Mozzarella und 30 g Basilikumblätter. Salz, Pfeffer und natürlich reichlich Olivenöl runden den Belag ab.

PASTA, REIS, KARTOFFELN

Sie sind die Säulen der Küche. Wer sie im Hause hat, dem kann nichts passieren. Kann man eine klassische Beilage besser zubereiten als mit nur einer einzelnen Zwiebel unterm Messer und Kräutern im Topf?

Es gibt Inseln im Mittelmeer, die man, wie Kaufleute oder Reisende in den langsameren Segelschiffen bemerkten, schon von weitem riechen kann. Die Sonne steht über Rosmarinbüscheln und Quendelteppichen, und der Duft weht warm und voll übers Meer. Wer in dieser Luft aufwächst, dem gerät alles von ganz allein aromatischer, denn die Kräuter des Mittelmeeres brauchen sich nicht nach der Sonne zu recken und zu strecken, so daß die ganze Kraft schon zum Schießen verbraucht ist, ehe sie an die Aromaproduktion gehen können. Wenn sich die ersten Blätter entfalten, ist die Sonne schon da, alle ätherischen Öle bleiben konzentriert in den kleinen, warmen Blättern. Ein Zweiglein davon mit der Butter in der Pfanne schmelzen lassen und in dieser Kräuterbutter die fertigen Spaghetti wälzen – mehr muß man gar nicht tun. Im Mittelalter war Venedig einer der wichtigsten Umschlagplätze auch für die noch unbekannten Gemüsepflanzen und Kräuter aus dem Fernen und Mittleren Osten. Und damit Samen oder Stauden nicht eingingen, bekamen sie in den geheimen Gärten der Stadt eine Zwischenheimat, wuchsen dort im Schatten der hohen Efeumauern zwischen Putten und winzigen Brunnen und konnten wie in einem Warenhaus besichtigt und eventuell erworben werden. Damals wird man auch immer wieder verglichen haben, wie verschieden sich Kräuter beim Kochen verhalten haben, wie rasch das erste Grün mancher im Sud vergeht, wie stark andere wirken, auch wie sie den Appetit reizen und aufblühen lassen. Alle Länder des Mittelmeeres sind mit ihren vielen, wirklich reifen Gemüsen, dem warmen Klima und dem damit verbundenen Verlangen nach leichter Küche ein ideales Experimentierfeld für den Umgang mit jeglichen Kräutern gewesen. Wer weiß, wie viele Händler aus dem Norden sich gebückt und das neue Aroma der Kräuter in Venedig geprüft haben, was weiter über die Alpen reiste und was in Venedig blieb. Die einheimischen Beilagen, Nudeln und Reis mit ihren kurzen Garzeiten und ihrem neutralen Eigengeschmack, der nur aus erwartungsvoller Milde besteht, waren von Anfang an ideale Partner für die feinsten Kräuter. Pinien- und Olivenöl rundeten das Ganze ab. Und diese Allianz aus Sanft und Würzig färbte auf die Gerichte mit der Knolle aus Amerika ab, auf die Kartoffeleintöpfe und -teige. Denn auch der Erdapfel ist nichts als mehlige Grundsubstanz, die zum Umhüllen und Geschmack zu tragen bereit ist. Ob Gnocchi oder Nockerln aus Kartoffeln, Grieß oder griffigem Mehl bestehen, ihr Teig nimmt gern Kräuter auf, zeigt dann ebensogern das Grün, daß so gut zum Rot der Tomaten paßt. Und – was wichtiger ist – schützt die Kräuter vorm Auslaugen, indem er sich selber damit würzt. Zur Zeit unserer Großeltern hat man viel wagemutiger Kartoffeln und Kräuter kombiniert. Man hat sie gestobt, daß heißt, gestaubt, also leicht mit Mehl bestaubt, und mit Schalotten oder Sellerieherzblättern, mit Sardellen und Petersilie gekocht, mit Dill und Rahm, mit einer Mischung aus Basilikum, Petersilie und Dragon, wie man damals Estragon nannte, auch mit Pfefferminze oder schlicht mit Schnittlauch bestreut. Die kulinarische Grenze, die anzeigt, wie weit man Kräutern die Tortur des Kochens zumuten kann, ist bei diesen Topfgerichten immer fast erreicht, ist reine Tradition und Fingerspitzengefühl – genauso wie bei der gerösteten Petersilie, die so gut wie nichts anderes ein Kartoffelmus krönen kann.

TAGLIATELLE
MIT TOMATEN-KRÄUTERSAUCE

Die Kombination von Knoblauch, frischen Kräutern und Tomaten ist nicht nur typisch italienisch, sondern ganz einfach das Beste, was man über Nudeln geben kann. Dabei ist es noch ganz einfach zuzubereiten, wenn die Tomaten reif und die Kräuter frisch aus dem Garten oder vom Markt kommen.

400 g Tagliatelle oder Fettuccine
Salzwasser, 3 EL feines Olivenöl
40 g feingehackte Zwiebeln
2 feingehackte Knoblauchzehen
250 g Tomaten, 2 gesalzene Sardellenfilets
2 EL trockener Weißwein
1/2 Tl. Salz, frisch gemahlener weißer Pfeffer
3 EL gehackte Kräuter (Petersilie, Basilikum, Oregano, Salbei und Thymian)
80 g geriebener Parmiggiano

Die Nudeln in sprudelndem Salzwasser »al dente« kochen, abgießen und auf einem Sieb ablaufen lassen. Das Olivenöl in einer entsprechend großen Pfanne erhitzen, die Zwiebeln und den Knoblauch darin hell angehen lassen. Die Tomaten kurz blanchieren, die Haut abziehen, halbieren und die Kerne entfernen. Das Fruchtfleisch in Würfel schneiden und zusammen mit den gehackten Sardellenfilets zu den Zwiebelwürfeln geben. Den Wein zugießen und etwa 5 Minuten schmoren lassen, salzen und pfeffern. Die gehackten Kräuter zugeben und weitere 5 Minuten schmoren. Die Nudeln vorsichtig unter die Sauce mischen, alles zusammen nochmals erwärmen. Mit dem geriebenen Käse bestreuen, leicht untermischen und servieren.

Wer möchte, kann dieses Grundrezept noch mit verschiedenen Zutaten variieren. Für »Spaghetti alla vongole« werden etwa die Bandnudeln durch Spaghetti ersetzt, der Weißweinanteil wird auf 1/8 l erhöht. In dieser Mischung werden dann 800 g frische Vongoli (Herzmuscheln) mitgegart, bis sie sich geöffnet haben. Auch diese Variante wird mit geriebenem Käse serviert.

KRÄUTER ZWISCHEN HAUCHDÜNNEM NUDELTEIG

So schmecken die Nudeln nicht nur besser, sie sehen auch ganz besonders hübsch aus. Es macht richtig Spaß, immer neue Muster mit jeweils anderen Kräutern zu erfinden, denn jedes »Muster« hat seinen eigenen Geschmack.

Die Prozedur ist ganz einfach: Die Kräuterblätter zwischen dünn ausgewellten Nudelteig legen, und diesen dann so dünn wie möglich ausrollen. Dadurch bekommen die Blätter ganz ungewöhnliche, skurrile Formen. Nun könnte man das natürlich auch per Hand mit dem Rollholz machen, aber das wäre doch sehr mühsam. Wesentlich einfacher geht es mit einer Nudelmaschine. Man rollt erst einen Streifen von etwa 0,5 bis 0,6 mm Stärke aus, belegt diesen mit den Kräuterblättchen und deckt ihn mit einem zweiten Teigstreifen ab. Damit die Blätter gut haften, muß der Teig ganz frisch sein. Sobald er abzutrocknen beginnt, ganz leicht mit Wasser besprühen. Diesen mit Blättern gefüllten Teig nochmals bei gleicher Stärke durch die Maschine laufen lassen. Da der Teigstreifen nur in eine Richtung gedreht wird, werden die ganz feinen Abstände auseinandergerissen und zu mehr als der doppelten Länge gestreckt. Dadurch entstehen die originellen Muster.

GRUNDREZEPT NUDELTEIG

Die Mehlqualität bestimmt die Konsistenz des Teiges. Hartweizenmehl oder -grieß ist am besten.

225 g Mehl
2 Eier, 1 Eigelb
1/2 TL Salz

Den Teig, wie in der Bildfolge beschrieben, zubereiten. Diese Kräuternudeln, vor allem die mit gehackten Kräutern im Teig, kann man in alle möglichen Größen und Formen schneiden. Bei den größeren Quadraten oder Rechtecken kommen die Kräutermuster allerdings am besten weg.

QUADRUCCI IN BRODO

In Italien serviert man die Kräuternudeln in feiner Fleischbrühe vom Huhn oder Rind.

50 g Möhren
50 g Stangensellerie
1 l Fleischbrühe
16 bis 20 Nudelquadrate mit Kräutern
1 EL gehackte Kräuter (Petersilie und Schnittlauch)

Die Möhren in feine Stifte, den Sellerie klein schneiden und in etwa 1/4 l der Brühe »al dente« kochen. Den Rest der Brühe zugießen, einmal aufkochen und die in Salzwasser gegarten Nudeln einlegen. Langsam erhitzen und mit den Kräutern servieren.

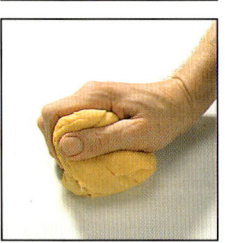

Nudelteig zubereiten und verzieren:
Das Mehl auf eine Arbeitsfläche sieben und in die Mitte eine Mulde drücken. Eier, Eigelb und Salz zugeben. Von der Mitte aus vermischen, bis das Mehl ganz untergearbeitet ist. Den Teig kneten, bis er glatt und elastisch ist, nach Bedarf noch Mehl oder Wasser zufügen. In Folie wickeln und 1 Stunde ruhen lassen.

Den entspannten Teig in kleinen Portionen mit der Nudelmaschine dünn zu Streifen auswalzen.

Die Teigstreifen möglichst dicht mit den Blättern belegen, einen zweiten Streifen darüberlegen und fest andrücken.

Die gefüllten Teigstreifen nochmals durch die Walzen geben. So werden sie zu mehr als der doppelten Länge ausgerollt.

GNOCCHI MIT WILDKRÄUTERN

800 g gemischte Salatkräuter (Löwenzahn, Brennessel, Sauerampfer, Endivie, Fenchel)

300 g Ricotta, 100 g frisch geriebener Pecorino

1 Ei, 100 g frisch geriebener Parmesan

1/2 TL Salz, frisch gemahlener weißer Pfeffer

frisch gemahlene Muskatnuß, 120 g Mehl

100 g Butter, 50 g gehobelter Parmesan

Die Kräuter in einem großen Topf mit wenig Wasser garen, bis sie weich sind. Abtropfen lassen und abtrocknen. Fein hacken und in eine Schüssel geben. Ricotta, Pecorino, Ei und Parmesan untermischen. Mit Salz, Pfeffer und Muskat abschmecken. Die Hände mit Mehl bestauben, aus der Masse ovale Klößchen von etwa 3 cm Durchmesser formen und leicht in Mehl wälzen. In einem großen Topf Salzwasser zum Kochen bringen. Die Klößchen in kleinen Portionen in das kochende Wasser geben. Sobald sie aufsteigen, mit einem Schaumlöffel herausheben, abtropfen lassen und warm halten, bis alle fertig sind. Die Butter in einem kleinen Topf zerlassen. Die Gnocchi mit dem gehobelten Parmesan bestreuen und die zerlassene Butter darüberträufeln. Sofort servieren.

KRÄUTER-TÄSCHCHEN AUS LIGURIEN

Die »Pansoòti«, wie man sie in dieser Region nennt, werden im Frühling mit den wilden Kräutern Liguriens gefüllt: mit Löwenzahn, Sauerampfer, Boretsch, Kerbel, wildem Chicorée und Fenchel sowie mit Rocambolen, den feinen wilden Zwiebeln.

Für die Füllung:

250 g frische, gemischte Wildkräuter, 250 g junger Spinat

100 g frischer Ricotta , 80 g geriebener Parmesan

1 Ei, 1 EL feingehackte Schalotten

1 feingehackte Knoblauchzehe, 1/2 TL Salz

frisch gemahlener weißer Pfeffer

Für die Sauce:

250 g Walnußkerne, 50 g altbackenes Weißbrot

100 ml Milch, 1/2 TL Salz, 1 Knoblauchzehe

4 EL feines Olivenöl, 40 g geriebener Parmesan

4 EL Joghurt, 6 EL Milch

Für den Nudelteig:

400 g Mehl, 1 Ei, 1 TL Essig, 6 bis 8 EL Wasser

Für die Garnitur:

50 g Butter, 1 EL gehackte Wildkräuter

geriebener Parmesan

Für die Füllung Kräuter und Spinat blanchieren und ausdrücken. In einem Mixer oder einer Küchenmaschine zu einer weichen, grünen Paste zerhacken. Käse, Ei, Schalotte und Knoblauch untermischen und mit Salz und Pfeffer pikant abschmecken. Für die Sauce die Nüsse kurz in kochendem Wasser blanchieren und anschließend die Haut ablösen. Das Weißbrot in Milch einweichen und ausdrücken. Nüsse, Brot, Salz und die gehackte Knoblauchzehe im Mörser verreiben und, wenn nötig, durch ein nicht zu feines Sieb passieren. Nach und nach das Olivenöl einlaufen lassen und gut mit der Mischung verrühren. Parmesan zugeben und zum Schluß Joghurt und Milch unterrühren. Für den Teig das Mehl auf eine Arbeitsfläche sieben und in die Mitte eine Vertiefung drücken. Das Ei, den Essig und zunächst nur die Hälfte des Wassers hineingeben und

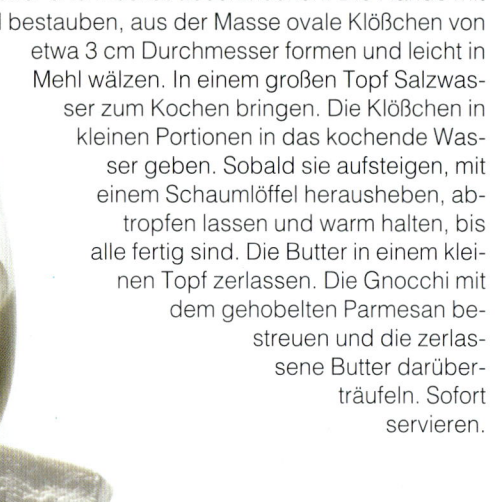

alles zu einem geschmeidigen Nudelteig verkneten. Wenn nötig, das restliche Wasser zusetzen. Zugedeckt 1 Stunde ruhen lassen. Dünn ausrollen, in Quadrate von etwa 5 cm schneiden. Die Füllung auf der Hälfte der Quadrate verteilen. Die Ränder mit Wasser befeuchten, jeweils ein zweites Teigquadrat darüberlegen und die Ränder fest andrücken, damit beim Garen keine Füllung austreten kann. In kochendem Salzwasser etwa 4 bis 5 Minuten garen, abgießen und auf Teller anrichten. Die Butter leicht bräunen, die gehackten Kräuter zugeben und über die Pasta träufeln. Mit dem Parmesan und der Walnußsauce servieren.

KRÄUTER-RAVIOLI AUF PETERSILIENSAUCE MIT SAUTIERTEN STEINPILZEN

Ein einfaches vegetarisches Gericht, das am besten auf Vorrat zubereitet und eingefroren wird.

Für den Nudelteig:
800 g Weizenmehl, 400 g Hartweizengrieß
15 Eigelbe, 2 EL Olivenöl
1 Prise Salz, Eigelb zum Bestreichen
Für die Kräuterfüllung:
je 1 Bund Kerbel und Petersilie
1/2 Bund Schnittlauch
250 g weiches Kartoffelpüree (mit 50 g Butter)
50 g geröstete Croûtons aus 1 hauchdünnen Brotscheibe
Für die Petersiliensauce:
3 Bund Petersilie, 1/4 l Geflügelfond, 1/8 l Champagner
10 g kalte Butter, 1/2 EL geschlagene Sahne

Für die Steinpilze:
200 g Steinpilze, 1 bis 2 EL Olivenöl
1 Spritzer Zitronensaft, Salz
1/2 Knoblauchzehe

Alle Zutaten für den Nudelteig verkneten. Eine Kugel formen, in Klarsichtfolie einpacken und 2 bis 3 Stunden kühl stellen. In der Zwischenzeit die Füllung zubereiten. Dafür die Kräuter ganz fein schneiden, mit dem Kartoffelpüree und den Croûtons vermischen. Den Nudelteig auf einer bemehlten Arbeitsfläche zu einem langen Rechteck ausrollen. Die Hälfte der Teigplatte quer markieren und mit Eigelb bestreichen. Im Abstand von 5 cm kleine Häufchen von der Füllung aufsetzen; dies kann mit zwei Teelöffeln oder mit dem Spritzsack erfolgen. Mit der zweiten Teighälfte bedecken und mit einem glatten oder gezackten Ausstecher von 5 cm Durchmesser oder einem entsprechend großen Weinglas Kreise ausstechen. Mit einem etwas kleineren Ausstecher die Ränder aufeinanderdrücken, so daß die Füllung beim Garen nicht herauslaufen kann. In kochendes Salzwasser einlegen und 3 bis 4 Minuten kochen. Für die Sauce die Petersilie blanchieren, im Mixer pürieren und durch ein Sieb streichen. Den Geflügelfond auf die Hälfte einreduzieren, den Champagner zugießen und einmal aufkochen lassen. Die Petersilie zufügen, mit dem Mixstab aufmischen, die kalte Butter einmontieren und zuletzt die Schlagsahne unterheben. Sofort als Spiegel auf vorgewärmte Teller gießen und die Ravioli aufsetzen. Die Steinpilze putzen, größere Stiele oder Kappen in Scheiben schneiden, kleinere Kappen können ganz bleiben. In Olivenöl anbraten, mit Zitronensaft, Salz und einem Hauch Knoblauch abschmecken und um die Ravioli herum anrichten.

RISOTTO MIT KRÄUTERN

Kräuter, gleichgültig ob als Einzelgewürz oder als Mischung, sind ideal geeignet, um einen Risotto zu würzen, wie die Rezepte auf dieser Seite beweisen. Soll der Risotto einen kräftigen Kräutergeschmack und eine ebensolche Farbe bekommen, dann müssen die Kräuter gleich nach dem Reis in den Topf. Soll das Aroma zart und verhalten sein, dann kommen die Kräutlein erst nach dem Garen, beim Würzvorgang mit Salz und Pfeffer dazu.

RISOTTO MIT WILDKRÄUTERN

Im Frühling, wenn die Brennesseln, der Löwenzahn und der Bärlauch noch jung und zart sind, schmeckt dieser Risotto am besten. Dann müssen die Kräuter vorher auch nicht blanchiert werden. Eine besondere Note erhält der Risotto, wenn man die Zwiebeln durch delikate Rocambolen ersetzt.

4 EL feines Pflanzenöl
50 g feingehackte Rocambole (mit Grün)
1 feingehackte Knoblauchzehe
100 g junger Spinat
100 g Wildkräuter (Brennessel, Löwenzahn, Bärlauch)
2 EL Weißwein
400 g Arborio-Reis, 1 1/2 l warmer Kalbsfond
1/2 TL Salz, frisch gemahlener weißer Pfeffer
100 g frisch geriebener Parmesan, 40 g Butter

Das Öl in einem entsprechend großen Topf erhitzen, die Rocambole und den Knoblauch darin hell anschwitzen. Den gewaschenen und gehackten Spinat sowie die Kräuter zugeben, den Weißwein zugießen und alles zusammen 1 bis 2 Minuten dünsten. Den Reis zufügen und glasig dünsten. Mit der Hälfte des Kalbsfonds aufgießen und bei offenem Topf und Mittelhitze kochen, bis die Flüssigkeit vom Reis vollständig aufgenommen ist. Nach und nach den Rest des Fonds zugießen, bis auch er immer aufgesogen und der Reis schließlich weich ist. Mit Salz und Pfeffer abschmecken. Den geriebenen Käse darüberstreuen, die Butter in Flocken daraufsetzen und den Topf schließen. Einige Minuten ziehen lassen, bis die Butter zerlaufen ist. Den Topf öffnen und erst dann den Risotto kurz durchrühren und servieren.

RISOTTO MIT BASILIKUM

Ein gutes Beispiel für einen feinen Risotto, der nur von einem einzigen Kraut seinen Geschmack bekommt, abgesehen vom Knoblauch, der aber ohnehin mit dem Basilikum bestens harmoniert.

2 EL Olivenöl
40 g Rindermark
40 g gehackte Schalotten
2 zerdrückte Knoblauchzehen
400 g Vialone-Reis
1/8 l trockener Weißwein (Pinot Grigio)
knapp 1 1/2 l warmer Geflügelfond
1/2 TL Salz
frisch gemahlener weißer Pfeffer
50 g Basilikum
je 50 g alter Pecorino und Parmesan
50 g Butter

Das Olivenöl und das gehackte Rindermark in einem entsprechend großen Topf erhitzen und die Schalotten und den Knoblauch darin sehr hell anschwitzen. Den Reis zugeben und bei guter Hitze unter ständigem Rühren kräftig anbraten. Mit dem Wein ablöschen. Ist der Wein fast vollständig verdampft, die Hälfte des Geflügelfonds aufgießen. Die Hitze reduzieren und den Reis bei Mittelhitze und offenem Topf kochen, bis die Flüssigkeit fast ganz vom Reis aufgenommen ist. Nach und nach den restlichen Fond zugießen und weiter köcheln lassen, bis der Reis weich ist und der Risotto die gewünschte Konsistenz erreicht hat. Mit Salz und Pfeffer abschmecken. Das Basilikum waschen, mit Küchenpapier trockentupfen, die Blätter von den Stielen rebeln und fein hacken. Zum Risotto geben, mit dem frisch geriebenen Käse bestreuen und die Butter in Flöckchen daraufsetzen. Den Deckel aufsetzen und den Topf erst wieder öffnen, wenn die Butter zerlaufen ist – das dauert einige Minuten. Den Risotto kurz durchrühren und servieren.

KARTOFFELTEIG

Die feine Küche verwendet Kartoffelteig
nicht nur für Kroketten. Eckart Witzigmann macht's vor, wie man kreativ mit
Kartoffelteig umgeht und mit frischen
Kräutern würzt.

GRUNDREZEPT KARTOFFELTEIG

Mehligkochende Kartoffeln sind eine wichtige Voraussetzung. Nach dem Garen müssen sie gut ausdamp-
fen, damit die Masse trocken wird.

500 g Kartoffeln
100 g Kartoffelstärke
3 Eigelbe
50 g Beurre noisette
frisch geriebene Muskatnuß
Salz, frisch gemahlener weißer Pfeffer

Die Kartoffeln schälen, würfeln und in reichlich Salzwasser gar kochen, durch ein Sieb streichen und das Püree
mit den restlichen Zutaten zu einem homogenen Teig
verrühren, etwa 1 Stunde ruhen lassen. Anschließend
läßt sich der Kartoffelteig auf einer bemehlten Arbeitsfläche mühelos ausrollen und formen.

Gefüllte Kartoffelknödel:

Pro Knödel 3 Basilikumblätter überlappend auslegen,
etwas Füllung daraufgeben,
in die Blätter einschlagen.

Aus dem Kartoffelteig
Kreise mit 5 cm Durch-
messer formen und die
Füllung in die Mitte setzen.

Die schön rund geformten
Knödel in verschlagenem
Eigelb wenden, sie sollen
rundum benetzt sein.

Anschließend in den
Weißbrotbröseln rollen.
Den Vorgang (Eigelb und
Brösel) wiederholen.

KARTOFFELKNÖDEL, MIT MOZZARELLA
UND BASILIKUM GEFÜLLT

Beste Mozzarella-Qualität ist Voraussetzung für dieses
Rezept. Es sollte möglichst Büffelkäse sein.

1 Grundrezept Kartoffelteig (siehe links)
Für die Füllung:
18 Basilikumblätter
150 g Mozzarella
Salz, frisch gemahlener weißer Pfeffer
1/2 EL Pesto (siehe Seite 76/77)
Für die Panade:
1 Eigelb, Weißbrotbrösel
Außerdem:
Öl zum Fritieren
Cocktailtomaten, 1 EL Basilikumpüree, Olivenöl
Basilikumblätter zum Garnieren

Den Kartoffelteig zubereiten und kalt stellen. Für die Füllung die Basilikumblätter waschen und abtropfen lassen. Den Mozzarella fein würfeln, mit Salz und Pfeffer
abschmecken und mit dem Pesto vermengen. Die Knödel formen und panieren, wie links beschrieben. In
kochendes Salzwasser einlegen und 6 Minuten garziehen lassen (nicht mehr kochen), herausheben und
abtropfen lassen. Anschließend im auf 180 °C erhitzten
Öl in etwa 4 Minuten schön braun fritieren. Auf Tellern
anrichten. Die Cocktailtomaten waschen, vierteln, ent-
kernen und im Kreis um je einen Knödel legen. Das
Basilikumpüree mit etwas Olivenöl verrühren und über
die Tomaten träufeln. Mit Basilikumblättern garnieren.

BLUT- UND LEBERWURSTKNÖDEL
MIT MAJORANSAUCE

Majoran ist eine fantastische Ergänzung zu diesen sehr deftigen Wurstfüllungen.

1 Grundrezept Kartoffelteig (siehe linke Seite)
Für die Füllungen:
je 1 Blut- und Leberwurst (je 200 g), 30 g Butter
4 EL Sahne, Salz, frisch gemahlener weißer Pfeffer
etwas Abgeriebenes von 1 Zitrone
1 EL Petersilie, Croûtons von 1 Scheibe Toastbrot
Für die dunkle Majoransauce:
1 Schalotte, 10 g Butter, 1 Spritzer Aceto Balsamico
1/4 l Kalbsjus, 1 TL Majoranblätter
Für die helle Majoransauce:
1/4 l Geflügelfond, 1/8 l Sahne
1 TL Majoranblätter, 1 TL Crème fraîche

Die Wurstmassen getrennt in Butter anbraten. Vom Herd nehmen und jeweils die Hälfte der restlichen Zutaten einarbeiten. Erkalten lassen, je 4 Knödel in Kartoffelteig hüllen und (wie links) garziehen lassen. Für die dunkle Majoransauce die Schalotte fein würfeln, in der Butter angehen lassen, mit Aceto Balsamico ablöschen, mit Kalbsjus aufgießen und auf die Hälfte reduzieren. Die Majoranblätter zugeben und abschmecken. Für die helle Sauce den Geflügelfond fast ganz reduzieren, die Sahne zugießen, Majoran und Crème fraîche unterheben. Mit beiden Saucen einen Spiegel auf vorgewärmte Teller gießen, die Knödel daraufsetzen und mit in Butter gebräunten Weißbrotbröseln bestreuen.

SPINATGNOCCHI MIT AUSGEBACKENEN
SALBEIBLÄTTERN UND SALBEIBUTTER

Typisch italienisch! Dieses bürgerliche Gericht kann auch als Beilage serviert werden.

Für den Gnocchiteig:
50 g Spinat, 200 g Kartoffelteig (siehe linke Seite)
Für den Bierteig:
1 Eigelb, 1/8 l Bier, 125 g Mehl, 1/8 l Pflanzenöl
1 Messerspitze Salz, 1 steifgeschlagenes Eiweiß
Außerdem:
frische Salbeiblätter, Fett zum Ausbacken
Für die Salbeibutter:
4 frische, mittelgroße Salbeiblätter, 50 g Butter

Den Spinat blanchieren, pürieren und passieren. Unter den Kartoffelteig arbeiten, noch lauwarm zu Rollen formen, kleine Stücke abtrennen und Kugeln rollen. Mit den Gabelzinken Rillen eindrücken, in reichlich sprudelnd kochendes Salzwasser gleiten und in 3 Minuten garziehen lassen (nicht kochen). Herausheben, in Eiswasser abschrecken und abtropfen lassen. Für den Bierteig Eigelb, Bier, Mehl, Öl und Salz verrühren, den Eischnee unterziehen und 1/2 Stunde im Kühlschrank quellen lassen. Die Salbeiblätter durch den Bierteig ziehen und im heißen Fett kroß ausbacken, abtropfen lassen. Für die Salbeibutter die Salbeiblätter fein schneiden. Die Butter schmelzen und die Blätter darin ziehen lassen. Die Gnocchi darin erwärmen, bis die Butter nußbraun ist. Auf Tellern mit den ausgebackenen Salbeiblättern anrichten. Mit gehobeltem Parmesan und Tropfen von Tomatensauce garnieren.

FISCHE UND MEERESFRÜCHTE

Sie haben eine so kurze Garzeit, daß sie wie geschaffen für die Küche der grünen Gartenkräuter sind: zart und edel beide, brauchen sie das Fingerspitzengefühl des Kochs und seine flinke Hand.

Fische und andere Bewohner von Fluß und See haben das zarteste Fleisch und, wie es immer heißt, den zartesten Geschmack. Das bedeutet im Prinzip, daß man nur die grünen Kräuter mit ihnen kombinieren kann, die ohnehin nicht mitgekocht werden: Schnittlauch, Petersilie, Dill und ähnliche. Doch schon in den alten Fastenrezepten der Klöster kann man nachlesen, wie die Fische indirekt gewürzt wurden: Sie zogen im Sud, in dem wiederum die Aromaten vom Lorbeerblatt, der Zwiebel und kräftigen Kräutern wie Fenchel, Liebstöckel oder Estragon langsam ihren Wohlgeschmack ausgehaucht hatten. Oder, als zweite Möglichkeit: Man würzte den fertigen Fisch mit einer kräuterreichen Sauce oder Butter, die milde in ihn hineinschmilzt und durch ihr süßes Fett das Kräuteraroma erst recht herauslockt. Diese beiden Methoden wirken von außen nach innen. Die dritte Würzmethode ist so alt wie die erste. Im Kochbuch des Apicius, dem ersten und berühmtesten des Römischen Reiches, kann man ein Grundrezept entdecken, das von heute zu sein scheint: »Stoße gehacktes Fleisch mit Mark und in Wein geweichtem Weißbrot, würz es mit Pfeffer, Kräutern und Garum, gib Pignolen dazu, füll es in ein Darmnetz und gare es in gekochtem Most.« Das ist das Grund- und Ur-Rezept für eine Fülle, die später Farce heißen wird und schon im französischen Lexikon aus dem Jahre 1911 erwähnt wird. Diese Farce nun zeigt die Methode, mit Kräutern von innen nach außen zu würzen. Man wiegt sie fein, mengt sie unter eine Masse und läßt sie bei nicht zu starker Hitze und geschützt und umhüllt von anderen Zutaten langsam garen, so daß die Brühe ihre Aromen herauslösen und das Fett ihren Duft aufblühen lassen kann – aber nichts verflüchtigt sich, alles wird von der Farce gefangen, durchdringt sie, gibt den Überschuß an Saft oder Sauce ab. Und wenn wir den Deckel des Topfes lupfen: ahh – welch ein Wohlgeruch!

RIESENGARNELEN,
MIT KRÄUTERN GEBRATEN

Ein ganz einfaches Rezept, das nur wenige, dafür aber topfrische Produkte voraussetzt.

600 g Riesengarnelenschwänze
60 g Butter
2 EL gehackte Kräuter (Petersilie, Salbei, Majoran)
2 frische Knoblauchzehen
4 kleine Tomaten
Salz, frisch gemahlener weißer Pfeffer
2 Rosmarinzweige

Aus den Garnelenschwänzen den Darm heraustrennen. Dafür die Schwänze flach auf ein Brett legen und mit einem Küchenbeil oder einem Messer längs gut bis zur Hälfte einschneiden. Dann kurz abwaschen und dabei den Darm entfernen. Die Butter in einer Pfanne zerlaufen lassen. Die Garnelenschwänze darin von allen Seiten kurz anbraten. Die Kräuter und die geschälten Knoblauchzehen fein hacken und darüberstreuen. Die gewaschenen Tomaten, ganz oder halbiert, dazugeben, salzen, pfeffern und die Rosmarinzweige darüberlegen. In den auf 200 °C vorgeheizten Ofen schieben und 8 bis 10 Minuten garen. Zwischendurch mit der Butter beschöpfen. Mit frischem Weißbrot servieren.

FRISCHE SCAMPI
IN KRÄUTER-WEIN-SAUCE

Als Beigabe zu diesen würzigen Scampi nur zartes, frisches Gemüse wie etwa Zuckerschoten servieren.

(ohne Abbildung)
16 rohe Scampi mittlerer Größe
Salz, frisch gemahlener weißer Pfeffer, Mehl
2 EL Pflanzenöl, 30 g Butter, 1/2 zerdrückte Knoblauchzehe
2 EL feingehackte Schalotten
2 EL gehackte Kräuter (Petersilie, Thymian, Basilikum, Dill, Estragon und Liebstöckel)
1/8 l trockener Weißwein

Die Schwänze der Scampi mit einer drehenden Bewegung vom Rumpf trennen, mit einem scharfen Sägemesser die Schale der Länge nach aufschneiden und den dunklen, streifenförmigen Darm entfernen. Die Scampi längs halbieren, salzen, pfeffern und in Mehl wenden. Öl und Butter in einer Pfanne erhitzen und die halbierten Scampischwänze mit der Schnittseite nach unten einlegen. 4 bis 5 Minuten braten, herausnehmen und warm stellen. In dem Bratfett den Knoblauch und die Schalotten anlaufen lassen. Die Kräuter zufügen. Den Wein aufgießen und die Sauce bei starker Hitze etwa auf die Hälfte einkochen. Die Scampi wieder in die Pfanne geben und kurz erwärmen.

AUF MEERSALZ GRATINIERTE MUSCHELN

Die Zubereitung ist ideal für Feinschmecker, die Muscheln nicht gern pur essen. Das Rezept ist dem Klassiker »Austern Rockefeller« nachempfunden. Das Verhältnis von Muscheln zu Kräuterbutter sollte entsprechend ausgewogen sein, damit der Geschmack der Muscheln von den Kräutern nicht überdeckt wird.

1 kg Miesmuscheln
2 EL Olivenöl, 1 feingeschnittene Schalotte
1 angedrückte Knoblauchzehe, 1 Zweig Thymian
1/4 l Weißwein
Für die Kräuterbutter:
150 g Butter, 50 g in Butter angeröstete Weißbrotbrösel
je 1 EL feingeschnittene glatte Petersilie, Kerbel und Basilikum
Salz, frisch gemahlener weißer Pfeffer
Außerdem:
grobes weißes Meersalz

Die Muscheln unter fließendem Wasser gründlich bürsten. Das Öl in einem Topf erhitzen, die Schalotte, die Knoblauchzehe und den Thymian zugeben und leicht angehen lassen. Die Muscheln hinzufügen, den Wein aufgießen und den Deckel schließen. Nach 2 bis 3 Minuten haben sich die Muscheln geöffnet. Geschlossene Exemplare wegwerfen, da sie verdorben sein könnten. Die Muscheln auf ein Sieb schütten, abtropfen lassen und das Fleisch aus der Schale lösen. Je 1 Schalenhälfte zur Seite legen. Wie in der nebenstehenden Bildfolge zubereiten. Die fertig gefüllten Muscheln unter dem Grill (Salamander) oder im Ofen bei starker Oberhitze etwa 4 bis 5 Minuten gratinieren. Mit einem kleinen, frischen Salat, garniert mit Kapuzinerkresse- und Begonienblüten, anrichten.

Muscheln zubereiten:

Für die Kräuterbutter die zimmerwarme Butter in einer Rührschüssel mit einem Schneebesen glattrühren.

Die Weißbrotbrösel und die feingeschnittenen Kräuter unter die Butter rühren. Mit Salz und Pfeffer abschmecken.

Die Hälfte der Muschelschalen mit Kräuterbutter ausstreichen, die Muscheln darauflegen und mit Kräuterbutter bedecken.

Auf ein Backblech eine etwa 1 cm dicke Schicht Meersalz streuen, die Muscheln daraufsetzen und leicht in das Salz drücken.

SEEZUNGE MIT KRÄUTERFÜLLUNG

Die dunkle Haut des Fisches wird entfernt und durch
eine knusprige Kartoffelkruste ersetzt.

1 Seezunge (etwa 500 g)
Für die Kräuterfüllung:
150 g Seezungenfilet, 100 g Sahne, 50 g Crème double
Salz, 1 Prise Cayennepfeffer, 1 Spritzer Zitronensaft
100 g frisches Petersilienpüree (siehe Seite 78)
Außerdem:
3 rohe Kartoffeln, 50 g geklärte Butter

Die Seezunge ausnehmen, Kopf und Flossen nicht
entfernen. Die dunkle Hautseite abziehen, die helle
Hautseite sorgfältig schuppen. Die Filets auf der
dunklen Hautseite ablösen. Dafür die Seezunge auf
der Mittelgräte der Länge nach mit einem kleinen,
spitzen Messer einschneiden und parallel dazu entlang dem Flossensaum die Filets abtrennen. Die Gräten ebenfalls entlang dem Flossensaum durchtren-
nen (darauf achten, daß die helle Haut auf der
Unterseite nicht verletzt wird), die Mittelgräte knapp
hinter dem Kopf brechen und vorsichtig vom Fisch
abheben. Für die Füllung das Seezungenfilet, die
Sahne und Crème double im Kühlschrank gut durch-
kühlen lassen und anschließend im Mixer fein pürieren. Mit Salz, Cayennepfeffer und Zitrone abschmek-
ken und das Petersilienpüree unterheben. Die Füllung auf der Seezunge verteilen und die Filets auflegen. Die Kartoffeln (am besten mit einer Aufschnittmaschine) in hauchdünne Scheiben schneiden und

– wie unten gezeigt – auflegen. Die Seezunge in eine
große Pfanne legen und mit der geklärten Butter beträufeln. Bei 250 °C im vorgeheizten Ofen in 12 Minuten fertiggaren oder vorsichtig in eine große Pfanne (mit der
Kartoffelschicht nach unten) gleiten lassen, 5 bis 6 Minuten anbraten, wenden und im Ofen fertiggaren.

Seezunge zubereiten:

Die Filets auf beiden Seiten
entlang dem Flossensaum mit
einem scharfen Messer vorsichtig von den Gräten lösen.

Die sorgfältig ausgelösten
Filets wieder in ihrer
ursprünglichen Lage auf
die Kräuterfüllung legen.

Die Kartoffelscheiben
schuppenförmig auf die
Filets und die sichtbare
Füllung schichten.

ST. PIERRE MIT PROVENCALISCHEN KRÄUTERN

Wenn Fische mit Kräutern gewürzt werden sollen, ist Vorsicht geboten, denn ihr zarter Eigengeschmack soll nicht übertönt werden. Am besten die Kräuter als Zweige oder ganze Blätter in die Bauchhöhle legen.

Der St. Pierre, ein besonders am Kopfteil sehr dicker Fisch, muß zunächst ziseliert, d. h. an beiden Seiten eingeschnitten werden, damit er gleichmäßig garen kann. Seiner Neigung, leicht trocken zu werden, beugt Eckart Witzigmann vor, indem er ihn mit etwas Olivenöl – vermischt mit einigen Tropfen Zitronensaft – beträufelt.

1 St. Pierre (etwa 1,3 kg), 2 ungeschälte Knoblauchzehen

1 Zweig Zitronenthymian, 2 Zweige Thymian

je 1 Zweig Rosmarin, Basilikum und Estragon

Salz, frisch gemahlener weißer Pfeffer

Den St. Pierre beim Anrichten mit einem Kräutersträußchen aus Rosmarin, Basilikum und Petersilie garnieren.

2 EL Mehl , 6 EL Öl
100 g Butter
Für die Garnitur:
je 1 Zweig Rosmarin, Basilikum und krause Petersilie

Den Petersfisch ausnehmen, waschen und trockentupfen. Die Knoblauchzehen andrücken und zusammen mit den gewaschenen Kräutern in die Bauchhöhle stecken. Den Fisch ziselieren, salzen, pfeffern und leicht mit Mehl bestauben. Das Öl in einer großen Pfanne erhitzen, den Fisch einlegen und anbraten, nach etwa 3 Minuten wenden und gleichmäßig braun braten. Er ist gar, wenn sein Fleisch völlig weiß, also nicht mehr glasig ist; dies läßt sich durch leichtes Anheben der Einschnitte feststellen. Kurz vor Ende der Garzeit das Öl abgießen und die Butter zugeben, aufschäumen lassen und den Fisch mehrmals damit übergießen. Frisches Weißbrot und ein knackiger Salat mit einer leichten Kräutervinaigrette passen sehr gut dazu.

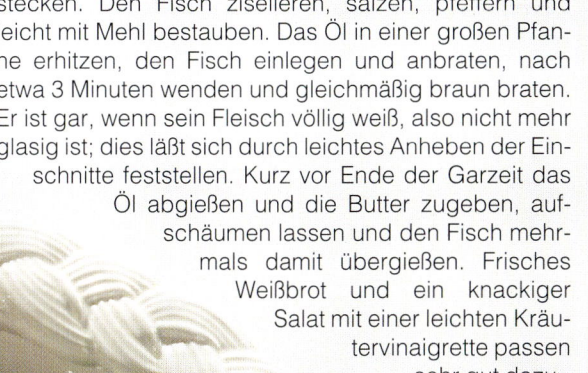

SACKBRASSE AUS DEM OFEN

Sehr schmackhaft und saftig zubereiten kann man größere Fische im ganzen, wenn man sie in den Ofen schiebt. Ob man den Fisch dabei – um ihn vor dem Austrocknen zu schützen – »nur« in Butter langsam brät und dabei öfter damit übergießt, oder ob man ihn mit etwas zugefügtem Fischfond von Zeit zu Zeit beschöpft, das Ergebnis ist in jedem Fall ausgezeichnet.

1 Sackbrasse (etwa 1 kg)
1/2 TL Salz
frisch gemahlener weißer Pfeffer
1 Zweig Thymian
2 Zweige Zitronenbasilikum
2 Zweige Zitronenmelisse
einige Nadeln Rosmarin
3 bis 4 Salbeiblätter (Dalmatinischer Salbei)
2 Knoblauchzehen
4 EL Olivenöl
2 EL gehackte Fenchelknolle (Wilder Fenchel)
1 halbierte Tomate
8 EL Fischfond
40 g Butter

Die Brasse schuppen, ausnehmen und die Seitenflossen abschneiden. Innen und außen waschen und mit Küchenpapier abtrocknen. Den Fisch von allen Seiten – vor allem an den dicken Stellen – mit einem scharfen Messer einschneiden (ziselieren), damit er gleichmäßig garen kann. Innen und außen salzen und pfeffern. Von den Kräutern etwa 1/4 der Menge hacken, den großen Rest in Form von Zweigen zusammen mit den angedrückten Knoblauchzehen in die Bauchhöhle füllen. Das Öl in einer entsprechend großen, feuerfesten Form erhitzen und den Fenchel darin hell anschwitzen. Den Fisch darauflegen, die Tomatenhälften dazugeben und alles mit den gehackten Kräutern bestreuen. Sofort mit dem heißen Öl übergießen und in den auf 220 °C vorgeheizten Ofen schieben. In 15 bis 20 Minuten braten, nach 5 Minuten den Fischfond angießen und den Fisch öfter mit dem Schmorfond begießen. Den Fisch und die Tomaten auf einer Platte anrichten. Den Schmorfond durch ein Sieb in einen Topf laufen lassen, aufkochen, die Butter mit einem Schneebesen einrühren und die fertige Sauce zum Fisch servieren.

SARDINEN MIT KRÄUTERFÜLLUNG

Sardelle ripiene werden sie in Italien genannt. Diese mit Kräutern gefüllten Sardinen (manchmal sind es auch frische Sardellen) gibt es im ganzen Land.

Man findet dieses Gericht von Venedig bis Sizilien, und das Basisrezept ist immer weitgehend gleich, allein die Kräutermischung variiert ständig. So verwendet man in Ligurien Basilikum »pur«, in Venetien hingegen werden Petersilie und Rosmarin gemischt, und in Kampanien bevorzugt man eine Kombination, die geschmacklich vom Oregano dominiert wird. Sardelle ripiene wird häufig als Vorspeise gereicht (maximal 3 Stück pro Portion), aber auch als vollwertiger Fischgang (5 bis 6 Stück pro Portion).

(für 4 Portionen als Fischgang)
500 g frische Sardinen
Für die Füllung:
80 g geriebenes Weißbrot ohne Rinde
50 g geriebener Parmesan
2 feingehackte Knoblauchzehen
1 EL feingehacktes Basilikum
1/2 EL feingehackter Oregano
1/2 TL Salz
frisch gemahlener weißer Pfeffer
Olivenöl

Von den frischen Sardinen die Köpfe mit zwei Fingern abdrehen – wer möchte, kann mit einem Messer etwas nachhelfen – und dabei gleich die Eingeweide mit herausziehen. Die Sardinen auf der Bauchseite aufschneiden, aufklappen und unter fließendem Wasser gründlich waschen. Abtropfen lassen und mit Küchenpapier trockentupfen. Für die Füllung das geriebene Weißbrot mit dem Käse, dem Knoblauch und den Kräutern gut vermischen und mit Salz und Pfeffer abschmecken. Diese Mischung mit wenig Olivenöl zu einer relativ festen, formbaren Masse verrühren. Die Hälfte der Sardinen aufgeklappt auf die Arbeitsfläche legen (Innenseite nach oben), die Füllung gleichmäßig darauf verteilen. Jede Sardine mit einer zweiten (Innenseite nach unten) belegen. Auf ein leicht gefettetes Blech legen und bei 180 °C im vorgeheizten Ofen 10 bis 12 Minuten gratinieren. Mit einem frischen Salat servieren.

AAL GRÜN

Das entscheidende an diesem in Holland und Belgien so beliebten Rezept ist, daß seine Zubereitung gleich in zweierlei Hinsicht den Beinamen »grün« verdient: zum einen wird hier ein »grüner«, das heißt frischer Aal (im Gegensatz zum geräucherten) verarbeitet, zum anderen tragen die Kräuter dazu bei, den Beinamen grün sowohl optisch als auch geschmacklich zu bestätigen.

1 ausgenommener Aal mit Haut und Kopf (etwa 1 kg)
60 g Butter
1/2 TL Salz
50 g grobgehackter Sauerampfer
1 EL gehackter Kerbel
1 EL gehackter Estragon
1 EL gehackter Dill
1 EL Zitronensaft
1/8 l Fischfond oder Wasser
1/8 l Weißwein
1 Lorbeerblatt
1 Eigelb

Für den Aal grün sollte man in jedem Fall einen trockenen Weißwein verwenden, der gut zu der Kräutermischung paßt, zum Beispiel einen stillen Champagne, den man dann natürlich auch dazu trinken sollte.

Sardelle ripiene gehören zum Unterrichtsstoff für die Schüler des Instituto Professionale di Stato per i Servizi Alberghieri e della Ristorazione in Finale Ligure – und sie sind mit viel Engagement bei der Sache. Dazu servieren sie übrigens einen kleinen Salat aus Rauke, Spinat, Radieschen und Oliven, der mit einer Vinaigrette aus Olivenöl, Weinessig und etwas Aceto Balsamico angemacht und mit Knoblauch und Oregano gewürzt wird (im Bild unten).

Den ausgenommenen Aal zum Häuten mit dem Rücken auf eine Arbeitsplatte legen. Mit einem scharfen Messer die Haut hinter dem Kopf und unterhalb der kleinen Flossen am Kopf einschneiden, ohne in das Fleisch zu schneiden. Nun mit dem Messer die Haut einige Zentimeter in Richtung Schwanz ablösen, um ein Stück zum Anfassen zu haben. Dieses abgelöste Hautstück mit Hilfe eines Küchentuchs fest zwischen Daumen und geschlossener Faust fassen. Mit der linken Hand den Kopf festhalten und mit einem kräftigen Ruck (mit der rechten Hand nachgreifend) die Haut zum Schwanz hin abziehen. Beide, Aal und Haut, sind so stabil, daß sie nicht reißen. Die Bauchhöhle unter fließendem kalten Wasser sorgfältig auswaschen und den Aal in 5 cm große Stücke schneiden. Die Butter in einer entsprechend großen Kasserolle schmelzen. Die Aalstücke salzen, zugeben und 3 bis 4 Minuten anbraten. Den Sauerampfer mit den Kräutern über die Aalstücke streuen. Den Zitronensaft darüberträufeln und mit dem Fond und dem Weißwein aufgießen. Das Lorbeerblatt zufügen, die Hitze reduzieren und die Aalstücke 10 bis 15 Minuten schmoren. Das Eigelb mit 2 EL der Schmorflüssigkeit verrühren, die Legierung unter die Sauce rühren und sofort servieren. Wichtig ist, daß die Sauce – auch wenn sie erwärmt werden muß – nicht mehr kocht, da das Eigelb sonst gerinnt. Als Beilage passen frisches Weißbrot oder neue Kartoffeln dazu.

FLEISCHGERICHTE

Fleisch war einst die Festtagsspeise, und mit
großer Sorgfalt wurde auch das kleinste Stück noch verarbeitet.
Das hat uns einen wahren Schatz an Spezialrezepten beschert.

1651, ein paar Jahre nach dem Westfälischen Frieden, der die Not und die Verwüstungen des
30jährigen Krieges beendete, schrieb der französische Koch La Varenne ein Kochbuch, das
auch eine neue Zeit des Essens und des Genießens einleitete. Vorbei war das Mittelalter mit
seinen großen Kesseln, in denen alles durcheinander und unbeschränkt lange sott. Varenne
empfahl, ein Fleischstück allein und auf die ihm angemessene Art – »bœuf à la mode«, Rind
auf moderne Art – zu kochen: geklopft und gespickt, in guter Brühe, mit Suppengrün und
vielerlei Kräutern, bis es »bien consommé« war, was wortwörtlich heißt: vollendet. Zu dieser
Vollendung gehörte nun das unverfälschte zarte Kräuteraroma, das die Gerichte »elegant«
erscheinen ließ. Die kräftigen Eintopfkräuter des Mittelalters wurden dadurch nicht vergessen,
aber es gesellten sich jene hinzu, deren Aroma sich schon nach einer kurzen Garzeit voll
entfaltet. Und die eine Fleischbrühe entstehen ließen, die es lohnte, zur Sauce reduziert zu
werden. Denn damals wurde sie kulinarisch wieder notwendig, weil man nicht mehr aus einem
Topf oder die Fleischstücke vom Bratspieß mit den Fingern aß. Und sie wurde technisch
möglich, weil der individuelle Teller – zuerst aus Silber und Zinn, später aus Porzellan –
gebräuchlich wurde. Man konnte die Sauce ohne Kleckern essen, weil in der Herrenmode die
breite spanische Halskrause verschwand und das Besteck mit Gabel und Löffel in Mode kam.
Sie wurde schließlich zum Genuß, weil die neue, leichte Küche das Subtile des Kräuterduftes
wieder in den Mittelpunkt der Kochkunst, aber auch der Feinschmeckerei stellte. Das
Entscheidende aber war dieses: Varenne setzte die Kräuter ausschließlich als Aromaträger
ein. Kein Zauber mehr und keine Medizin, kein Sinnbild und kein frommer Aber-
glaube: nur das grüne Kraut und sein ganz spezieller Duft, seine ganz
spezielle Fähigkeit, die anderen Nahrungsmittel »bien consommé«
zu machen. Damit begann die Neuzeit in der Küche.

MARINADEN FÜR GEGRILLTES

Zum Kurzbraten sind die so behandelten Stücke natürlich auch brauchbar, aber gerade das gegrillte Fleisch kann durch Kräutermarinaden ganz gezielt in die gewünschte Richtung gewürzt werden. Das Verfahren ist einfach: Öl wird mit Kräutern und Gewürzen gemischt und meist auch Säure in Form von Zitronensaft, Wein oder Essig zugegeben. Darin werden die Fleischstücke mariniert, das heißt, sie nehmen das Aroma der Marinade auf, ohne daß die würzenden Zutaten später selbst mitgegart werden müssen. So kann man mit Öl jedes gewünschte Kräuteraroma transportieren, vor allem aber den kräftigen Geschmack von Thymian, Bohnenkraut, Rosmarin, Myrte, Lorbeer und Salbei und natürlich den von Knoblauch.

KRÄUTER-MARINADE FÜR LAMMKOTELETTS

2 Frühlingszwiebeln
3 Knoblauchzehen
1 bis 2 Chillies
6 EL Olivenöl
3 EL Zitronensaft
1 gebrochenes Lorbeerblatt
1 EL Rosmarinnadeln
1 EL Thymian

Die Frühlingszwiebeln halbieren, den Knoblauch schälen und in Scheiben schneiden. Die Chillies von den Samen befreien und in Ringe schneiden. Das Öl mit dem Zitronensaft vermengen, die Zwiebeln und den Knoblauch, die Chillies und die Kräuter zugeben und gut miteinander verrühren. Die Koteletts 3 bis 4 Stunden damit marinieren. Vor dem Grillen die anhaftenden Kräuter abstreifen.

PIKANTE KRÄUTER-MARINADE

Diese pikante Variante ist vor allem für Kalb, Geflügel und Lamm zu empfehlen.

1 EL Sherryessig
1/2 TL grob gestoßener Pfeffer
1 TL Dijon-Senf, 2 EL gehackte Schalotten
8 EL feines Pflanzenöl
2 Knoblauchzehen
3 EL frisch gehackte Kräuter (Petersilie, Basilikum, Thymian, Französischer Estragon, Bohnenkraut)

Den Essig mit dem Pfeffer, dem Senf und den Schalotten verrühren, das Öl zugießen und gut unterrühren. Den Knoblauch schälen, in feine Scheiben schneiden und mit den Kräutern in die Marinade geben. Das Fleisch vor dem Grillen 3 bis 4 Stunden marinieren.

Salzkruste mit Thymianaroma.
Eckart Witzigmann würzt nicht nur das Fleisch mit Kräutern, sondern mischt sie auch unter das Salz. Beim Öffnen der harten Kruste entwickelt sich dann ein unbeschreiblicher Duft.

VOM LAMM, SCHWEIN UND RIND

Alle Fleischsorten, vom zarten Geflügel bis zum Wild, lassen sich gut mit Kräutern würzen, doch manche Kräutlein passen ganz besonders gut zu den verschiedenen Tieren. Lamm und Thymian sind ein solches Beispiel. Überhaupt vertragen Fleischsorten mit kräftigerem Aroma wie Rind und Schwein ebensolche Kräuter, während mit zartem Geflügel eher die »feineren«, etwa Kerbel, Basilikum, Französischer Estragon oder Melisse, harmonieren.

LAMMKARREE MIT KRÄUTERKRUSTE

Eine ideale Kruste für Lammfleisch, fürs Karree ebenso wie für Sattel, Keule, Medaillon und Kotelett.

1 Lammkarree (800 g), pariert gewogen
Salz, frisch gemahlener weißer Pfeffer
1 Schalotte, 70 g Stangensellerie
je 1 kleine Zwiebel und Möhre, 1 Tomate
je 1 Zweig Rosmarin und Thymian, 1 Lorbeerblatt
Für die Kräuterkruste:
30 g Schalotten, 30 g Petersilie
20 g Estragon, 2 Zweige Thymian, 30 g Kerbel
80 g geriebenes Weißbrot
Salz, frisch gemahlener weißer Pfeffer
Außerdem:
1 TL Dijon-Senf

Das Karree würzen, die durch das Parieren anfallenden Abschnitte würfeln. Eine Pfanne erhitzen und das Karree auf der Fettseite ohne Zugabe von Fett anbraten; die Abschnitte mitanbraten. Das Karree auf jeder Seite etwa 6 Minuten braten, es soll innen noch leicht rosa sein. Herausnehmen und, in Folie eingeschlagen, etwa 6 Minuten ruhen lassen, damit sich der Fleischsaft wieder verteilen kann. In der Zwischenzeit das Fett abgießen, die Abschnitte in der Pfanne belassen. Das Gemüse klein schneiden, zusammen mit den Kräutern in die Pfanne geben und leicht Farbe nehmen lassen. Mehrmals etwas Wasser aufgießen und immer wieder einkochen lassen. Für die Kräuterkruste die Schalotten fein, die Kräuter klein schneiden. Zusammen mit allen anderen Zutaten für die Kräuterkruste fein mixen und abschmecken. Das Karree auf der Fettseite dünn mit Senf bestreichen, die Kräutermasse 1/2 cm dick auftragen und unter dem Salamander oder im Ofen bei starker Oberhitze in etwa 5 Minuten knusprig braten. Die Sauce passieren, abschmecken und mit dem Lammkarree servieren. Als Beilage eignen sich knusprige Röstis aus Kartoffeln, Zucchini und Möhren sowie zarte, in Butter geschwenkte Prinzeßbohnen.

ARISTA ALLA FIORENTINA

Ein solch delikates Stück wie der ausgelöste Kotelettstrang verdient schon einen besonderen Namen: Arista leitet sich vom griechischen Wort »ariston« ab, was soviel wie »das Beste« bedeutet. Da dieses Fleischstück sehr mager ist, muß es mit einer schützenden Hülle – in diesem Fall seinem anhängenden Bauchlappen und einer Geschmack bringenden Speckschicht – vor dem Austrocknen geschützt werden.

2 kg gut durchwachsener Kotelettstrang mit Bauchlappen
1 TL Salz, 1/2 TL frisch gemahlener weißer Pfeffer
2 Knoblauchzehen, je 4 Zweige Salbei und Rosmarin
1 Stück Bauchspeck (so groß wie der Kotelettstrang)
2 Zwiebeln, 2 EL Olivenöl zum Anbraten, 1/4 l Chianti

Das Schweinefleisch auf beiden Seiten salzen und pfeffern. Die Knoblauchzehen in feine Scheiben schneiden, die Kräuter waschen und sorgfältig trockentupfen. Den Kotelettstrang, wie in der Bildfolge links beschrieben, zum Braten vorbereiten. Den in Form gebundenen Rollbraten außen salzen. Die Zwiebeln schälen und vierteln. In einer entsprechend großen Auflaufform das Öl erhitzen, die Zwiebeln und den Braten einlegen. Bei 220 °C in den vorgeheizten Ofen schieben und in etwa 50 Minuten fertiggaren. Nach 20 Minuten den Chianti angießen und während des Bratvorgangs das Fleisch immer wieder damit beschöpfen. Den fertigen Braten mit Polenta oder Petersilienkartoffeln servieren.

ROASTBEEF IN DER THYMIANSALZKRUSTE

Diese fast simple Zubereitung haben die Fischer in unsere Küchen gebracht. Die gewürzte Salzhülle ist optimal dazu geeignet, das Fleisch während des Garprozesses im Aroma zu beeinflussen, ohne daß es einen Salzgeschmack annimmt. Das Fleischstück sollte gleichmäßig in der Höhe sein.

1,5 kg Roastbeef
grobgeschroteter schwarzer Pfeffer
1 EL gehackte Petersilie, 1/2 EL gehackter Thymian
1/2 EL gehackter Liebstöckel, 1/2 TL griechischer Oregano
10 grüne (ungeräucherte) Speckscheiben
Für die Salzkruste:
1 1/2 kg Meersalz, 1 Eiweiß
2 EL gerebelter Thymian

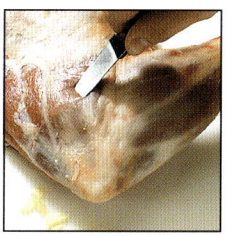

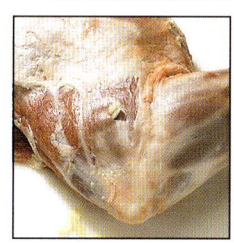

So bekommt man viel Geschmack unter die Haut: Mit einem kleinen Spitzmesser das Fleisch in gleichmäßigen Abständen schräg einstechen und sofort gestiftelte Knoblauchzehen oder Kräuterzweiglein einschieben. Beim Lamm nimmt man dazu Thymian, Rosmarin und Bohnenkraut.

Arista alla fiorentina zubereiten: Den mit Salz und Pfeffer gewürzten Kotelettstrang auf der Fleischseite mit den Knoblauchscheiben sowie mit je 1 Zweig Salbei und Rosmarin belegen. Das Fleisch vom Kotelett zum Bauchlappen hin zu einem Rollbraten aufrollen, den Bauchspeck mit der Schwarte nach außen auflegen, so daß er den Rollbraten vor dem Austrocknen schützt. Den Braten mit Hilfe eines Baumwollfadens in Form binden und dabei die restlichen Kräuterzweige einbinden. Den Braten, wie rechts beschrieben, fertigstellen und garen. Vom fertigen Braten den Faden und die Kräuter entfernen und, in Tranchen geschnitten, mit der mit wenig Stärke angerührten Sauce servieren. Wer möchte, kann die Sauce auch mit etwas Fond aufgießen, anschließend einreduzieren lassen und passiert zum Fleisch servieren.

Weder das aufliegende Fett noch den seitlichen Nervenstrang entfernen, sie geben Geschmack und lassen das Fleisch saftiger geraten. Das Fleisch rundum mit Pfeffer und den Kräutern einreiben, die mageren Seiten mit den Speckstreifen belegen. Für die Kruste das Salz in einer Schüssel mit dem Eiweiß und Thymian vermischen. Eine feuerfeste Form, die etwas größer ist als das Fleischstück, gut 1 bis 1,5 cm hoch mit dem Salz füllen, das Roastbeef darauflegen und rundum mit Salz bedecken. Die Salzkruste muß komplett geschlossen sein. In den auf 250 °C vorgeheizten Ofen schieben und in 40 bis 45 Minuten braten. Das Fleisch soll innen schön rosa sein. Die Salzkruste mit einem Hammer aufschlagen, abheben, den Braten in Scheiben schneiden und mit grünen Bohnen und Folienkartoffeln anrichten.

GEFÜLLTES KANINCHEN

Eckart Witzigmanns Füllung ist Geschmacksträger für das Fleisch und hält das Kaninchen besonders saftig.

1 küchenfertiges Kaninchen (etwa 2 kg)

Für die Füllung:

150 g Toastbrot, 1/4 l Milch, 100 g Zwiebelwürfel, 1 EL Butter

4 Eier, je 100 g Kaninchenfleisch und Kaninchenleber

50 g Kaninchennieren, 2 EL Butter

je 1 Bund Petersilie und Basilikum, 3 Blätter Estragon, Salz

frisch gemahlener weißer Pfeffer, frisch geriebene Muskatnuß

Außerdem:

60 ml Öl, je 100 g Stangensellerie und Petersilienwurzel

1 Möhre, 300 g Frühlingszwiebeln, 1 ganze Knoblauchknolle

je 2 Zweige Rosmarin, Salbei und Estragon, 3/4 l Wasser

Kopf und Hals des Kaninchens abtrennen, die Karkasse auslösen, die Keulen und Läufe mit den Knochen am Rücken belassen. Sorgfältig waschen und trockentupfen. Das Toastbrot entrinden, in lauwarmer Milch einweichen und ausdrücken. Die Zwiebeln in der Butter glasig dünsten, mit dem eingeweichten Brot und den Eiern in einer großen Schüssel vermengen. Fleisch, Lebern und gewässerte Nieren klein schneiden und in der Butter anschwitzen. Mit den abgezupften Kräutern durch einen Fleischwolf drehen, zur Brotmischung geben, unterarbeiten und würzen. Die Innenseite des flach ausgebreiteten Kaninchens salzen, pfeffern und mit der Brot-Fleisch-Masse belegen. Die Bauchlappen darüberschlagen und nicht zu straff zunähen. Salzen und pfeffern. Die Karkasse klein hacken. Das Öl in einen Bräter geben, die Karkassenteile einlegen und das Kaninchen mit der Naht nach unten darauflegen. Bei 220 °C im vorgeheizten Ofen 20 Minuten anbraten, die Temperatur auf 180 °C reduzieren und das Kaninchen in etwa 1 Stunde fertigbraten. In der Zwischenzeit das Gemüse grob zerkleinern und mit der Knoblauchknolle und den Kräutern nach 30 Minuten zugeben. Öfters wenden, mehrmals mit Wasser begießen. Das Kaninchen herausnehmen und warm halten. Restliches Wasser zum Bratsatz gießen und zur Hälfte einkochen lassen. Die Sauce passieren und abschmecken. Das Kaninchen in Scheiben schneiden, mit dem geschmorten Gemüse anrichten und mit der Sauce servieren.

WACHTELSPIEGELEI AUF EINEM SOCKEL AUS BRUNNENKRESSEPÜREE MIT SPECKWÜRFELCHEN

Eine optische Garnitur für Vorspeisenteller. Wer mag, kann ganz nach Geschmack zusätzlich weiße Trüffelscheiben auf das Spiegelei legen.

Für das Brunnenkressepüree:
1 kg Brunnenkresse, 6 Schalotten, 1 junge Zwiebel
2 EL Butter, 1/4 l Geflügelfond
Salz, frisch gemahlener weißer Pfeffer
Außerdem:
4 Wachteleier, wenig Pflanzenöl

Für das Kressepüree die Brunnenkresse sehr sorgfältig waschen, blanchieren, in Eiswasser abschrecken und gut ausdrücken. Die Schalotten und die Zwiebel schälen und in feine Würfel schneiden. Die Butter in einem Topf erhitzen, Schalotten- und Zwiebelwürfel zugeben und leicht angehen lassen. Die Brunnenkresse und den Geflügelfond zufügen und etwa 10 Minuten leicht köcheln lassen, dann im Mixer fein pürieren. Mit Salz und Pfeffer abschmecken. Die Wachteleier in eine Untertasse aufschlagen. Ganz wenig Öl in einer beschichteten Pfanne erhitzen, die Wachteleier hineingleiten lassen und bei mittlerer Temperatur braten, bis das Eiweiß fest, das Eigelb aber noch weich ist; das Eiweiß soll vollständig weiß bleiben. Einen Ring von 4 bis 5 cm Durchmesser auf den Teller setzen, mit 1 EL Brunnenkressepüree füllen und den Ring wieder entfernen. Es bleibt ein Kressesockel stehen, auf welchem das Wachtelspielgelei angerichtet wird.

KANINCHENLEBER UND -NIERE, AUF ROSMARINZWEIG GESPIESST

Attraktive Amuse gueules, die vom Rosmarinspieß und dem Nierenfett – es darf nicht abgetrennt werden – ihren typischen Geschmack bekommen.

4 Kaninchenlebern
4 Majoranblätter
8 Kaninchennieren
4 Salbeiblätter
8 Scheiben hauchdünn geschnittener Speck
4 Zweige Rosmarin
4 Schaschlikzwiebeln
1/2 EL Butter

Die Lebern in je zwei gleich große Stücke schneiden und mit 1/2 Majoranblatt belegen. Jede Niere – sauber vorbereitet und gewässert – mit 1/2 Salbeiblatt belegen. Leberstückchen und Nieren in jeweils 1/2 Scheibe Speck einwickeln. Die Rosmarinzweige so abrebeln, daß die obersten Blätter wie ein Pinsel stehen bleiben, die Stiele mit einem Messer begradigen und anspitzen. Die an den Zweigen verbleibenden Blätter in Alufolie einwickeln, damit sie beim Garen nicht verbrennen. In die Leber- und Nierenpäckchen mit einem Metallspieß Löcher vorstechen. Auf jeden Rosmarinspieß abwechselnd zwei Leber- und zwei Nierenpäckchen, dazwischen geviertelte Schaschlikzwiebeln aufspießen. Die Butter schmelzen und die Spieße rundum anbraten. Vor dem Servieren die Alufolie entfernen.

WACHTELKOTELETTS MIT PETERSILIENFARCE UND STEINPILZEN

Zur Steinpilzzeit empfiehlt Eckart Witzigmann dieses Rezept. Ansonsten verwendet er schwarze Trüffel.

2 Wachteln
Für die Petersilienfarce:
400 g gekühltes, kleingeschnittenes Wachtelfleisch
Salz, Pfeffer, 200 g gut gekühlte Sahne
je 80 g Wachtellebern und Wachtelherzen
1/2 EL Butter, 4 EL Petersilienpüree (siehe Seite 78)
Außerdem:
Salz, frisch gemahlener weißer Pfeffer
8 geputzte Steinpilze, 1 Schweinenetz, je 1/2 EL Butter und Öl

Die Wachtelkeulen auslösen und parieren, die Brüstchen von der Karkasse lösen und die Haut abziehen. Für die Farce das Fleisch würzen und im Mixer fein pürieren. Die Sahne zugeben und mitmixen. Lebern und Herzen klein schneiden und in der Butter leicht ansautieren. Mit dem Petersilienpüree zur Farce geben und gut untermischen. Von jedem Brüstchen das kleine Filet ablösen, eine Tasche einschneiden und mit der Farce füllen. Die Unterseite der kleinen Filets mit wenig Farce bestreichen, wieder auflegen und mit den Keulen bedecken. Salzen und pfeffern. Die Pilze in hauchdünne Scheiben schneiden. Das gewässerte Schweinenetz in 4 Teile schneiden. Die »Koteletts« auf beiden Seiten mit Pilzscheiben belegen und in das Netz einschlagen. Das Fett erhitzen und die »Koteletts« rundum braten.

HÄHNCHEN
MIT KRÄUTER-KÄSE-FÜLLUNG

Die Mischung aus Petersilie, Basilikum und Thymian harmoniert bestens mit dem Gruyère und dem Fleisch. Eine feine und besonders pikante Variante ist eine Füllung aus Gruyère und Roquefort zu gleichen Teilen, in Verbindung mit Petersilie, Zitronenthymian, Lemonysop und einigen wenigen Salbeiblättern.

2 küchenfertige Hähnchen (je 700 g)
Salz, frisch gemahlener weißer Pfeffer
Für die Füllung:
1 1/2 altbackene Brötchen, 1/8 l Milch
30 g Butter, 30 g Zwiebelwürfel
1 zerdrückte Knoblauchzehe
40 g durchwachsener Räucherspeck
50 g gewürfelte Hühnerleber, 1 Ei
4 EL gehacktes Basilikum, Thymian und Petersilie
100 g feingewürfelter Gruyère
Salz, frisch gemahlener weißer Pfeffer
flüssige Butter zum Braten

Die Bauchhöhle füllen:
Nacheinander das Ei, die Hälfte der Kräuter, die Mischung aus Zwiebeln, Speck und Leber, die Brotwürfel und den Gruyère zum eingeweichten Brötchen geben. Salzen, pfeffern und gut vermengen. Die Hähnchen nicht zu straff füllen, sorgfältig verschließen und mit flüssiger Butter bestreichen. Nach dem Braten 10 Minuten ruhen lassen.

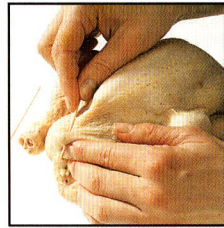

Die Hähnchen außen würzen. Vom ganzen Brötchen die Rinde abreiben, in Scheiben schneiden, mit der lauwarmen Milch übergießen und durchziehen lassen. Das halbe Brötchen würfeln und in der Hälfte der Butter braten, herausnehmen. Die restliche Butter erhitzen, Zwiebeln, Knoblauch und den gewürfelten Speck darin anschwitzen. Die Hühnerleber zugeben und etwa 1 Minute mitbraten. Die Füllung, wie nebenstehend gezeigt, zubereiten, und das Hähnchen damit füllen. Bei 200 °C in den vorgeheizten Ofen schieben und 40 bis 45 Minuten braten. Nach 30 Minuten Garzeit mit den restlichen Kräutern bestreuen und nochmals buttern. Die Hähnchen der Länge nach halbieren und pro Portion eine Hälfte servieren.

FASAN UND HUMMER
MIT FRISCHEN SOMMERKRÄUTERN

Im August, wenn die frischen, feisten Hummer auf den Markt kommen, gibt es auch die richtigen Kräuter für diese Delikatesse: Thymian, Oregano, Petersilie und Rosmarin – und natürlich reichlich Knoblauch.

1 küchenfertiger Fasan (etwa 1 kg)
Salz, frisch gemahlener weißer Pfeffer
1 Hummer (600 bis 700 g), 200 g Tomaten
50 g Butter, 1 Knoblauchknolle, 50 g Zwiebelwürfel
4 EL frisch gehackte Kräuter (Thymian, blühender Oregano, Petersilie und Rosmarin)
1/8 l Rotwein (Beaujolais/Fleuri), 1/4 l Geflügelfond
1/2 EL gesalzene Kapern

Den Fasan unter fließendem kalten Wasser gründlich waschen und innen und außen trockentupfen. Salzen, pfeffern, die Gewürze gut in die Haut einreiben und den Fasan in 8 Stücke teilen. Den Hummer in kochendes Wasser einlegen, etwa 5 Minuten kochen, herausnehmen, gut abtropfen lassen und mit Küchenpapier trockentupfen. Den Schwanz und den Panzer mit einem kräftigen Sägemesser in 4 Teile schneiden. Die Tomaten kurz mit kochendem Wasser überbrühen, die Haut abziehen und das Fruchtfleisch klein würfeln. Die Butter

HÄHNCHEN, HUMMER UND FASAN

Für alle Geflügel-fleischsorten, auch wenn ein Hummer dabei sein sollte, findet sich das richtige Kraut – nur Knoblauch paßt nicht immer!

in einer entsprechend großen Kasserolle erhitzen, die Fasanenteile einlegen und unter ständigem Wenden goldbraun anbraten. Die quer halbierte Knoblauchknolle, Zwiebelwürfel, die Tomaten und die Hälfte der Kräuter zugeben und alles zusammen 5 bis 10 Minuten schmoren. Den Knoblauch entfernen, den Wein und den Fond aufgießen und weitere 10 bis 15 Minuten schmoren lassen. Jetzt erst die Hummerteile zugeben und mit den restlichen Kräutern sowie mit den Kapern bestreuen. Wenn nötig, noch etwas Fond nachgießen. Bei 200 °C im vorgeheizten Ofen 5 bis 6 Minuten garen. Mit den Knoblauchzehen, frischem Weißbrot oder mit Kartoffeln und Gemüse servieren.

KNOBLAUCH PUR

Viel Knoblauch muß nicht unangenehm sein, denn er entfaltet sein volles Aroma erst, wenn er fein zerdrückt oder gehackt wird. Ganze (ungeschälte) Zehen, leicht angedrückt, geben nur sehr wenig Geschmack ab. Bei einem beliebten Hühnerrezept werden pro Vogel sogar 40 Zehen mitgeschmort, ohne das Gericht dabei zu überwürzen.

Ganze Knoblauchzwiebeln in gebratenem Zustand sind zumindest für die Liebhaber dieser Knolle eine Delikatesse. Dafür die Knoblauchzwiebel quer durchschneiden und in der Pfanne mit etwas Öl oder Butter ganz langsam braten, bis die Zehen weich sind. Halbe Knoblauchzwiebeln kann man auch bei Fleisch- oder Fischgerichten mitschmoren oder mitbraten (wie zum Beispiel bei dem nebenstehenden Rezept); das bringt einen feineren Knoblauchgeschmack als gehackte Zehen. Halbierte Knoblauchzwiebeln können aber auch – mit Öl bestrichen – in 10 bis 15 Minuten gut gegrillt werden.

SPEISEKAMMER

Sie war der Stolz der Hausfrau, und die Rezepte für Senf und
Würzpasten wurden fast noch teurer gehegt als die von Kuchen und
Torten. Es lohnt sich allemal, das eine oder andere nachzukochen.

Man mag sich vom Sommer gar nicht trennen, möchte die Fülle fassen und über die dunklen Wintermonate hinaus halten. Das ist ein Bedürfnis, das tiefer sitzt als der Verstand und uns immer wieder daran erinnert, wie sehr wir noch mit der Natur verbunden sind, deren Rhythmus wir längst auf den Kopf gestellt haben. Kein Mensch muß sich in unseren geschützten Breiten noch Wintervorräte anlegen, denn wir können alles zu jeder Zeit kaufen. Dennoch – wenn die Tage kürzer werden, wenn das Laub zu rascheln beginnt und wenn es von irgendwoher wie nach Kartoffelfeuer riecht, muß das Gelee rot und gelb und grün in den Gläsern aufleuchten beim Öffnen der Speisekammertür, und der Dachboden sollte nach den bitter-herben Aromen der Kräuter duften, die dort, lose gebündelt, im Schatten der letzten Herbsttage trocknen. Sonne, volle Sommersonne braucht man für den ersten Würzvorrat, die Kräuterauszüge in Essig oder Öl. Denn die Sonne destilliert, und die sauberen, gesunden Zweige von Estragon oder Rosmarin geben ihren Sommerduft an die Flüssigkeiten ab, die ihrerseits neutral sein sollten, damit sie die Aromen nicht erschlagen. Zu allem anderen braucht man den gleichen Schatten wie in Wald und Garten: Beeren und Krautbüschel trocknen im Schatten des eigenen Laubes oder im Dämmer des Waldes, immer von Luft und Wind umspielt. Das ist die gleiche Regel, die der Mensch seit Jahrhunderten befolgt. Und es ist manchmal noch Sitte, die vielen kleinen Kräuterbüschel im Stall oder in der Vorratskammer so um Tür und Fensterstock herum aufzuhängen, daß sie nicht nur von künftigen kräutrigen Gemüseeintöpfen träumen lassen, sondern bis dahin die Fliegen und andere Insekten durch ihren intensiven Geruch abwehren. Im Dunkeln sollten sie, endlich trocken und von den Stengeln gerebelt, auch bleiben. Selbst getrocknete Kräuter entfalten wie die industriell vorbereiteten im Kochtopf viermal so viel Aroma wie die frischen. Aber sie schmecken schon im November nur noch wie Heu, wenn sie im Licht stehen. Gewürzregale sind eine Dekoration für die Küche, aber man sollte sie nur mit Salz oder ähnlich Lichtunempfindlichem füllen. Was seit dem März oder Mai so lange gewachsen und gereift und so sorgsam getrocknet oder in Öl oder Chutney, Senf oder Relish verwandelt worden ist, das sollte wie früher im Vorratskeller einen Schrank oder eine Kammer haben, aus der es den Winter über verbraucht wird. Auch im Glas oder im Tiefschlaf der Kälte folgt das Kraut dem uralten Rhythmus der Pflanzen. Seine beste Zeit reicht von Ernte zu Ernte. Dann sollten die Regale leer sein. Dann beginnt das grüne Jahr von neuem.

AROMATISIERTE ESSIGE UND ÖLE

Sie können denkbar einfach hergestellt und auf Vorrat gehalten werden. Die Kräuter dieser würzigen Kräuteressige und Kräuteröle sind auf diese Weise bestens konserviert. Selbst hergestellte Kräuteressige und -öle eignen sich hervorragend vor allem für Salatsaucen. Kräuteressig hat zudem seinen Platz in Marinaden und Fischsuden gefunden. In Kräuteröl zu braten, überträgt feine Würze auf Fleisch und Gemüse; auch Geflügel, mit gewürztem Kräuteröl eingepinselt, nimmt das feine Aroma an. Ganz nach Geschmack kann man alle frischen Kräuter und natürlich Knoblauch kombinieren. Für Essig am beliebtesten sind Estragon, Dill, Thymian, Basilikum, Rosmarin, Minzen und Zitronenmelisse; Öle werden gern mit Basilikum, Fenchel, Thymian und Rosmarin angesetzt.

KRÄUTERESSIG

1/2 l guter Weißweinessig

2 Stengel Kräuter nach Wahl

KRÄUTERÖL

1/2 l Olivenöl extra vergine

3 bis 4 Stengel Kräuter nach Wahl

KNOBLAUCHÖL

1/2 l Olivenöl extra vergine

4 Knoblauchzehen

Von dem halben Liter Essig beziehungsweise Öl 1/3 abgießen und beiseite stellen. Die Kräuter gründlich waschen und trocknen beziehungsweise die Knoblauchzehen schälen und in die jeweilige Flasche geben. Die abgegossene Flüssigkeit wieder einfüllen und die Flaschen gut verschließen. Für 2 bis 3 Wochen an einen sonnigen Platz stellen. Anschließend die Kräuter (nicht jedoch die Knoblauchzehen!) herausnehmen und durch dieselbe Menge frischer Kräuter ersetzen. Öl oder Essig sind nun gebrauchsfertig. Der Essig hält sich bis zu 2 Jahre, das Öl sollte eher zügig verbraucht werden, weil es, je nach der verwendeten Sorte, ganz langsam ranzig wird.

KNOBLAUCHESSIG

Bei der Herstellung von Knoblauchessig werden die Knoblauchzehen – im Gegensatz zum Knoblauchöl – nach dem Ansetzen wieder herausgenommen.

12 große Knoblauchzehen

Salz

1/2 l Essig

Die Knoblauchzehen schälen, zerkleinern und mit Salz bestreuen. Den Essig zum Kochen bringen und über den Knoblauch gießen. Alles zusammen in ein gut schließendes Gefäß geben und 2 bis 3 Wochen durchziehen lassen. Abseihen und in eine Flasche füllen.

Salbeiblätter in Olivenöl. Eine exzellente Konservierungsmethode für Salbei und zugleich ein kräftiges Würzöl. Die gewaschenen Blätter müssen beim Einlegen vollständig trocken sein, um Schimmelbildung zu vermeiden.

SELBSTGEMACHTES

Einlegen und Einkochen sind beliebte Methoden, um sich einen eigenen Vorrat ganz nach dem individuellen Geschmack anzulegen.

KRÄUTERSENF NACH ENGLISCHER ART

Selbstgemachter Senf ist schon etwas von rustikaler Struktur, denn so fein »geschliffen« wie der gekaufte Senf ist er nicht. Dafür aber einzig im Geschmack, denn bei der Zusammenstellung der Kräuter kann man ganz nach eigenem Gusto würzen.

120 g gelbe Senfkörner, 6 EL Wasser

1/8 l feiner Weinessig, 1 EL Aceto Balsamico

*2 bis 3 EL gemischte gehackte Kräuter
(Estragon, Petersilie, Basilikum, Thymian und Liebstöckel)*

1 TL Salz, 2 TL brauner Zucker

1 TL gehackte grüne Pfefferkörner, 3 EL feines Pflanzenöl

Die Senfkörner im Mixgerät (eine Kaffeemühle wäre nach dem Vermahlen nicht mehr für Kaffee zu gebrauchen) möglichst fein mahlen, mit dem Wasser anrühren und quellen lassen. Essig, Kräuter, Salz, Zucker und Pfeffer mischen und erhitzen. Abkühlen lassen und unter die Senfpaste rühren. Das Öl tropfenweise einrühren, bis der Senf cremig ist. In Schraubgläser gefüllt und kühl gestellt, kann er auf Vorrat gehalten werden.

PFEFFERMINZ-INGWER-CHUTNEY

Scharf, aber von frischem Geschmack paßt es besonders gut zu Geflügel und Kaninchen und natürlich auch zu Lammfleisch. Wer die Stücke der Zutaten im Chutney nicht spüren möchte, kann es im Mixgerät pürieren, bis sich eine glatte Paste ergibt.

40 g Pfefferminzblätter, 1/8 l Obstessig

1/2 TL Salz, 1 TL Zucker

1 TL feingehackte scharfe Chilischoten

100 g kandierte Ingwerpflaumen

2 TL frisch geriebene Ingwerwurzel

1 gehackte Knoblauchzehe, 50 g gehackte Schalotten

Die Pfefferminze waschen, trockenschleudern, die Blätter von den Stengeln streifen und fein hacken. Mit Essig, Salz, Zucker und Chili zu einem Brei verrühren. Die Ingwerpflaumen gut ablaufen lassen, ganz fein würfeln und mit der Ingwerwurzel und dem Knoblauch unter den Pfefferminzbrei rühren. Zum Schluß die Schalotten zufügen. Sollte das Chutney zu fest sein, mit weiteren 1 bis 2 EL Obstessig verdünnen.

MINZGELEE VON ÄPFELN

Ein Rezept, das ohne Gelierhilfe ausschließlich auf den Pektingehalt der Äpfel vertraut.

60 g Apfelminze- oder Krause Minze-Blätter

2 kg säuerliche Äpfel, Saft von 2 Zitronen, etwa 1 kg Zucker

Die Minze waschen, abtropfen lassen und einige Blätter beiseite legen. Die Äpfel waschen, vierteln, in kleine Stücke schneiden und zusammen mit der Minze in einen Topf geben. Alles mit Zitronensaft und Wasser bedecken. Aufkochen und zugedeckt bei schwacher Hitze in etwa 60 Minuten püreeartig weich kochen. Über Nacht durch ein sauberes Nesseltuch ablaufen lassen, nicht pressen. Den aufgefangenen Saft wiegen und darin die gleiche Menge Zucker auflösen. Im offenen Topf einkochen und den sich bildenden Schaum öfters abschöpfen. Nach 20 Minuten die erste Gelierprobe machen. Dazu einige Tropfen auf einen Teller streichen und erkalten lassen. Alle 5 Minuten wiederholen. Das Gelee ist fertig gekocht, sobald sich ein fester Film bildet. Den Topf vom Herd nehmen und den Saft noch 10 Minuten gelieren lassen. Die restliche Minze fein hacken und so unter das Gelee rühren, daß sie fein verteilt ist und nicht nach oben steigt. Heiß abfüllen.

MINZ-STACHELBEERGELEE

Bei der Minze ist es wie beim Waldmeister: Über Nacht getrocknet, gibt sie mehr Aroma ab als frisch geerntet.

1 kg grüne Stachelbeeren, 1 l Wasser, Saft von 1 Zitrone

etwa 1 kg Zucker, 50 g Pfefferminzblätter

8 bis 10 Salbeiblätter

Die Beeren, halbieren, in dem Wasser mit Zitronensaft aufkochen und zugedeckt in 20 Minuten weich köcheln. Den Saft gewinnen und zu Gelee kochen, wie oben beschrieben. Sobald der Topf vom Herd genommen ist, 40 g der Minzeblätter zugeben und ziehen lassen. Die restlichen Minze- und Salbeiblätter fein schneiden. Die gehackten Kräuter einrühren und in Gläser füllen.

PFEFFERMINZSIRUP

Eine Essenz, die höchst vielfältige Verwendung findet: Zum Aromatisieren von Cremes, Eiscreme, Sorbets oder zur Erfrischung mit Mineralwasser verdünnen.

50 g Pfefferminzblätter, 500 g Zucker

1/4 l Wasser, 1 TL Zitronensaft

Die gewaschenen und abgetrockneten Pfefferminzblätter mit einem Teil des Zuckers im Mörser zerstampfen beziehungsweise im Mixgerät zerkleinern. Mit dem restlichen Zucker, dem Wasser und dem Zitronensaft mischen und kochen, bis sich der Zucker restlos aufgelöst hat. Den warmen Sirup nach 5 minütigem Köcheln durch ein mit einem Nesseltuch ausgekleidetes Spitzsieb abseihen. Abkühlen lassen und in Flaschen füllen.

Pfefferminzsirup zubereiten.

Pfefferminz-Ingwer-Chutney (im Bild oben), **Minzgelee von Äpfeln** (oben rechts) und **Minz-Stachelbeergelee** (links in der Schale) sind erfrischende Beigaben.

SACHREGISTER

Dieses Sachregister enthält alle umgangssprachlichen Namen in Deutsch, Englisch, Französisch und weiteren Sprachen sowie (in kursiv) alle wissenschaftlichen Namen, die im warenkundlichen und historischen Teil sowie in den Themenbereichen Anbau, Garten und Ernte dieses Buches genannt werden.

KÜCHENPRAXIS UND REZEPTE

Feines aus der Teubner-Reihe:

KOCHKUNST MIT INTERNATIONALEM ANSPRUCH

Das große Buch der
Meeresfrüchte
Bestell-Nr. 130
DM 118,-

Das große Buch vom Fisch
Bestell Nr. 140
DM 118,-

Das große Buch vom Käse
Bestell Nr. 170
DM 128,-

Das große Buch der Exoten
Bestell Nr. 150
DM 118,-

Das große Buch vom Gemüse
Bestell-Nr. 180
DM 128,-

Das große Buch vom Wild
Bestell-Nr. 190
DM 128,-

Das große Buch vom Geflügel
Bestell-Nr. 200
DM 128,-

LITERATURVERZEICHNIS

American Spice Trade Assocation: Cleanliness specifications for unprocessed spices, seeds and herbs. Englewood Cliffs, N. J. American Spice Trade Assocation Inc. 1983.

Berg, H. P.: Kleine Gewürzkunde. Forschungsstelle für Gewürze, Bonn.

Boxer, A./Back, P.: The Herb Book. Octopus/Mayflower, London 1984.

Boxer, A./Innes, J./Parry-Crooke, C./Esson, L.: Das Mosaik Gewürz & Kräuter Kochbuch. Mosaik Verlag GmbH, München 1985.

Dahlen, M./Phillips, K.: A popular guide to Chinese vegetables. MPH Bookstores (S) Pte. Ltd, Singapore 1985.

Das Beste: Geheimnisse und Heilkräfte der Pflanzen. Verlag Das Beste, 1. Auflage, Zürich/Stuttgart/Wien 1978.

Daßler, E./Heitmann, G.: Obst und Gemüse – eine Warenkunde. Verlag Paul Parey, 4. Auflage, Berlin/Hamburg 1991.

Die Kochkunst: Jahrgänge von 1901 bis 1911, Frankfurt am Main.

Encke, F./ Buchheim, G./Seybold, S.: Zander – Handwörterbuch der Pflanzennamen. Verlag Eugen Ulmer, 14. Auflage, Stuttgart 1993.

Farrell, K. T.: Spices, condiments and seasonings. AVI Publishing Company Inc. Westport, Connecticut 1985.

Franke, W.: Nutzpflanzenkunde – Nutzbare Gewächse der gemäßigten Breiten, Subtropen und Tropen. Georg Thieme Verlag, 4. Auflage, Stuttgart/New York 1989.

Fuchs-Hartmann, W.: Gastmahl der Völker. Stuttgart 1941.

Garland, S.: Das große BLV-Buch der Kräuter & Gewürze – Garten, Küche, Haushalt, Schönheit und Gesundheit. BLV Verlagsgesellschaft, München 1981.

Gerhardt, U.: Gewürze in der Lebensmittelindustrie – Eigenschaften, Technologien, Verwendung. B. Behr´s Verlag GmbH & Co, Hamburg 1990.

Gööck, R.: Das Buch der Gewürze. Mosaik Verlag, Hamburg 1965.

Grau, J./Jung, R./Münker, B.: Beeren, Wildgemüse, Heilkräuter; in der Reihe : Steinbach, G. (Hrsg.): Die farbigen Naturführer. Mosaik Verlag GmbH, München 1983.

Graupe, F./Koller, S.: Delikatessen aus Unkräutern – Das Wildpflanzen-Kochbuch. Verlag Norbert Orac, Wien 1984.

Hartley, D.: Food in England. London 1954.

Heeger, E. F.: Handbuch des Arznei- und Gewürzpflanzenanbaues. Deutscher Bauernverlag, Berlin 1956.

Holt, G.: Die schönsten Rezepte aus französischen Kräutergärten. DuMont Buchverlag, Köln 1989.

Hosslin, L., Kreativküche Weidmann: Kochen mit Blumen. Albert Müller Verlag, Rüschlikon/Zürich/Stuttgart/Wien 1987.

Jankuhn, Schützeichel und andere (Hrsg.): Das Dorf der Eisenzeit und des frühen Mittelalters. Göttingen 1977.

Kataoka, H./Köhnen, F.: Japan Kochbuch – Zen für den Gaumen. Mosaik Verlag GmbH, München 1990.

Kremer, B.P.: Das Kosmos-Kräuterbuch – Erkennen, Sammeln, Aufbewahren. Franckh´sche Verlagshandlung W. Keller & Co., Stuttgart 1981.

Kreuter, M.-L.: Kräuter und Gewürze aus dem eigenen Garten – Naturgemäßer Anbau, Ernte, Verwendung. BLV Verlagsgesellschaft mbH, 6. Auflage, München 1992.

Kreuzer, J.: Kreuzers Gartenpflanzen-Lexikon – Kurz und bündig. Band 3 Obst, Gemüse, Kräuter. Verlag Bernhard Thalacker, 2. Auflage, Braunschweig 1989.

Lestrieux de, E./Belder de, J.: Der Geschmack von Blumen und Blüten – Eine kulinarische Entdeckungsreise. DuMont Buchverlag, Köln 1993.

Mansfeld, R.: Verzeichnis landwirtschaftlicher und gärtnerischer Kulturpflanzen, Band 2 und Band 3. Schultze-Motel, J. (Hrsg.). Springer Verlag, 2. Auflage, 1986.

Melchior, H./Kastner, H.: Gewürze. Verlag Paul Parey, Berlin/Hamburg 1974.

Münker, B.: Wildblumen; in der Reihe : Steinbach, G. (Hrsg.): Die farbigen Naturführer. Mosaik Verlag GmbH, München 1982.

Norman, J.: Das Große Buch der Gewürze. AT Verlag, Aarau/Stuttgart 1991.

Parry, J. W.: Spices, Vol 1 und Vol 2. Food Trade Press Ltd, London 1969.

Phillips, R./Foy, N.: Kräuter. Droemer Knaur Verlag, München 1991.

Pruthi, J. S.: Spices and Condiments. National Book Trust, New Delhi 1976.

Pruthi, J. S.: Spices and Condiments – Chemistry, Microbiology, Technology. Adv. Food Research Supplement No. 4, S. 435. Academic Press, New York 1980.

Purseglove, J. W./Brown, E.G./Green, G. L./Robbins S. R.: Spices, Vol. 1 und 2. Longman Scientific & Technic, Essex 1987.

Rehm, S. (Hrsg.): Spezieller Pflanzenbau in den Tropen und Subtropen. Verlag Eugen Ulmer, 2. Auflage, Stuttgart 1989.

Rosengarten, F.: The book of spices. Livingston Publishing Company, Philadelphia 1969.

Rothmaler, W.: Exkursionsflora für die Gebiete der DDR und der BRD, Band 3 Altas der Gefäßpflanzen. Volk und Wissen Volkseigener Verlag, 6. Auflage, Berlin 1985.

Schormüller, J.: Handbuch der Lebensmittelchemie, Band VI. Springer Verlag, Berlin 1970.

SDK Verlag: Hausbuch der Kräuter. SDK Verlags GmbH, Stuttgart 1990.

Siewek, F.: Exotische Gewürze. Birkhäuser Verlag, Basel 1990.

Solomon, Ch.: Das komplette Asien Kochbuch. Hörnemann Verlag, Bonn 1978.

Spayde, J.: Japanese Cookery. Century Publishing Co. Ltd., London 1984.

Stobart, T.: Lexikon der Gewürze. Mohndruck, Gütersloh 1972.

Tolley, E./Mead, C.: Kräuter – Garten, Küche, Dekors. DuMont Verlag, Köln 1987.

Tsuki, S./Hata, K./Saeki, Y.: Original Japanische Küche – Gekonnt zubereiten, elegant servieren. BLV Verlagsgesellschaft mbH, München 1987.

Tsuji, S.: Japanese cooking. Kodansha International Ltd., 6. Aufl. 1993.

Uphof, J. C. Th.: Dictionary of economic plant. Verlag von J. Cramer, 2. Auflage, Lehre 1968.

Widmayr, Christiane: Bauerngärten neu entdeckt – Geschichte, Anlage, Pflanzen, Pflege. BLV Verlagsgesellschaft mbH, 5. Auflage, München 1990.

WIR DANKEN

allen, die durch ihre Beratung, Hilfe und tatkräftige Unterstützung zum Gelingen dieses Buches beigetragen haben, insbesondere:
Herrn und Frau Bauer, Landsberg; Firma Cervati, Gavello (Rovigo) Italien; Firma Duoccio Romeo, Baricetta (Rovigo), Italien; Prof. Dr. Wolfgang Franke und Frau Ingeborg Braach, Institut für Landwirtschaftliche Botanik, Universität Bonn; Herrn Hans Holleweck, Firma Rottler Viktualien, Viktualienmarkt München; Hotelfachschule Instituto Professionale di Stato per i Servizi Alberghieri e della Ristorazione, Finale Ligure, Italien; Herrn Hans-Georg Levin, Bundesamt für Ernährung, Frankfurt; Frau Beatrix Loos, Kikkoman Trading Europe GmbH, Düsseldorf; Gräfin von Schwerin, Firma SOPEXA – Förderungsgemeinschaft für französische Nahrung- und Genußmittel; ICE – Italienisches Institut für Außenhandel, München, Rovigo, Savona, Verona; Firma L'Ortofruticolla, Albenga, Italien; Ristorante 12 Apostoli, Verona, Italien.

Der besondere Dank gilt Herrn Kurt Gasser (Sous-Chef) und Herrn Joachim Kradwohl (Commis Saucier), Restaurant Aubergine, München.

Wichtiger Hinweis
Dieses Buch ist ein Nachschlagewerk und Kochbuch für die angegebenen Küchenkräuter und kein medizinisches Handbuch. Weder Verlag noch Autoren übernehmen die Verantwortung und Haftung für etwaige Verwechslungen mit Wildkräutern, die anhand dieses Buches irrtümlich bestimmt werden.

3. Auflage 1998

Copyright
© 1993 by Teubner Edition
Postfach 1440 • D-87620 Füssen, Germany

Produktbeschaffung Dr. Karl Teubner, Dr. Ute Lundberg
Restaurant Aubergine Kurt Gasser, Joachim Kradwohl
Kochstudio Walburga Streif, Barbara Mayr, Christine Reuland
Fotografie Christian Teubner, Dorothee Gödert, Rüdiger Maurer, Odette Teubner, Monika Häußinger, Ulla Mayer
Redaktion Gabriele Hopf, Inken Kloppenburg, Dr. oec.troph. Ute Lundberg
Layout/DTP Gabriele Wahl, Susanne Mühldorfer, Dietmar Pachlhofer
Herstellung Gabriele Wahl
Reproduktion PHG-Lithos GmbH, D-82152 Planegg
Druck Dr. Cantz'sche Druckerei GmbH & Co., D-73760 Ostfildern
Alleinauslieferung für den gesamten Buch- und Fachhandel Gräfe und Unzer GmbH, Grillparzerstr. 12, D-81675 München

Das Werk einschließlich aller seiner Teile ist urheberrechtlich geschützt. Jede Verwertung außerhalb der engen Grenzen des Urheberrechtsgesetzes ist ohne Zustimmung des Verlages unzulässig und strafbar. Das gilt insbesondere für Vervielfältigungen, Übersetzungen, Mikroverfilmungen und die Einspeicherung und Verarbeitung in elektronischen Systemen.

ISBN 3-7742-2074-3